챗GPT
공부 혁명

일러두기

이 책은 챗GPT를 공부에 제대로 활용할 수 있도록 도와주는 안내서입니다. 아래 내용을 먼저 읽고 활용하면 더 효과적으로 따라갈 수 있습니다.

1. 챗GPT는 사용 연령에 제한이 있어요

만 13세 이상 18세 미만의 학생은 보호자 동의가 필요합니다. 사용 전에 꼭 부모님 혹은 보호자와 상의하세요.

2. 우리는 이 책에서 '질문하는 법'을 함께 배워갑니다

책에 실린 프롬프트는 2025년 상반기에 실제로 챗GPT(GPT-4o)에 입력해 본 문장입니다. 다양한 답이 나올 수 있으니 예시를 참고하며 여러분만의 방식으로 질문하는 연습을 해 보세요.

3. 예시 프롬프트는 다듬어서 실었어요

반복되거나 너무 긴 문장은 생략했습니다. 또한 챗GPT 특유의 이모지나 과한 표현은 정리하여 담았습니다.

4. 챗GPT는 '생각하며' 사용하는 것이 중요해요

챗GPT 답변이 항상 정답인 것은 아니니, 중요한 내용은 꼭 다시 확인하세요. 생성된 글을 그대로 제출하거나, 복사해 쓰는 것은 저작권 문제로 이어질 수 있습니다.

5. 이 책은 챗GPT 사용을 무조건 추천하지 않아요

이 책은 챗GPT에게 과제를 대신시키거나 탐구보고서를 맡기도록 돕는 책이 아니에요. AI 결과를 그대로 제출하면 오히려 감점될 수 있으니, 스스로 탐구하고 생각하는 힘을 키우는 데 챗GPT를 활용해 보세요.

6. 꼭 순서대로 읽지 않아도 괜찮아요

필요한 부분을 먼저 읽고, 언제든 궁금한 점이 있으면 챗GPT에 질문해 보세요. 중요한 건 자신만의 공부법을 만들어 가는 것입니다.

7. 생성형 AI 사용 고지

일부 문장의 표현과 구조를 다듬기 위해 생성형 AI 도구인 챗GPT 및 Claude의 도움을 받았으며, 이 과정에서 창작물의 의미나 논지에 영향을 미치지 않도록 신중하게 검토하고 편집하였습니다.

개념 학습부터 수행탐구까지
국영수사과 과목별 AI 공부법

챗GPT 공부 혁명

전지영·백수현·이효진·장수영·손소영 지음

포르*셰

프롤로그

공부는 책상 앞에 앉아 교과서를 펼치고, 문제를 풀고, 모르는 개념을 다시 찾아보는 일의 반복입니다. 그렇게 혼자 공부하다 보면 한 번쯤은 이런 생각이 듭니다. '내가 뭘 모르는 걸까?', '어떻게 해야 제대로 이해하고 기억할 수 있을까?', '누구한테 물어보면 좋을까?' 예전에는 그럴 때 선생님께 손을 들고 질문하거나, 친구에게 조심스럽게 물어보곤 했습니다. 하지만 요즘은 조금 달라졌어요. 챗GPT라는 새로운 공부 친구가 생겼기 때문입니다.

챗GPT는 언제 어디서든 질문할 수 있고, 기다릴 필요도 없고, 창피해할 이유도 없는 '대화형 AI 도구'입니다. 공부하다 막히는 순간에 바로 물어볼 수 있고, 답이 잘 이해되지 않으면 다시 설명을 들을 수도 있어요. 친구들이나 선생님 앞에서 물어보기 민망했던 것도, 챗GPT 앞에서는 편하게 이야기할 수 있습니다. 하지만 아무리 좋은 도구라도, 무작정 쓰기만 한다고 공부가 쉬워지는 건 아니에요. 그럼 챗GPT를 어떻게 사용하면 좋을까요?

이 책은 챗GPT를 더 잘 활용할 수 있도록 도와주는 책입니다. 국어, 영어, 수학, 사회, 과학을 실제로 가르치고 있는 선생님들이 모여, 과목별 챗GPT 활용 예시와 질문 전략, 수행평가 준비법, 탐구 주제 정리법까지 유용한 질문 전략을 담았습니다. 챗GPT와 같은 생성형 AI를 공부에 제대로 활용하려면, 무엇보다 질문하는 힘이 중요합니다. 질문이 곧 결과를 결정하기 때문입니다. 똑같은 AI를 사용하는데도 어떤 친구는 자세하고 구체적인 설명을 얻고, 어떤 친구는 피상적이고 일반적인 답만 받는 이유가 바로 여기에 있어요. 앞으로는 잘 질문해야 깊게 공부할 수 있게 될 것입니다.

아울러 AI 시대에 꼭 필요한 학습 역량을 자연스럽게 기를 수 있도록 구성했습니다. 공부에 챗GPT를 활용하는 데 있어 중요한 점은 단순히 '물어보는 것'이 아닙니다. 내가 무엇을 모르는지 파악하고, 그것을 해결하기 위해 어떤 정보가 필요한지 판단한 뒤, 그에 맞는 방식으로 질문을 설계해야 합니다. 이 과정에는 디지털 리터러시, 비판적 사고력, 메타인지, 자기주도성 같은 여러 역량이 함께 필요해요. 내가 원하는 답을 정확히 끌어내고, 그 답을 기준으로 더 깊이 있는 공부로 확장해 나가는 힘. 그 힘을 기르는 것이야말로 AI 시대를 살아가는 학습자가 가져야 할 필수 능력입니다.

책을 꼼꼼히 읽지 않아도 됩니다. 지금 나에게 필요한 부분부터 골라서 읽고, 직접 따라 해 보며 질문해 보세요. 지금 여러분 손에 들린 이 책 한 권이, 앞으로의 공부에 어떤 변화를 가져올지 저희도 무척 기대됩니다. 챗GPT라는 새로운 도구를 현명하게, 똑똑하게, 그리고 안전하게 잘 활용하는 데 도움이 되길 바랍니다.

목차

프롤로그 • 4

Chapter 1. 챗GPT 등장
1. AI가 바꿔 놓은 세상 • 10
2. 챗GPT, 넌 누구니 • 14

Chapter 2. 챗GPT와 함께하는 공부 첫걸음
1. 챗GPT, 그리고 우리에게 필요한 능력 • 20
2. 챗GPT와 공부하면 어떤 점이 좋을까? • 27
3. 질문을 바꾸면 답도 달라진다 – 프롬프트 전략 7가지 • 30
4. 공부에 딱 맞는 챗GPT 기능 • 38
5. 올바른 챗GPT 활용 가이드 • 53

Chapter 3. 국어, 쉽게 읽고 쉽게 쓰다
1. 문학: 낯선 작품도 부담 없이 감상하고 분석하기 • 61
2. 비문학: '찍.이.요.확.' 전략으로 완성하는 독해 실력 • 91
3. 쓰기: 챗GPT로 나만의 글 써보기 • 105

Chapter 4. 영어, 환경의 한계를 넘다
1. 읽기: 5단계로 완성하는 지문 독해 학습법 • 120
2. 어휘: 어근부터 활용까지, 단어 학습의 모든 것 • 135
3. 문법: 부족한 문법 노출, 챗GPT로 해결하기 • 151
4. 쓰기: 영문 글쓰기를 위한 'S.T.E.P.' 전략 • 162
5. 말하기: 음성 모드로 한 문장씩 늘리는 스피킹 • 179

Chapter 5. 수학, 탐구에 날개를 달다

1. 개념: 원리 이해부터 설명까지, 개념 다지기 루틴 • 191
2. 문제 풀이: 연습부터 이해·확장까지, 문제 풀이 루틴 • 204
3. 탐구: 나만의 주제 아이디어 찾기 • 221

Chapter 6. 사회, 세상 읽는 눈을 뜨다

1. 개념 학습: '찍.공.요.정.'과 함께하는 개념 구조화 • 239
2. 문제 풀이: 풀이에서 오답 정리까지 'S.C.O.R.E.' 5단계 • 247
3. 뉴스 읽기: 챗GPT로 쉽고 깊게 읽는 기사 읽기 • 255
4. 기사 쓰기: 선배 기자 챗GPT와 기사문 쓰기 • 264
5. 탐구보고서: 주제 찾기부터 피드백까지, 탐구보고서 쓰기 • 277

Chapter 7. 과학, 질문으로 탐구하다

1. 개념 학습: 교과서 100% 활용하는 개념 학습법 • 302
2. 문제 풀이: 오류 제로를 위한 단계별 풀이 • 312
3. 탐구보고서: 교과 연계 탐구보고서 쓰기 • 320

참고 문헌 • 335

Chapter 1.

챗GPT 등장

AI가 바꿔 놓은 세상

일상이 된 AI

여러분은 인터넷 없는 세상에서 살아간다는 것을 상상할 수 있나요? 1990년대만 해도 인터넷이 없었기 때문에, 실시간으로 자료를 검색하거나 SNS로 대화하고 영상통화를 하는 일은 상상조차 할 수 없었습니다. 인터넷의 등장은 그야말로 세상을 통째로 바꿔 놓았지요. 그리고 지금, 우리는 또 한 번의 거대한 변화를 마주하고 있습니다. 바로 AI의 등장입니다. 인터넷이 세상을 연결하며 큰 변화를 일으켰던 것처럼 AI도 또 한 번 세상을 크게 바꾸고 있습니다.

그렇다면, AI는 무엇일까요? AI는 사람처럼 생각하고 학습하며, 문제를 해결할 수 있도록 만들어진 컴퓨터 프로그램입니다. 2016년, 바둑 챔피언 이세돌과 AI 바둑 프로그램 '알파고'의 대국에서 알파고가 승리한 사건은 전 세계에 큰 충격을 주었습니다. 이 일을 계기로 사람들은 AI가 단순한 기계가 아니라, 스스로 학습하고 전략을 세우며 생각할 수 있는 존재라는 사실을 깨닫게 되었습니다.

사실, 우리는 이미 일상 속에서 AI과 함께 살아가고 있습니다. 예를 들어 유튜브나 인스타그램 같은 소셜미디어에서는 사용자가 자주 검색하거나 좋아할 만한 콘텐츠를 추천해 줍니다. 또, 구글이나 네이버 같은 검색 엔진에서는 몇 개의 단어만 입력해도 연관 검색어를 자동으로 제시해 주지요. 이제 이런 기술이 너무나 자연스럽게 느껴집니다.

    AI 기술이 빠르게 발전하면서 게임 세계에도 큰 변화가 찾아왔습니다. 예를 들어 내가 캐릭터를 조종하는 MMORPG 게임에서는 상점 주인이나 의사처럼 특정 역할을 수행하는 NPC(Non-Player Character)가 등장합니다. 과거의 NPC는 미리 정해진 대사만 반복하거나 한정된 행동만 할 수 있었지만, 이제는 AI가 접목되면서 상황을 스스로 파악하고 그에 맞게 반응할 수 있게 되었습니다. NPC들이 진짜 의지를 가진 것처럼 행동하는 것이죠. 이미 자율주행차가 운전자를 대신해 도로를 달리고, AI 의료 기술이 우리의 건강 상태를 언제 어디서든 분석해 주는 시대가 시작되었습니다. 이미지 생성, 앱 개발까지 모두 AI가 가능하게 만들고 있지요. 불과 몇십 년 전만 해도 상상하기 어려웠던 일들이, 이제는 현실이 되었습니다.

노벨상의 주역이 된 AI

2024년 노벨상에서 가장 큰 주목을 받은 분야는 자연과학이었습니다. 그중에서도 노벨 물리학상과 화학상에서는 AI 분야의 연구자들이 주요 수상자로 선정되며, AI 기술의 미래 가치가 다시 한번 주목받았습니다. 노벨 물리학상을 받은 제프리 힌턴과 존 홉필드는 인공 신경망을 활용한 머신러닝의 기초를 닦은 인물입니다. 이들의 연구는 AI의 핵심 기술인

딥러닝 발전에 결정적인 기여를 했습니다. 머신러닝은 컴퓨터가 방대한 데이터를 스스로 학습해 규칙을 익히는 기술이고, 딥러닝은 이를 사람의 뇌처럼 작동하도록 만든 방식입니다. 이런 기반 위에서 탄생한 대표적인 AI가 바로 OpenAI의 챗GPT입니다. 챗GPT는 방대한 텍스트를 학습해 사람과 자연스럽게 대화하고, 다양한 질문에도 답할 수 있을 정도로 발전했습니다.

노벨 화학상을 수상한 구글의 데미스 허사비스와 존 점퍼 역시 AI을 활용한 연구로 큰 주목을 받았습니다. 이들이 개발한 '알파폴드(AlphaFold)'는 단백질의 3차원 구조를 정확히 파악하는 AI 기술입니다. 이 기술 덕분에 과학자들은 질병을 연구하고 신약을 개발하는 과정을 훨씬 빠르고 효율적으로 진행할 수 있게 되었습니다. 이번 노벨상 수상은 AI가 단순히 생활을 편리하게 만들어 주는 수준을 넘었다는 것을 보여 줍니다. 과학과 의학 분야에서도 혁신을 이끌 수 있는 잠재력이 있다는 사실을 다시 한번 확인시켜 준 사례라고 할 수 있습니다.

이처럼 AI는 우리의 생활을 더 편리하고 유용하게 만들어 주는 도구임은 분명합니다. 하지만 AI가 가진 면이 모두 긍정적이기만 한 것은 아닙니다. 노벨상을 수상한 제프리 힌턴조차 AI의 위험성을 경고하며, 만약 초지능 AI가 인류를 속이는 상황이 온다면 이를 막기 어려울 것이라고 말했습니다. 또, AI가 널리 퍼지면서 진실과 거짓을 구분하기 어려운 사회가 될 수 있다는 점도 지적하며 경각심을 일깨웠습니다. 그럼에도 불구하고 이들이 노벨상을 수상한 이유는, AI 기술이 인류에게 가져올 긍정적인 변화에 대한 기대가 매우 크기 때문입니다. 앞으로 AI가 만들어 갈 새로운 가능성과 혁신이 어떤 방향으로 펼쳐질지 주의 깊게 지켜봐야 할 것입니다.

그렇다면, 이러한 기술 발전과 변화에 우리는 어떻게 대응해야 할까요? 물론 세상의 변화를 외면하며 살아갈 수도 있습니다. 네비게이션 대신 지도를 펼쳐 길을 찾거나, 인터넷뱅킹 대신 직접 은행에 가는 선택도 여전히 가능하니까요. 하지만 대부분의 사람들은 더 큰 편리함과 경제적인 이점을 얻기 위해 변화를 받아들여 왔습니다. 모든 변화에는 긍정과 부정, 두 가지 측면이 공존하기 마련이고, AI로 인한 변화도 예외는 아니겠지요. 그렇지만, 그림자가 있다고 빛을 피해야 할까요? AI로 인해 혼란스러운 순간이 오더라도, 그것을 외면한다면 우리는 중요한 기회를 놓치게 될지도 모릅니다. 변화의 흐름을 제대로 이해하고, 그 안에서 가치를 찾아내려는 태도가 무엇보다 중요합니다.

여러분은 AI와 함께하는 미래에 대해 어떤 기대를 하고 있나요? 개인적으로는 빨래를 개어 주는 AI 로봇이나, 내가 원하는 머리 스타일을 추천하고 직접 해 주는 AI도 상상해 봅니다. 게임 속 캐릭터부터 학습을 도와주는 챗봇까지, AI가 보여주는 가능성은 정말 무궁무진합니다. 이제부터는 여러분도 생각해 보세요. AI가 이끄는 변화 속에서 나는 어떻게 적응할지, 그리고 어떤 기회를 찾아낼 수 있을지를 말이에요. 세상의 변화를 그저 수동적으로 받아들이기보다는, 그것을 적극적으로 활용하려는 자세야말로 앞으로의 미래를 살아가는 데 꼭 필요한 태도가 될 것입니다.

챗GPT, 넌 누구니

똑똑한 챗봇, 챗GPT

혹시 '심심이'를 들어 본 적이 있나요? 심심이는 2002년에 시작된 채팅 서비스로, 말을 걸면 그에 적절한 대답을 해 주는 가상 로봇입니다. 예를 들어 사용자가 '심심해'라고 입력하면, 심심이는 '그럼 나랑 끝말잇기 놀이할까?'처럼 응답하는 방식이었지요. 이처럼 사람과 채팅을 주고받는 로봇을 '챗봇'이라고 부릅니다. 초창기 챗봇인 심심이는 지금의 챗봇에 비해 구조가 훨씬 단순했습니다. 사용자가 'A'라고 입력하면 'B'라고 답하는 식으로, 미리 정해진 질문이나 키워드에 따라 답변을 연결하는 '규칙 기반' 혹은 '패턴 매칭' 방식을 사용했기 때문입니다.

우리가 이 책에서 다루는 챗GPT도 챗봇의 일종입니다. 하지만 기존의 챗봇과 가장 큰 차이점은 AI가 탑재되었다는 점입니다. 앞에서 소개한 알파고는 '바둑'이라는 분야에 특화된 AI였지요. 사용자가 관심 있어 할 만한 영상을 추천해 주는 AI, 게임 AI, 자율주행 AI 등도 모두 특정 작업에 특화된 AI입니다.

반면에 챗GPT는 특정 분야에 국한되지 않고, 다양한 주제에 대해 자연스럽게 대화할 수 있도록 만들어졌습니다. 그 이유는 챗GPT가 '대규모 언어 모델(LLM; Large Language Model)'이라는 AI 기술을 기반으로 만들어졌기 때문입니다. 대규모 언어 모델이란 엄청나게 많은 양의 텍스트 데이터를 학습해, 단어와 문장 사이의 관계와 패턴을 파악하는 기술입니다. 예를 들어 수많은 문장을 분석한 결과 '안녕히' 다음에는 '가세요', '계세요', '주무세요' 같은 말이 나올 확률이 높다는 것을 학습하고, 이를 활용해 사람의 말에 맞는 문장을 자연스럽게 만들어냅니다. 다시 말해, 챗GPT는 확률에 근거해 가장 어울릴 만한 문장을 만들어 내는 기계라고 할 수 있습니다. 또한 대답을 직접 '생성'해 내기 때문에, 챗GPT를 '생성형 AI'라고 부릅니다.

　사실 챗GPT는 챗봇을 목표로 개발되지 않았습니다. 챗GPT를 개발한 OpenAI는 원래 언어 모델을 연구하여 다른 기업들이 다양한 서비스에 활용할 수 있도록 개발하고 있었습니다. GPT-1, GPT-2 등이 이 시기에 개발된 언어 모델의 이름이지요. 그런데 GPT-3에 들어와 성능이 급격하게 발전하자, OpenAI는 이 언어 모델을 챗봇에 적용하여 일반 대중도 사용할 수 있도록 공개했습니다. 이것이 바로 우리가 아는 챗GPT입니다. 챗GPT 뿐만 아니라 대규모 언어 모델을 활용한 비슷한 류의 다양한 생성형 AI들이 있는데, 이들은 모두 사용자와 대화가 가능하도록 만들어졌기 때문에 '대화형 AI'라고도 부릅니다.

　정리하면, 챗봇 서비스의 이름은 챗GPT이고, 이 챗봇에 사용되

는 언어 모델은 GPT-3에서 시작하여 최근에는 GPT-4, GPT-4o, GPT-o1, GPT-4.5까지 개발되었습니다(2025년 6월 기준). 그래서 챗GPT 화면에서는 대화에 어떤 언어 모델을 사용할지 선택할 수 있습니다.

챗GPT가 할 수 있는 일

그렇다면 챗GPT는 무엇을 할 수 있을까요? 우선 사용자와 자연스럽게 대화할 수 있습니다. 사용자의 질문에 대한 답변을 제시할 수 있고, 만약 사용자가 속상한 이야기를 털어놓는다면 위로의 말도 건넬 수 있지요. 사용자의 요청에 맞춰 글을 작성할 수도 있기 때문에 보고서, 업무용 메일, 자기소개서 등 다양한 글쓰기에도 활용됩니다. 요즘에는 챗GPT가 논문의 공동저자로 등재되거나, 챗GPT가 저자로 참여한 책이 출간되는 경우도 있어 마치 진짜 사람처럼 느껴지기도 합니다.

챗GPT는 번역 작업에서도 뛰어난 성능을 보입니다. 이는 개발 과정에서 다양한 언어로 된 방대한 자료를 학습했기 때문입니다. 현재 온라인 콘텐츠의 약 50%가 영어로 작성되어 있기 때문에 챗GPT는 특히 영어를 잘 이해하고 표현할 수 있습니다. 하지만 영어에만 국한되지 않고, 여러 언어 간의 번역도 능숙하게 수행할 수 있습니다. 예를 들어 한국어, 중국어, 일본어 같은 아시아 언어는 물론이고, 프랑스어, 독일어, 스와힐리어, 아랍어 등 주요 세계 언어들도 자연스럽게 처리할 수 있지요.

또한 챗GPT는 단순히 문자로 대화하는 것뿐만 아니라, 복잡한 수학 연산을 하거나 데이터를 정리해 엑셀 파일을 만드는 등 컴퓨터로 할 수 있는 다양한 작업도 대신해 줄 수 있습니다. 이렇게 다양한 기능이 가능한 이유는 챗GPT가 프로그래밍 언어를 이해하고 활용할 수 있기 때문입니다. 예를 들어 엑셀 파일에 '01012345678' 형식으로 되어 있는 100개의 전화번호를 '010-1234-5678' 형식으로 바꿔야 한다고 가정해 봅시다. 이런 작업은 파이썬(Python)과 같은 프로그래밍 언어를 사용해 코딩해야 하는데, 챗GPT는 이러한 코드도 직접 작성할 수 있습니다. 심지어 '100+100' 같은 간단한 계산을 할 때에도, 챗GPT는 내부적으로 코딩 과정을 거쳐 답을 도출합니다.

그 밖에도 이미지를 인식하거나 사용자의 요청에 따라 그림을 그려주는 것도 가능합니다. 또한 TTS(Text-to-Speech; 문자를 음성으로 바꾸는 기술)나 STT(Speech-to-Text; 음성을 문자로 바꾸는 기술)의 발전 덕분에, 마치 친구와 통화하듯 챗GPT와 음성 대화를 나눌 수도 있습니다. 특히, 최신 버전의 챗GPT는 사용자의 질문에 답할 때 검색 엔진을 활용할 수 있는 기능도 갖추게 되었습니다. 기존처럼 학습된 데이터만으로 확률적인 답변을 생성하던 방식에서 한 단계 나아가, 최신 정보를 바탕으로 더 신뢰할 수 있는 답을 제공할 수 있게 된 것입니다.

Chapter 2.

챗GPT와 함께하는 공부 첫걸음

챗GPT,
그리고 우리에게 필요한 능력

AI 시대가 열리면서 미래 사회에서 요구되는 역량도 빠르게 변화하고 있습니다. 이제는 지식을 외우는 것을 넘어서, 창의적인 사고력과 비판적인 관점을 갖추는 것이 중요해졌지요. 이런 흐름 속에서 우리는 챗GPT와 같은 AI 도구를 활용해 스스로 학습을 주도할 수 있는 능력을 길러야 합니다. 그렇다면 챗GPT를 더 효과적으로 활용하고, 자신의 생각을 논리적으로 표현하기 위해서는 어떤 역량이 필요할까요? 그 해답은 디지털 리터러시, 비판적 사고력, 메타인지, 그리고 질문하는 능력에서 찾을 수 있습니다.

디지털 리터러시

문해력을 키워야 한다거나 문해력이 문제라는 말을 들어 본 적 있으신가요? '문해력'은 영어 단어 '리터러시(literacy)'에서 비롯된 용어입니다. 이는 글을 읽고 이해하는 기본 능력은 물론, 정보를 해석하고 활용하는 능력까지 포함하는 개념입니다.

그렇다면 디지털 리터러시는 무엇일까요? 말 그대로 디지털 사회에서 요구되는 문해력입니다. 우리는 종이책뿐 아니라 텍스트, 이미지, 영상 등 다양한 형태의 정보를 접하며 살아갑니다. 특히 2022년 챗GPT의 등장을 계기로 AI 시대가 본격적으로 열리면서, 디지털 리터러시는 AI 도구를 이해하고, 정보의 출처와 신뢰성을 평가하는 능력까지 아우르는 개념으로 확장되었습니다.

챗GPT는 출시 5일 만에 100만 명의 사용자를 확보했고, 2개월 만에 월간 활성 사용자 수 1억 명을 넘었습니다. 이는 과거의 다른 디지털 서비스들과 비교해도 성장 속도가 매우 빠릅니다. 개인 사용자 사이에서 폭발적인 인기를 얻은 챗GPT는 이제 업무 현장에서도 활발히 사용되고 있습니다. 회의 내용을 요약하거나 번역하고, 메일을 작성하는 등의 기본적인 업무에 활용되며, 이를 통해 업무에 소요되는 시간이 최대 75%까지 줄어들었다고 합니다.

이러한 변화는 미래 사회를 살아갈 학생들에게도 중요한 시사점을 줍니다. AI 기술을 이해하고 적극적으로 활용하는 능력, 즉 디지털 리터러시는 이제 필수적인 학습 역량입니다.

하지만 2021년 OECD 국제학업성취도평가(PISA) 결과에 따르면 우리나라 학생들의 디지털 리터러시 수준이 OECD 국가들 가운데 최하위권으로 나타났습니다. 디지털 기기를 다루는 기술적인 능력은 점점 높아지고 있지만, 관련 정보를 이해하고 분석하며 비판적으로 판단하는 능력은 여전히 부족한 것으로 드러났습니다. 특히 디지털 자료를 읽고 '사실'과 '의견'을 구별하는 능력이 최하위 수준으로 평가되었습니다.

챗GPT와의 대화는 사용자가 질문을 던지는 것에서부터 시작됩니다. 따라서 효과적인 소통을 위해서는 기초적인 디지털 리터러시가 무엇보다 중요해졌습니다. 또한 높은 수준의 문해력도 필요합니다. AI 도구가 제대로 작동하려면, 사용자는 자신의 의도를 챗GPT에게 명확하게 전달해야 하고, 챗GPT의 답변도 정확하게 이해할 수 있어야 하기 때문입니다. 그래야만 기술과의 대화가 오해 없이 원활하게 이루어질 수 있습니다.

비판적 사고력

2024년 초, 딜로이트 그룹은 전 세계 고위급 임원 2천여 명을 대상으로 설문조사를 실시했습니다. 이 조사에서는 앞으로 중요해질 핵심 역량으로 비판적 사고력과 문제 해결력이 가장 많이 꼽혔습니다. 비판적 사고력이란 주어진 정보를 그대로 받아들이는 것이 아니라, 그 내용을 비판적으로 검토하고 따져볼 수 있는 능력을 말합니다. 이제는 AI가 제공하는 정보가 얼마나 신뢰할 만한지, 편향된 데이터는 아닌지 판단할 수 있는 힘이 필요해졌습니다. 생성형 AI가 제시한 답변에서 잘못된 정보를 구분하고, AI를 악용해 만들어진 가짜 뉴스나 조작된 정보에 속지 않기 위해서도 비판적 사고력은 반드시 필요합니다.

만약 여러분이 생성형 AI의 답변에 대해 진위를 가리거나 맥락의 적절성을 판단하지 못한다면, 앞서 언급한 디지털 리터러시 능력도 제대로 작동하지 않을 수 있습니다. 실제로 미국에서는 뉴욕의 두 변호사가 챗GPT의 도움을 받아 재판을 준비하다가 문제가 생긴 사례가 있었습니다. 챗GPT가 실제로 존재하지 않는 판례를 지어 내어 제공했는데, 변호사들이 이를 그대로 재판부에 제출했다가 5천 달러의 벌금을 물게 된 것입니다. 사회에서 엘리트로 인정받는 변호사들조차 비판적으로 정보를 검토하지 않은 결과, 명예가 실추되고 재정적인 손해까지 입게 된 것이지요.

　구글에서 동일한 내용을 검색하면 다양한 검색 결과가 나타나고, 그중에서 가장 적절하고 바람직한 답을 고르는 것은 우리 스스로의 판단에 달려 있습니다. 반면, 챗GPT는 "이게 정답이야"라는 식으로 단 하나의 답을 바로 제시하지요. 그러다 보니 AI 시대에는 스스로 사고하고 학습하는 힘이 점점 약해지고 있습니다. AI가 제공한 정보를 그대로 수용하는 '생각의 자동화' 현상이 나타나고 있기 때문입니다.

　생성형 AI를 제대로 활용하려면, 답변의 출처를 검증하고, 사실 여부와 편향 가능성까지 살펴보는 습관이 필요합니다. 그렇게 함으로써 그 정보가 사실에 기반한 것인지, 보편적으로 받아들일 수 있는 내용인지 판단할 수 있습니다. 또한 AI가 제공한 정보에 편견은 없는지, 실제 사실과 불일치하는 내용은 없는지 확인하는 습관도 함께 길러야 합니다.

메타인지

공자는 오래전 제자들에게 "아는 것을 안다고 하고, 모르는 것을 모른다고 하는 것, 그것이 바로 아는 것이다."라고 말했습니다. 이는 단순히 아는 척하지 말라는 뜻이 아니라, 자신이 아는 것과 모르는 것을 구별하는 능력, 즉 메타인지의 중요성을 강조한 것입니다. 메타인지는 자신의 사고 과정을 판단하고 조절하는 능력이며, 학습의 핵심입니다.

　이처럼 아는 것과 모르는 것을 구분할 수 있는 메타인지는 AI과 인간을 구별하는 중요한 능력이기도 합니다. 인간은 메타인지 덕분에 빠르게 판단하고 정보를 분석할 수 있습니다. 머릿속의 모든 정보를 일일이 탐색하지 않아도, 익숙한 것과 낯선 것을 빠르게 구별할 수 있습니다. 이러한 판단은 바로 메타인지 기능 덕분입니다. 반면, 챗GPT는 메타인지를 갖추고 있지 않기 때문에, 질문을 받으면 일일이 데이터를 살펴본 뒤에야 "잘 모르겠습니다"라고 답하게 됩니다.

따라서 사용자인 우리는 챗GPT의 답변을 그대로 받아들이기보다, 스스로의 이해 상태를 점검하며 필요한 질문을 조정해 나가야 합니다. 예를 들어 "대한민국은 특별시 1곳, 특별자치시 1곳, 광역시 6곳…"이라는 답변이 주어졌을 때, "특별자치시는 어디지?", "특별자치도는 어느 지역이지?"와 같은 후속 질문을 스스로 던지는 태도가 중요합니다. 이렇게 부족한 점을 인식하고 채워나가는 과정이 메타인지 학습의 핵심입니다.

챗GPT와의 대화는 단순한 정보 습득이 아니라, 질문과 응답을 통해 사고를 확장하는 학습 기회입니다. 디지털 리터러시와 메타인지를 발휘해, 이해되지 않는 부분은 다시 질문하고, 더 알고 싶은 부분은 스스로 탐색해 나가야 합니다. 이렇게 '꼬리에 꼬리를 무는 질문'을 던지는 습관은 자기주도 학습의 핵심이자, 챗GPT를 개인 과외 선생님처럼 활용하는 효과적인 방법이지요.

이러한 학습 방식은 이해도를 높이고 스스로 배우는 힘을 기르는 데 큰 도움이 됩니다. 반대로 문해력, 비판적 사고력, 메타인지 없이 AI에만 의존하게 되면, 오히려 자기주도 학습이 방해받을 수 있습니다. 생성형 AI는 어디까지나 참고 자료일 뿐이며, 우리는 그것을 도구로 활용하면서 자기주도성을 키워야 할 학습자입니다.

질문하는 능력

과거에는 지식을 많이 외우는 사람이 존경받았습니다. 실제로 대학 본고사에는 시조를 통째로 외워 쓰는 문제가 출제되기도 했지요. 그러나 인터넷과 검색의 시대가 열리면서, 정보를 암기하는 것보다 검색어를 잘 입력하고, 의미 있는 정보를 골라내는 분석력이 더 중요해졌습니다. 그리고 지금은 질문만 잘하면 AI가 답을 만들어주는 시대, 즉 질문의 가치가 더욱 중요해진 시대입니다.

질문을 잘하려면 좋은 질문을 구성하는 능력도 중요하지만, 그보다 더 기본이 되는 건 '질문하는 태도'입니다. 질문하지 않으면 아무것도 얻을 수 없습니다. 사용자가 질문을 던지지 않는 한, 챗GPT는 스스로 답을 하지 않기 때문입니다.

우리는 일상에서 자주 "이건 굳이 질문할 것까지야…" 하며 대충 알고 넘어가는 경우가 많습니다. 하지만 챗GPT와 대화할 때 그런 태도는 좋은 결과로 이어지기 어렵습니다. 실제로 2010년 G20 서울 정상회의 폐막식에서, 버락 오바마 당시 미국 대통령이 한국 기자들에게 질문을 요청했지만 아무도 질문하지 않아 정적만 흘렀던 일이 있었습니다. 오바마 대통령이 재차 질문을 부탁했지만 끝내 아무도 손을 들지 않았고, 결국 질문 기회는 중국 기자에게 돌아갔습니다. 이 사례는 질문하지 않으면 기회조차 사라질 수 있다는 점을 분명히 보여 줍니다.

우리는 어릴 때부터 "이건 뭐야?"와 같은 질문을 끊임없이 던지며 세상을 배워 왔습니다. 하지만 교육을 받으며 질문은 점점 줄어들었고, 모르는 것을 새롭게 알아가기보다는 이미 알고 있는 것을 확인하는 학습에 익숙해졌습니다. 많은 사람 앞에서 질문하는 것이 부담스럽고, 질문하지 않는 것이 더 편하다고 느끼기도 했지요. 질문은 연습이 필요한데, 우리는 그 기회를 충분히 갖지 못했던 것입니다. 이제는 챗GPT와의 대화를 통해 질문을 자유롭게 연습할 수 있는 환경이 마련되었습니다. 처음엔 어색할 수 있지만, 반복하다 보면 질문하는 감각과 노하우가 자연스럽게 자라납니다.

같은 챗GPT를 사용하더라도, 질문하는 사람의 배경지식과 사고 수준에 따라 결과는 달라집니다. 단순한 명령보다 정확하고 구체적인 질문이 더 나은 답을 이끌어 내기 때문입니다. 아무리 뛰어난 AI라도 'GIGO(Garbage in, Garbage out)', 즉 잘못된 입력이 들어가면 잘못된 출력이 나온다는 원칙을 피해 갈 수 없습니다. IBM 창업자 토머스 왓슨은 "적절한 질문을 할 수 있다면, 절반 이상의 답은 이미 찾은 것"이라 말했습니다. 결국 챗GPT에게 자신이 원하는 바를 정확히 전달하고, 그에 따라 의미 있는 답을 끌어내는 질문하는 능력이 무엇보다 중요해졌음을 알 수 있습니다.

마지막으로 챗GPT를 효과적으로 활용하려면 AI의 답변을 수동적으로 받아들이기만 해서는 안 됩니다. 그 답변을 기반으로 더 깊은 학습과 사고를 이어 가는 '질문하는 능력'을 기르는 것이 핵심입니다. 좋은 질문을 던지는 힘은 단순히 정보를 얻는 것을 넘어, 스스로 사고하고 판단하는 능력을 길러줍니다. 챗GPT가 점점 더 정교해질수록, 우리는 더 나은 질문을 통해 원하는 답을 이끌어 내고, 그 답을 비판적으로 검토하며 활용할 수 있어야 합니다. 질문을 통해 자기주도적인 학습자로 성장하는 것이 그 어느 때보다 중요해졌습니다.

챗GPT와 공부하면
어떤 점이 좋을까?

예전에는 공부하다가 궁금한 점이 생기면 선생님이나 친구에게 물어보곤 했습니다. 하지만 요즘에는 질문을 사진으로 찍어 앱에 올리거나, 챗GPT를 활용해 공부하는 친구들도 쉽게 볼 수 있지요. 기존의 공부 방식에서 더 나아가, 이제는 스스로 찾아보고 친구들과 토의하며 지식을 확장하고 연결하고 재구성하는 능력이 더욱 중요해졌습니다. 이런 새로운 학습 과정에서 챗GPT는 매우 유용한 AI 도구가 될 수 있습니다. 그렇다면 챗GPT를 활용해 공부할 때 어떤 점이 좋은지, 구체적으로 한번 살펴볼까요?

언제든, 어디서든 질문하세요

챗GPT는 돈, 시간, 장소의 제약을 초월합니다. 누구나 편하게 공부에 활용할 수 있는 도구인 것이죠. 유튜브나 네이버처럼 언제 어디서든 온라인에 접속하면 필요한 정보를 얻을 수 있고, 학원에 가지 않아도 인터넷 강의를 통해 수업을 들을 수 있습니다. 하지만 인터넷 강의만으로는 궁금한 점을 바로 해결하기 어렵다는 한계가 있었습니다. 반면 챗GPT는 내가 어디에 있든지, 궁금한 점이 생기면 즉시 질문하고 바로 답을 얻을 수 있습니다. 질문이 즉시 해결되지 않으면 공부 흐름이 끊기고, 그로 인해 공부 자체가 더 하기 싫어지는 경험을 해 본 친구들도 많을 것입니다. '나중에 선생님이나 친구에게 물어봐야지'하고 미뤘다가, 결국 무엇이 궁금했는지도 잊어버린 경험도 있을 거예요. 그런 점에서 챗GPT는 질문이 생겼을 때 바로 물어보고 답을 얻을 수 있게 해 주기 때문에, 학습에 대한 흐름과 의지를 계속 유지하는 데 큰 도움이 됩니다. 결국 챗GPT를 효과적으로 활용하기 위해서는 학습에 대한 적극적인 태도를 갖추는 것이 중요합니다.

원하는 만큼 편하게 질문할 수 있는 나만의 선생님

챗GPT에게는 어떤 질문이든 눈치 보지 않고 자유롭게 할 수 있습니다. 다른 친구들의 시선을 의식할 필요도 없고, "이런 것도 모르냐고 나를 무시하지 않을까?" 하고 걱정할 필요도 없습니다. 이해되지 않았는데 괜히 이해된 척 얼버무릴 필요도 없지요. 챗GPT에게는 꼬리에 꼬리를 무는 질문도 할 수 있고, 내가 이해할 때까지 다른 방식으로 설명해 달라고 요청할 수도 있습니다. 원하는 스타일로 답변을 해 달라고 말할 수도 있고, 무엇보다 챗GPT는 언제나 예의 바른 태도로 응답합니다. 이러한 장점을 잘 활용한다면 어떤 개념이든 '완전 학습', 즉 충분히 이해하고 익힐 때까지 반복 학습하는 것도 가능합니다. 나아가 상호작용하는 대화를 통해 나의 호기심을 더 키우고, 스스로 사고를 확장하는 기회도 만들 수 있습니다.

우리의 시간은 소중하니까

챗GPT는 긴 글을 요약하고, 쉽게 구할 수 없는 정보나 방대한 학습 데이터를 찾아 주는 데 매우 유용합니다. 필요한 참고 자료를 빠르게 찾아 제공하고, 관련 예시와 자료를 표로 정리하거나 비교할 수 있습니다. 또한 외국어로 된 자료를 번역해 주기도 하죠. 이렇게 시간을 절약해 주기 때문에, 우리는 다른 학습에 더 많은 시간을 투자할 수 있습니다. 결과적으로 학습 효율이 크게 향상됩니다.

질문을 바꾸면 답도 달라진다
– 프롬프트 전략 7가지

챗GPT에 입력하는 요청을 '프롬프트(prompt)'라고 합니다. 그리고 챗GPT는 내가 어떤 프롬프트를 입력하느냐에 따라 전혀 다른 답을 주지요. 스탠포드 디 스쿨(D.School)에서 AI와 창의성을 가르치는 제러미 어틀리(Jeremy Utley) 교수는 한 인터뷰에서 "챗GPT를 검색 엔진처럼 쓰지 말라"고 말했습니다. 챗GPT에게 단순히 '빅뱅이론이 뭔지 알려 줘'라고 질문하는 것은, 마치 포털 사이트에 '빅뱅이론'이라고 검색하는 것과 다를 바 없다는 의미입니다. 결국 챗GPT 활용 능력은 '프롬프트를 얼마나 잘 쓰는가'에 달려 있습니다. '그냥 질문하는 건데 얼마나 차이가 나겠어?'라고 생각할 수 있지만, 실제로는 '프롬프트 엔지니어(prompt engineer)'라는 직업이 따로 있을 정도로 프롬프트 작성은 무척 중요한 역량입니다.

　이번에는 챗GPT를 학습 도구로 활용할 때 특히 효과적인 7가지 프롬프트 전략을 소개합니다. 각 전략에는 실제로 따라 쓸 수 있는 구체적인 예시도 함께 제시하니, 자신에게 맞는 표현부터 시도해 보세요. 이 장을 다 읽고 나면, 앞으로 여러분이 챗GPT에게 어떤 프롬프트를 입력해야 할지 감이 올 거예요. 질문을 바꾸면 답이 바뀐다는 것을 체감할 수 있기를 바랍니다.

전략 1. 자기소개 전략

먼저, 내가 어떤 사람인지, 어떤 배경을 가지고 있는지를 자세히 설명하는 전략입니다. 챗GPT는 그 정보를 바탕으로 더 나에게 맞는 설명이나 예시를 제시할 수 있기 때문이지요. 예를 들어 과학에 관심이 있는 중학교 3학년 학생과 음악을 전공하고 있는 대학생이 챗GPT에게 똑같은 질문을 한다고 해도, 챗GPT는 두 사람의 수준과 배경에 맞춰 설명의 깊이나 표현 방식을 다르게 조절합니다. 그래서 질문을 하기 전, 자신의 학년이나 관심 분야, 지금 무엇이 어렵고 어떤 도움을 받고 싶은지 간단히 말해 주는 것이 좋습니다.

챗GPT에는 '메모리 기능'이 있어서, 한 번 자기소개를 해 두면 같은 내용을 반복해서 말하지 않아도 됩니다. 이전 대화에서 제공한 정보가 기억되어, 보다 정밀한 맞춤 응답을 받을 수 있기 때문입니다. 메모리 기능에 대한 자세한 설명은 다음 장에서 다루겠습니다.

> 나쁜 예: 나랑 영어 회화 연습하자.
> **좋은 예: 나는 한국에서만 살아온 중3 학생이야. 영어 독해는 잘하는 편이고 아는 단어도 많은 편인데, 영어로 말을 하려면 바로바로 떠오르지 않아.** 내 회화 연습을 도와줬으면 좋겠어. 내가 중간에 단어를 떠올리느라 말이 끊기더라도, 오래 기다려 주고 표현을 제안해 줘.

전략 2. 목적 설명 전략

다음으로, 요청을 하는 이유와 그 배경, 그리고 최종적인 목적을 함께 설명하는 전략입니다. 우리도 누군가가 질문해 올 때, '그거 왜 묻는 건데?'와 같은 질문을 해 본 적이 있을 것입니다. 상대가 질문하는 이유를 알면 더 좋은 답변을 해 줄 수 있기 때문이지요.

챗GPT도 마찬가지예요. 내가 왜 이 질문을 하는지를 함께 알려 주면, 챗GPT는 그 목적에 맞춰 더 적절한 방식으로 답할 수 있습니다. 이미 알고 있는 내용에 대한 요약이 필요한 건지, 아니면 잘 모르는 내용에 대해 자세히 알아야 하는 상황인지, 발표 자료를 준비하려는 건지, 아니면 내가 제대로 이해했는지 확인하고 싶은 건지에 따라 챗GPT의 답변 방식도 달라질 수 있답니다. 이렇게 여러분의 의도나 상황을 설명해 주는 전략은, 단순한 지식 전달이 아니라 맥락에 맞는 도움을 받을 수 있도록 하는 데 큰 도움이 됩니다.

> 나쁜 예: AI의 장단점을 알려 줘.
> 좋은 예: **다음 주 사회 수업 시간에 '학교 수업 시간에 AI 도구를 활용해야 하는가?'를 주제로 찬반 토론을 한대. 나는 반대하는 입장인데, 토론을 위해서** 찬성 입장과 반대 입장의 근거를 다양하게 검토하고 싶어. 정리 부탁해.

전략 3. 역할 부여 전략

챗GPT에게 "네가 지금 ~라고 생각하고 답변해 줘"와 같이 역할을 부여하는 전략입니다. 단순 역할뿐만 아니라 '구체적인 예시를 잘 들어 주는 친절한 물리 선생님', '공감을 많이 해 주는 상담가'처럼 답변하도록 성격이나 스타일을 지정해도 되고, '소크라테스'처럼 실제 인물을 지정해 인터뷰 방식으로 궁금한 것을 물어볼 수도 있습니다. 이러한 역할 부여는 단순히 말투를 바꾸는 것이 아니라, 그 인물의 특성과 맥락에 맞는 어휘, 구조, 설명 방식까지 자연스럽게 따라오도록 도와줍니다.

> 나쁜 예: 내가 쓴 이 글에 대한 피드백을 부탁해.
> 좋은 예: 너는 **비판적인 고등학교 국어 선생님이 되어서**, 내가 쓴 글을 날카롭게 피드백해 줘. 고쳐야 할 부분들은 이유와 함께 대안도 제시해 줘.

전략 4. 분량 & 난이도 지정 전략

챗GPT에게 답변의 길이와 난이도를 구체적으로 명시하는 것도 좋은 전략입니다. "짧게 써 줘" 또는 "쉽게 설명해 줘"라고만 입력하는 것보다는, "서너 문장 정도로 정리해 줘" 또는 "예시를 들어 초등학생도 이해할 수 있게 설명해 줘"라고 상세히 요청하는 것이 훨씬 효과적입니다. 또한 어떤 것에 대한 설명을 요청할 때, 내가 어디까지 알고 있는지를 함께 적어 주면 챗GPT의 답변도 정밀해집니다. 예시로, 'DNA가 유전 정보를 담고 있다는 건 알겠어. 근데 염색체랑은 어떻게 다른 거야?'와 같이 질문하면, 불필요한 설명을 제외하고 정말 필요한 부분에 대한 답변만 받게 되어 그 가독성이 더 높아지겠지요.

> 나쁜 예: 기후 변화의 원인을 알려 줘.
> 좋은 예: 기후 변화의 다양한 원인에 대해 **각 원인별로 한 문단씩, 세네 문장 정도의 길이로 설명해 줘.** 키워드는 굵은 글씨로 지정해서 가독성을 높여 줘.

전략 5. 형식 요청 전략

다음 전략은 챗GPT가 제공할 답변 형식을 구체적으로 지정하는 방법입니다. 표로 정리해 달라고 요청하거나, 항목별로 번호를 붙여 나열해 달라고 하는 것이 여기에 해당하며, 설명하기 어려운 경우에는 구체적인 예시를 제시해도 됩니다. 앞글자를 딴 암기법 공식이나 리듬감 있는 표현 등을 요청하는 것도 이 전략에 포함됩니다. 원하는 형식을 구체적으로 설명해 주면 챗GPT가 더욱 정확하게 그에 맞춰 응답해 줄 것입니다.

> 나쁜 예: 시장경제와 계획경제에 대해 알려 줘.
> 좋은 예: 시장경제와 계획경제의 다양한 특징들을 **표를 그려 비교 분석해 줘.**

전략 6. 사고의 흐름 유도 전략

구하고자 하는 문제의 답을 바로 요청하지 않고, 그 문제를 해결하는 데 필요한 사고의 흐름과 단계를 하나씩 따라가며 설명해 달라고 요청하는 전략입니다. 예를 들면, 사람이 A라는 답을 내기 위해 머릿속에 A1, A2, A3의 과정을 거쳐야 한다면, 챗GPT에게도 마찬가지로 "A1, A2, A3를 거쳐서 결론을 내 줘"와 같이 고려해야 할 사항을 알려 주는 것이지요. 'Chain of Thought'라고도 부릅니다. 이 전략은 수학 풀이, 영어 문법 분석, 글쓰기 구조 훈련 등에서 특히 효과적이며, 자기주도 학습의 기초가 됩니다.

> 나쁜 예: 이 시의 주제를 알려 줘.
> 좋은 예: 이 시에 쓰인 **표현 방식과 시어의 특징을 살펴보고, 그것들이 어떤 감정을 전달하는지 생각한 다음, 그걸 토대로** 주제를 정리해 줘.

전략 7. 질문 유도형 전략

질문 유도형 전략은 챗GPT를 단순히 정답을 알려 주는 존재로 활용하는 것이 아니라, 여러분 스스로가 생각할 수 있도록 질문을 던져주는 선생님으로 삼는 방법입니다. 학생인 여러분에게 중요한 것은 결론을 아는 것이 아니라, 그 결론에 이르기까지의 사고 과정을 이해하고 따라가는 것이니까요. 챗GPT는 먼저 핵심 개념에 대한 질문을 던지고, 여러분이 그에 답하면 그다음 질문을 이어 가며 대화를 이끌어 갑니다. 개념 학습, 글 읽기, 수학 문제 풀이 흐름 정리 등 다양한 학습 상황에서 효과적으로 활용할 수 있습니다.

> 나쁜 예: 이 물리 문제를 풀어 줘.
> 좋은 예: 이 물리 문제를 스스로 풀어 보고 싶어. **이 문제를 풀기 위해 꼭 알아야 할 개념이나 기본 공식, 어떤 걸 구해야 하는지, 어떤 조건이 나와 있는지 등을 질문을 통해 하나하나 짚어 줘.** 질문은 한 번에 하나씩만 해 주고, 내가 대답하면 그걸 바탕으로 피드백해 준 다음, 다음 질문으로 넘어가 줘. 그렇게 차근차근 내 생각을 정리할 수 있도록 도와줘.

전략 조합 예시 프롬프트

앞서 소개한 전략들을 여러 개 조합해서 사용하면 훨씬 더 효과적인 프롬프트를 만들 수 있습니다. 상황과 목적에 따라 필요한 전략들을 골라서 활용하는 게 핵심이지요. 여기서 보여드리는 프롬프트들은 대부분 챗GPT와 대화를 시작할 때 쓰는 첫 번째 질문들입니다. 챗GPT가 어떻게 답하는지 확인한 후, 여러분이 원하는 결과를 얻어 내기 위해 세부적인 부분들을 조금씩 수정해 가며 대화를 이어나가 보세요.

①자기소개+ ③역할 부여+ ⑦질문 유도형	①나는 중3이고 영어 서술형 시험이 어렵게 느껴져. 문법은 아는데 막상 문장으로 쓰려면 어색해. ③너는 내 글을 도와주는 영어 쓰기 멘토야. 내가 우리 가족 소개를 한두 문장 써볼 테니까, ⑦부족한 점을 물어봐 주고, 더 구체적으로 쓰도록 질문해 줘. 내가 대답하면, 그걸 반영해서 다음 문장을 이끌어 줘.
①자기소개+ ②목적 설명+ ⑥사고의 흐름 유도	①나는 고1이고, ②수학 서술형 시험을 준비해야 하는데, 문제는 풀 수 있지만 풀이 과정을 서술형으로 쓰는 게 어려워. 내가 문제를 올리면 ⑥'문제 파악 → 개념 적용 → 계산 과정 → 결론 정리' 이런 식으로 단계적으로 사고 흐름을 따라가며 설명하는 연습을 할 수 있게 도와줘.
②목적 설명+ ③역할 부여+ ⑤형식 요청+ ④분량/난이도 지정	나는 ②역사 수행평가로 '근대 개항 이후 조선의 변화'에 대해 포스터를 만들려고 해. 너무 많은 사건들이 있어서 핵심을 정리하기 어려워. ③너는 일타 역사 강사가 되어서,⑤[연도	사건명	내용 요약	의미] 형식으로 조선이 개항 후 어떤 변화를 겪었는지 4~5개 사건만 정리해 줘. ④너무 어려운 용어는 피해서 써 줘.

공부에 딱 맞는 챗GPT 기능

챗GPT를 제대로 활용하기 위해서는 먼저 챗GPT의 기본 메뉴와 기능을 알고, 자신에게 맞게 설정해 두는 것이 중요합니다. 이 과정을 거치면 공부할 때 궁금한 내용을 빠르게 해결할 수 있고, 개인 학습 스타일에 맞게 나의 공부 파트너가 되어가는 과정을 확인할 수 있습니다.

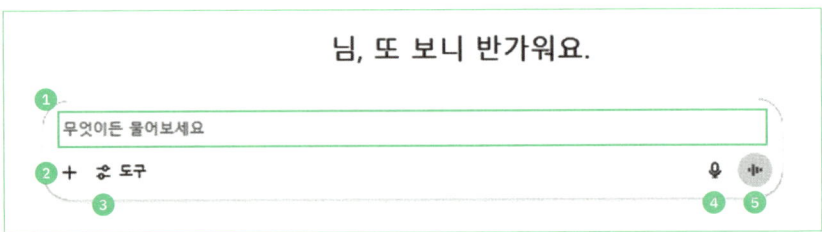

2025.06 무료 버전 기준

챗GPT를 잘 활용하기 위해서는 메뉴와 기능을 미리 알아두는 것이 중요합니다. 입력창에 글을 어떻게 써야 하는지, 사진은 어떻게 올려야 하는지, 음성으로 질문할 수 있는지, 받은 답을 친구와 어떻게 공유할 수 있는지 등을 알면 시간을 절약하고 더 효율적으로 공부할 수 있습니다. 지금부터 챗GPT로 공부할 때 알아 두면 좋은 메뉴와 기능들을 하나씩 간단하게 소개해 보겠습니다.

① 입력창

"무엇이든 물어보세요" 부분은 입력창입니다. 텍스트를 자유롭게 입력할 수 있으며 중요한 부분은 굵게 표시하거나 이모지로 강조해 볼 수도 있습니다. PC 버전에서는 'Enter'만 누르면 입력한 내용이 바로 전송됩니다. 줄 바꿈이 필요하다면 'Shift'와 'Enter'를 함께 사용해 주세요.

② 사진과 파일 첨부로 더 똑똑하게 질문하기

첨부 기능을 사용해 질문할 수 있습니다. '사진 및 파일 추가' 버튼으로는 휴대폰이나 컴퓨터에 저장된 사진과 문서(JPG, PNG, PDF, Word, 엑셀, CSV 등)를 직접 첨부할 수 있고, '앱에서 추가' 버튼으로는 Google Drive나 Microsoft OneDrive에 저장된 파일을 바로 연결할 수 있습니다. 복잡한 수학 문제를 사진으로 찍어 올리면 타이핑 없이 정확한 해설을 받을 수 있습니다. 작성한 보고서를 파일로 첨부하거나 클라우드에서 바로 연결하면 전문 선생님처럼 꼼꼼히 검토해 줍니다.

③ 도구 버튼으로 생각의 폭 넓히기

챗GPT 화면 왼쪽 아래의 '도구' 버튼을 누르면 공부에 도움이 되는 다양한 기능이 나타납니다. '이미지 그리기'는 요청한 그림을 직접 그려주고, '웹에서 검색하기'는 챗GPT가 자기 생각대로 답변하지 않고 웹을 검색한 결과에 근거해서 답변하므로 더 정확한 정보를 제공합니다. '글쓰기 또는 코딩'(예전 캔버스 기능)은 자기소개서나 프로그래밍 같은 긴 작업을 하나의 공간에서 이어서 작성하고 수정할 수 있게 해 줍니다. '심층 리서치 실행'은 복잡한 주제를 개념, 배경, 원인, 사례, 대안 등으로 구조화해서 보고서처럼 정리해 줍니다. '더 길게 생각하기'는 "독서는 왜 중요한

가요?" 같은 질문에 단순한 답변이 아닌 사고력, 공감 능력, 지식 확장 등 다양한 측면을 연결한 깊이 있는 설명을 제공합니다.

④ 음성 입력으로 편리하게 질문하기

채팅창 오른쪽의 마이크 버튼을 누르고 말하면 챗GPT가 음성을 자동으로 인식해서 텍스트로 바꿔 줍니다. 긴 글의 질문도 손이 자유롭지 않거나 긴 문장을 타이핑하기 귀찮을 때 빠르게 할 수 있어 특히 모바일 앱에서 유용합니다. 생각나는 것을 즉시 말할 수 있어 시간을 많이 단축해 줍니다.

⑤ 음성 모드로 진짜 대화하기

음성 입력이 음성을 문자로 바꿔 주는 기능이라면, 음성 모드는 챗GPT와 실제로 말하듯 대화할 수 있는 실시간 대화 기능입니다. 챗GPT 앱에서 화면 오른쪽 아래의 음성 파형 아이콘을 누르면 음성 모드로 전환됩니다. "Can you ask me 3 English interview questions?" 같은 영어 회화 연습이나, 질문이 많아서 타이핑하기 귀찮을 때 특히 유용합니다. 여러 개의 목소리 중에서 선택할 수도 있어 마치 친구와 대화하는 것처럼 자연스럽게 학습할 수 있습니다.

⑥ 공유하기로 답변 공유하기

챗GPT에서 '우리 조 발표 자료에 이 내용 꼭 넣고 싶은데, 조원들한테 공유해야겠다'라는 생각이 들 때 사용하는 기능입니다. 공유하기 버튼을 누르면 현재 보고 있는 챗GPT 대화 내용을 웹 링크로 만들 수 있습니다. 생성된 링크를 카카오톡, 문자, 이메일에 붙여 넣으면 다른 사람도 내가 받은 답변을 그대로 확인할 수 있습니다.

⑦ 더보기 메뉴로 대화 정리하기

더보기에서는 대화를 정리하거나 관리하는 메뉴가 나타납니다. '프로젝트에 추가'는 대화를 특정 프로젝트에 정리해서 저장하는 기능으로, 폴더와 비슷한 개념입니다. 과학 탐구, 영어 학습 등 과목별로 챗GPT 대화를 모아두고 싶을 때 유용합니다. '아카이브에 보관'은 해당 대화가 완전히 마무리되었을 때 쓰는 기능으로, 대화를 목록에서 더 이상 볼 수 없지만 언제든 다시 꺼내 볼 수 있도록 별도로 보관하는 기능입니다. '삭제'는 이 대화를 완전히 삭제하는 기능으로, 실수로 물어봤거나 이제 필요 없는 대화를 깔끔하게 지울 수 있습니다.

개인화 설정

챗GPT는 단순히 질문에 답해 주는 도구를 넘어서, 여러분의 공부 스타일과 관심사에 맞춰 성장해 가는 파트너가 될 수 있습니다. 메뉴와 기능을 익혀서 잘 사용하는 것만큼, 개인에게 맞게 챗GPT를 개인화해 두면 훨씬 편리해집니다. 예를 들어 자주 묻는 질문의 방식, 관심 있는 교과 영역, 공부 습관 등을 챗GPT가 기억해 두면 다음에 질문할 때 더 빠르고 정확한 도움을 받을 수 있습니다. 또한 챗GPT가 사용자에 대해 알게 되는 정보 중에서 어떤 것은 기억하도록 설정하고, 어떤 것은 저장하지 않도록 관리할 수도 있습니다.

챗GPT를 자신의 공부 방식에 맞게 '개인 학습 도우미'로 만들어 보세요. 지금부터 챗GPT의 개인화 기능과 활용 방법을 알려 드리겠습니다.

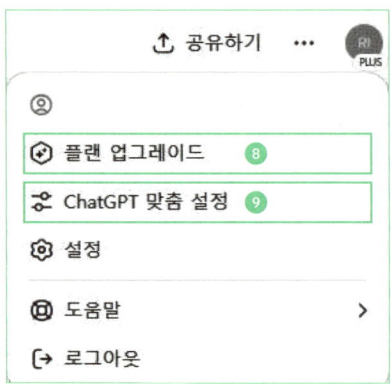

⑧ 맞춤 설정으로 나만의 챗GPT 만들기

프로필 메뉴 또는 계정 메뉴를 누르면, '챗GPT 맞춤 설정'을 할 수 있습니다. 여기서 챗GPT의 말투, 성격, 관심 분야까지 내 스타일에 맞게 바꿀 수 있습니다. 맞춤 설정을 해 두면, 질문을 따로 설명하지 않아도 챗GPT가 내 상황을 고려해서 답변하므로 공부 도우미로서의 정확도와 만족도가 훨씬 향상됩니다.

챗GPT 맞춤 설정을 누르면 다음과 같은 화면이 나타납니다.

> **ChatGPT 맞춤 설정**
> 자기소개를 하고 보다 내게 맞춰진 응답을 받으세요 ⓘ
>
> **ChatGPT가 어떻게 불러드리면 좋을까요?**
>
> 닉네임
>
> **어떤 일을 하고 계신가요?**
>
> 워털루대학교 엔지니어링 전공생
>
> **ChatGPT가 어떤 특성을 지녔으면 하나요?** ⓘ
>
> 특성을 선택하거나 적어주세요
>
> ＋수다쟁이 ＋재간둥이 ＋빈말하지 않음 ＋지지적 ＋Z세대
> ＋회의적 ＋관습 중시 ＋미래지향적 ＋문학적 ↻
>
> **ChatGPT가 당신에 대해 알아야 할 내용이 또 있을까요?** ⓘ
>
> 기억해 두어야 할 관심사, 가치, 선호 사항 등

챗GPT 맞춤 설정에서 닉네임을 설정하고, 본인을 소개해 보세요. 중요한 질문은 "챗GPT가 어떤 특성을 지녔으면 하나요?"와 "챗GPT가 당신에 대해 알아야 할 내용이 또 있을까요?"입니다. 두 가지 사례로 예시를 들어 보겠습니다.

예시 ① "이공계 진로를 준비하는 심화 학습형 학생"

챗GPT가 어떤 특성을 지녔으면 하나요?

> 너는 나의 과학 멘토이자 진로 코치처럼 행동해 줘. 설명할 때는 단순한 요약보다는 개념 간의 연결, 원리, 이유를 논리적으로 설명해 줘. 기초 내용은 간단히 확인만 하고, 가능한 경우에는 실제 사례나 대학 수준의 응용 예시도 들어줘.
> 진로 관련 질문을 하면 학과 설명, 관련 전공 수업, 졸업 후 진로, 관련 기사 등 실제 데이터나 외부 자료까지 정리해서 알려 줘. 그리고 내가 탐구보고서를 쓰거나 발표를 준비할 때 참고할 수 있는 구조나 자료 출처도 같이 제시해 줘.
> 질문할 때는 내가 먼저 생각해 볼 수 있게 "왜 그런 걸까?", "이걸 어디에 응용할 수 있을까?" 같은 탐구형 질문도 가끔 던져 줘. 너무 친근한 말투보다는 차분하고 전문적인 톤으로 말해 줘.

챗GPT가 당신에 대해 알아야 할 내용이 또 있을까요?

> 나는 고등학교 1학년이고, 수학과 과학 과목은 2~3등급, 국어와 영어는 3~4등급 정도야. 이공계 진로를 고민 중인데, 구체적으로는 '지구환경시스템공학' 분야에 관심이 있어. 학교에서 배운 내용 중 더 깊이 있는 주제나 최신 연구와 연결해 보고 싶고, 심화 탐구나 과학 관련 글쓰기, 진로 탐색 활동에서 너의 도움을 많이 받을 것 같아.
> 나는 기본 개념은 알고 있으니까, 대답할 때 기초보다는 한 단계 높은 수준으로 설명해 줘. 그리고 진로 관련해서는 대학교 전공 설명, 관련 기사, 연구 주제, 학과 탐색 등 다양한 실질적 정보를 알려줬으면 좋겠어.

예시② '하나씩 질문하고 대화하듯 공부하는 방식'을 원할 때의 맞춤 설정

챗GPT가 어떤 특성을 지녔으면 하나요?

> 너는 나의 과목별 선생님이자 멘토처럼 행동해 줘. 한 번에 하나의 질문만 던지고, 내가 대답할 시간을 줘. 절대 바로 정답을 알려 주지 말고, 내가 요청했을 때만 힌트를 줘. 내가 어떤 개념을 잘 이해하고 있는지 점검하려면 "왜 그렇게 생각했는지?" 같은 질문을 해 줘. 대답을 잘했으면 구체적으로 칭찬해 주고, 부족한 부분은 자연스럽게 다시 생각할 수 있도록 유도해 줘. 이야기하듯 천천히, 친구처럼 대화해 줘. 처음 보는 개념이 나오면 그 전에 어떤 배경지식이 필요한지도 알려 줘.

챗GPT가 당신에 대해 알아야 할 내용이 또 있을까요?

> 나는 고등학교 1학년이고, 공부할 때 문제를 직접 풀어 보면서 하나씩 단계별로 확인하는 걸 좋아해. 모르는 걸 묻기보다, 질문을 받고 스스로 생각한 다음 대답하면서 배우는 방식을 선호해. 수학, 과학, 사회 같은 과목에서 이해를 돕는 질문을 던져줬으면 좋겠어. 성적은 중상위권이고, 잘 모르는 개념이 있을 때는 힌트를 받아서 스스로 답을 찾고 싶어.

챗GPT 맞춤 설정 템플릿을 예시로 제안합니다. 아래 내용의 빈칸을 채워 챗GPT 맞춤 설정창에 입력해 주세요. 필요하면 매달 또는 시험 기간마다 업데이트해도 좋고, 과목별로 따로 만들어서 설정해도 괜찮아요.

챗GPT가 어떤 특성을 지녔으면 하나요?
* 챗GPT는 나에게 _____ 처럼 말해 줬으면 해.
* 설명할 때는 _____ 하게 해 줘.
* 내가 모르는 부분이 있으면 _____ 해 줘.
* 질문은 한 번에 _____ 만 해 줘.
* 내가 답을 잘하면 _____ 해 줘.

챗GPT가 당신에 대해 알아야 할 내용이 또 있을까요?
* 나는 ___학년이고, 주요 과목은 _____ 이야.
* 공부할 때 나는 _____ 하는 걸 선호해.
* 현재 성적은 대략 __등급이고, 목표는 _____ 이야.
* 내가 자주 챗GPT에게 물어볼 내용은 _____ 야.
* 나는 평소에 _____ 에도 관심이 있어.

⑨-1 챗GPT의 기억력 - '메모리' 기능

챗GPT는 사용자에 대해 기억할 수 있는 '메모리' 기능이 있습니다. 채팅 기록 참고 및 저장된 메모리 참고를 켜두면 여러분이 말한 관심사, 공부 스타일, 진로 방향, 선호하는 설명 방식 등을 기억하고 앞으로의 대화에서 더 개인화된 방식으로 답변합니다. 처음에 사용자가 "나는 지구환경시스템공학에 관심 있어"라고 말하면, 메모리 기능이 켜져 있는 챗GPT라면 이 내용을 자동으로 기억해 둡니다. 그 후, 시간이 지나서 사용자가 "진로와 관련된 대학 학과를 추천해 줘"라고 물었을 때, 챗GPT는 예전에 기억해 둔 '지구환경시스템공학에 관심 있다는 정보'를 바탕으로, 관련된 학과를 먼저 소개해 주는 식으로 대답해 줍니다. 이러한 메모리 기능은 켜거나 끌 수 있습니다.

챗GPT가 나에 대해 알수록 더 정확하고 개인화된 답변을 주며, 반복 설명도 줄일 수 있어 효율적인 대화가 가능합니다. 다만 민감한 정보는 자동으로 기억하지 않도록 설계되어 있습니다. 만약 기억을 원하지 않는 정보가 있다면 '프로필 아이콘 > 설정 > 개인 맞춤 설정 > 메모리 관리 > manage memories(관리)'로 들어가서 삭제할 수 있습니다.

⑨-2 데이터 제어 기능으로 모델 개선 설정 관리하기

데이터 제어는 내 개인정보와 대화 내용을 어떻게 관리할지 설정하는 기능입니다. '설정 > 데이터 제어 > 모두를 위한 모델 개선'에서는 사용자가 챗GPT에게 한 대화 내용이 모델을 더 똑똑하게 만드는 데 사용될지를 선택할 수 있습니다. 이 설정을 켜면 내 대화가 익명으로 수집되어 챗GPT 발전에 도움이 되고, 끄면 내 대화는 학습용으로 사용되지 않습니다. 설정을 꺼도 챗GPT의 모든 기능은 그대로 사용할 수 있으며, 개인적인 정보나 학교 정보 등 민감한 내용을 다룰 때는 항상 주의가 필요합니다. 이 설정은 언제든 자유롭게 변경할 수 있어 상황에 따라 조절하면 됩니다.

챗GPT의 다양한 모델들

앞서 챗GPT의 다양한 기능들을 살펴봤지만, 실제로는 어떤 챗GPT 모델을 사용하느냐에 따라 결과가 크게 달라집니다. GPT-4o, 개발자 전용 o3, 최신 실험 모델인 GPT-4.5까지 다양한 종류가 있습니다. 단순히 유료냐 무료냐의 차이가 아니라 각 모델마다 생각하는 방식과 장단점, 대답하는 스타일이 모두 다릅니다. 각 모델의 특성을 이해하고 상황에 맞는 적절한 챗GPT를 선택할 수 있는 노하우를 익혀보겠습니다.

GPT-4o : 모든 걸 다 하는 만능 AI 친구

GPT-4o는 지금까지 나온 챗GPT 모델 중에서 가장 다재다능한 AI로, 여기서 'o'는 "모든 것을 아우른다(omni)"는 의미입니다. 기존 모델들이 주로 텍스트만 처리했다면, GPT-4o는 텍스트, 이미지, 음성, 파일까지 모두 처리할 수 있는 통합형 모델입니다. 수학 문제를 손으로 푼 사진을 올리면 풀이를 검토해 주고, 발표 자료 그래프를 보여주면 의미를 분석해 줍니다. 사고력과 설명력도 이전 모델보다 뛰어나 복잡한 개념도 학생 눈높이에 맞춰 자연스럽게 설명합니다. 말하고, 듣고, 보고, 이해하는 능력이 모두 결합한 가장 '사람 같은' 모델입니다.

o3: 빠르고 정확한 분석가형 AI

GPT-o3는 주로 개발자나 연구자들이 실험적 용도로 사용하는 고성능 AI 모델입니다. 논리적 사고 과정을 단계별로 명확히 보여주는 것이 특징입니다. GPT-4o가 부드럽고 친절하게 대화하며 설명한다면, GPT-o3는 불필요한 수식어 없이 딱 핵심만 요약해서 전달합니다. 예를 들어 "왜 $\sqrt{(-1)}$은 실수가 아니야?"라는 질문에 GPT-4o는 "실수는 제곱하면 항상 0보다 크거나 같기 때문에"라고 자연스럽게 설명하지만, GPT-o3는 "1. 실수의 제곱은 항상 0 이상 / 2. -1은 0보다 작음 / 3. 따라서 어떤 실수도 $x^2=-1$을 만족할 수 없음"처럼 논리적 단계를 명확히 나열합니다. 논리적으로 구조화된 글쓰기와 복잡한 정보 요약에 뛰어나 'AI 분석가' 같은 느낌을 줍니다.

GPT-4.5: 고차원적 사고를 더한 성숙한 AI

2025년 6월 현재, GPT-4.5는 OpenAI가 출시한 채팅 분야 최고 수준의 AI 모델입니다. 이 모델은 단순히 지식을 말해 주는 것을 넘어서 질문의 의도를 정확히 파악하고, 여러 개념을 서로 연결해서 사고하는 능력이 뛰어납니다. 또한 향상된 감성 지능(EQ) 덕분에 사용자의 미묘한 뉘앙스까지 정교하게 이해할 수 있습니다. 학습자가 헷갈릴 만한 부분을 예측해서 명확하게 설명해 주는 것도 큰 특징입니다. 예를 들어 "지구에 중력이 없다면?"이라는 질문에 단순한 답변이 아닌 물리학과 생물학 등 여러 개념을 연결하여 체계적으로 설명합니다. 창의적 통찰력과 논리적 사고력이 강화되어 과학이나 사회 같은 탐구형 학습에 특히 유용합니다. 또한 잘못된 정보 생성도 크게 줄어들어 신뢰성이 높아졌습니다.

각 모델별로 답변이 어떻게 다른지 살펴보겠습니다. "만약 지구에 중력이 없다면 우리 일상에 어떤 변화가 생길까?"라는 같은 질문을 던졌을 때의 답변입니다.

> **GPT-4o**
>
> "만약 지구에 중력이 없다면?"이라는 질문은 상상하기 어려운 극단적인 가정이지만, 흥미로운 사고 실험입니다. 중력은 지구상의 모든 것을 붙들어 두는 근본적인 힘이기 때문에, 이것이 사라진다면 우리의 일상뿐 아니라 생명 자체가

유지될 수 없습니다. 구체적으로 어떤 변화가 생길지 살펴볼게요:

1. 사람과 사물이 공중에 떠오름.
- 우리는 더 이상 땅에 발을 붙이고 있을 수 없습니다.
- 걷거나 달리는 건 불가능하고, 벽이나 천장에 부딪히거나 우주 공간처럼 떠다니게 됩니다.
- 의자에 앉는 것도, 물건을 책상 위에 올려두는 것도 불가능합니다.

(생략)

요약하면:
지구에 중력이 없다면, 우리는 숨을 쉴 수 없고, 발을 디딜 수 없으며, 물, 공기, 건물 모두 흩어지고, 결국 생명체는 존재할 수 없게 됩니다.

o3

지구의 **중력**이 "완전히" 사라진다면 — 단순히 우리가 '무중력' 상태가 되는 정도가 아니라, **모든 물체를 끌어당기는 힘 자체가 0**이 되는 상황을 가정해 볼게요. 실제로는 물리적으로 불가능에 가깝지만, 사고실험으로 어떤 일이 벌어질지 단계별로 살펴보면 다음과 같습니다.

1. 0 초 ~ 몇 초: "모두가 동시에 떠오른다"

현상	설명
몸과 물건이 즉시 공중으로	바닥에 붙어 있던 발, 책상·컵·스마트폰까지 전부 자유롭게 '발사'되듯 떠오릅니다.
마찰·막힘이 없어져 속도 유지	한번 튕겨 나간 방향·속도는 외력이 없는 한 그대로 유지됩니다(뉴턴 1·2법칙). 그래서 벽·천장에 부딪힐 때까지 멈추지 않습니다.

(생략)

결론
▶ **중력이 전혀 0**이라면 지구라는 행성이 유지되지 못해 "일상" 자체가 사라집니다.
▶ 조금 더 현실적인 "저중력" 환경이라면, 모든 **생활·건축·의료·사회 시스템**을 "부양(浮揚) – 고정 – 회전" 중심으로 재설계해야 합니다.

즉, 중력은 단순히 "몸무게를 느끼게 하는 힘"이 아니라 **행성·대기·삶 전체를 결속시키는 필수 조건**이라는 점을 보여 주는 상상 실험이죠.

GPT 4.5

만약 지구에 중력이 없다면 우리의 일상은 상상할 수 없을 정도로 극적인 변화를 겪게 됩니다. 몇 가지 주요 변화는 다음과 같습니다.

1. 신체 변화
- **근육 위축**: 중력이 사라지면 근육 사용이 줄어들어 근육이 약해지고 위축됩니다.
- **뼈 밀도 감소**: 골격계가 힘을 받을 필요가 없기 때문에 골밀도가 감소하고, 뼈가 약해집니다.

(생략)

6. 건강 문제와 의학
- **심혈관 질환 증가**: 혈액 순환 방식의 변화로 인해 심혈관 문제 발생 가능성이 증가합니다.
- **우주 멀미**: 중력 부족으로 인해 신체 균형과 감각 시스템의 혼란으로 심한 멀미 증상을 겪게 됩니다.

중력의 부재는 우리의 일상생활, 건강, 사회 구조 모두에 근본적인 변화를 가져올 것입니다.

GPT-4o는 친절한 과학 선생님처럼 답변을 여섯 가지 항목으로 깔끔하게 정리해서 설명했습니다. 자전, 공전, 대기, 물의 성질 등 과학 지식을 빠짐없이 포함하면서도 친근한 말투로 말해 이해하기 쉽습니다. 다만 정보 전달에는 완벽하지만, "왜 그런 일이 일어나는가?"에 대한 깊은 탐구는 부족한 느낌입니다.

o3는 논리적인 과학자처럼 시간 순서를 따져가며 체계적으로 설명해 줍니다. 초기 반응부터 몇 분 후 변화, 생리학적 변화, 현실적 해결 방안까지 단계적으로 사고를 전개합니다. 물리 법칙을 제대로 활용하고, 실용적 방안도 제시했습니다. 하지만 말투가 다소 딱딱해서 과학에 익숙하지 않은 학생들에게는 거리감이 느껴질 수도 있을 것 같습니다.

챗GPT-4.5는 가장 독특한 관점을 보여 줍니다. 과학적 변화를 넘어 운동 경기, 예술, 식사 문화까지 사회와 문화 전반으로 시야를 확장하여 설명합니다. 심혈관계 변화나 우주 멀미 등 인체 생리학적 측면도 고려하면서 일상적인 언어로 설명합니다. 통합적 사고가 돋보이지만, 과학 개념의 정확한 원리 설명은 상대적으로 부족해 보입니다.

결국 어떤 모델이 가장 좋은지는 학습 목적, 학생의 선택에 따라 달라집니다. 기초 개념 학습에는 GPT-4o, 논리적 사고 과정 학습에는 o3, 창의적 확장 사고에는 챗GPT-4.5가 각각 적합합니다.

올바른 챗GPT 활용 가이드

챗GPT는 강력한 학습 도구입니다. 복잡한 개념을 쉽게 설명해 주고, 24시간 언제든 질문에 답해 주며, 개인 맞춤형 학습을 도와줍니다. 하지만 이런 편리함에만 집중하다 보면 예상치 못한 문제에 직면할 수 있습니다.

많은 학생들이 챗GPT를 처음 사용할 때는 그 놀라운 능력에 감탄하며 무분별하게 활용하는 경우가 많습니다. 하지만 시간이 지나면서 챗GPT가 제공한 정보가 틀렸거나, 과제에서 표절 의혹을 받거나, 스스로 생각하는 능력이 떨어지는 등의 부작용을 경험하게 됩니다. 이는 챗GPT 자체의 문제라기보다는 올바른 사용법을 모르고 사용했기 때문입니다.

앞서 다룬 효과적인 질문법을 잘 활용하더라도, 챗GPT와 함께 공부할 때는 반드시 지켜야 할 주의 사항들이 있습니다. 이러한 주의 사항들을 미리 알고 대비한다면 챗GPT를 더욱 안전하고 효과적으로 활용할 수 있을 것입니다. 다음 다섯 가지 핵심 주의 사항을 통해 챗GPT와 현명하게 공부하는 방법을 살펴보겠습니다.

학습 의존도 관리

챗GPT를 공부에 활용하다 보면 자칫 바로 AI에게 물어보는 습관이 생길 수 있습니다. 하지만 이런 습관은 스스로 문제를 해결하는 능력을 약화시킵니다. 또한 사고력도 신장되지 않습니다.

문제를 만났을 때는 우선 혼자 해결하려고 노력해 보세요. 교과서나 노트를 먼저 찾아보며 어떻게든 스스로 풀어 보는 것이 가장 좋습니다. 여건이 안 될 때는 최소 5~10분은 혼자 고민하는 습관이 필요합니다. 그래도 막힐 때 비로소 챗GPT를 활용하되, 답을 직접 물어보지 말고 "답을 알려 주지 말고, 내가 혼자 힘으로 이 문제를 풀 수 있게, 푸는 방법을 단계별로 알려 줘"라고 접근법을 묻는 것이 더 효과적입니다.

특히 수학이나 과학 문제는 답만 확인하지 말고 풀이 과정을 이해했는지 스스로 검증해 보세요. 논리의 흐름을 정말 파악했는지도 확인이 필요합니다. 비슷한 문제를 챗GPT 도움 없이 풀어 볼 수 있는지 확인하는 것이 진짜 학습입니다. 챗GPT는 개인 과외 선생님이 아니라 학습을 돕는 보조 도구라는 점을 잊지 마세요.

정보 검증 습관 들이기

챗GPT는 '할루시네이션(hallucination, 환각 현상)'이라는 치명적 약점이 있습니다. 이는 AI가 확실하지 않은 정보를 마치 사실인 것처럼 자신 있게 답변하는 현상입니다. 특히 질문에 잘못된 전제가 포함되어 있으면 그 거짓 정보를 기반으로 그럴듯한 답변을 만들어 냅니다.

이를 방지하려면 몇 가지 프롬프팅 기술을 활용해야 합니다. "교과서 기준으로 설명해 줘", "출처와 함께 답변해 줘", "확실하지 않으면 모른다고 해 줘"라고 요청하면 더 신뢰할 만한 답변을 얻을 수 있습니다. 다만 출처의 링크도 꼭 클릭하여 유효한 주소인지 확인해야 합니다.

하지만 가장 중요한 것은 챗GPT 답변을 절대 그대로 믿지 않는 것입니다. 특히 중요한 개념이나 공식은 반드시 2차 확인이 필요합니다. 역사적 사실, 특히 한국사 같은 경우에는 더욱 주의해야 합니다. 교과서, 참고서, 또는 검증된 온라인 자료로 반드시 확인하세요. 공부할 때는 "챗GPT가 틀릴 수도 있다"는 건전한 의심을 항상 유지해야 합니다.

비판적 사고 유지

챗GPT는 학습 데이터의 특성상 특정 관점으로 편향된 답변을 할 수 있습니다. 특히 역사, 사회, 윤리 등의 주제에서는 서구 중심적이거나 진보적 시각이 반영될 가능성이 있습니다. 이 때문에 다양한 관점을 놓칠 수 있습니다. 따라서 사회 과목에서는 여러 교과서나 자료를 비교해 보거나, 다양한 관점에서 현상을 바라보는 것이 중요합니다.

또한 복잡한 수학 문제나 과학적 추론에서는 논리적 오류를 범하기도 합니다. 단계별 계산 과정에서 실수하기도 하고, 비슷해 보이는 개념들을 혼동하기도 합니다. 그래서 전혀 다른 결론을 내리는 경우가 종종 발생합니다. 수학과 과학에서는 공식이나 풀이 과정을 단계별로 검토해 보는 습관을 길러야 합니다.

결국 챗GPT의 답변을 받을 때는 스스로에게 질문해 보는 것이 중요합니다. "이 설명이 정말 맞나?", "다른 관점은 없을까?", "논리적 흐름이 타당한가?"를 확인해 볼 수 있습니다. 챗GPT를 학습 파트너로 여기되, 최종 판단은 항상 본인이 내려야 합니다.

과제 부정행위 방지

챗GPT 답변을 그대로 복사해서 과제로 제출하는 것은 명백한 표절입니다. 현재 많은 교육기관에서 'GPTZero' 같은 AI 탐지 프로그램을 사용해 부정행위를 적발하고 있습니다. 챗GPT를 학습 보조 도구로 활용했다면 반드시 출처를 명시해야 합니다. 아래와 같이 참고 문헌에 기재할 수 있습니다. 이는 학문적 진실성을 지키고 표절을 방지하는 필수 과정입니다.

> 챗GPT4(2024. 03. 20). '프롬프트 내용.' OpenAI의 챗GPT4를 이용하여 생성 또는 작성함. https://chat.openai.com/

출처: 중앙대학교 생성형 AI 활용 가이드라인

또한 AI 활용 목적과 범위도 구체적으로 밝혀야 합니다. 아이디어 도출에 사용했는지, 문법 검토에 활용했는지, 번역 도구로 썼는지 등을 명확히 하여야 합니다. 본인이 직접 검토하고 수정했음을 명시하여야 합니다. 가장 중요한 것은 각 수업 교사의 지침을 확인하는 것입니다. 여러분이 듣는 수업의 AI 사용 정책을 반드시 확인하고 따라야 합니다.

개인정보 보호

챗GPT를 학습에 활용할 때 가장 조심해야 할 점은 개인정보 보호입니다. 본인의 이름, 나이, 학교명, 주소, 전화번호는 물론 SNS 계정 등 개인을 식별할 수 있는 모든 정보를 절대 입력하지 마세요. 입력된 정보가 AI 학습 데이터로 사용되거나 다른 사용자에게 노출될 위험이 있기 때문입니다.

특히 자기소개서나 개인 에세이 첨삭을 요청할 때는 더욱 주의가 필요합니다. 실명 대신 '김○○' 또는 'A학생'으로 바꾸고, 구체적인 학교명이나 지역명도 '서울 소재 고등학교' 등으로 익명화하세요. 개인적인 경험담을 예시로 들 때도 핵심 내용만 남기고 개인정보는 삭제하거나 가명으로 처리하는 것이 안전합니다. 과제나 프로젝트 관련 질문을 할 때도 과목명 등 구체적인 정보보다는 '지구과학 수업', '역사 과제' 정도로 일반화해서 표현하는 습관을 기르세요.

Chapter 3.

국어, 쉽게 읽고 쉽게 쓰다

여러분, 국어 공부가 재미있나요? 드라마나 영화는 재미있게 보면서 국어 시간에는 왜 집중이 잘 안 될까요? 사실 그 이유는 간단해요. 글이 머릿속에 잘 그려지지 않기 때문이에요. 우리가 글을 이해하려면 머릿속에 장면이 떠올라야 하거든요. 눈앞에 그 장면이 생생하게 펼쳐지면 글이 더 잘 이해되고 이해가 되면 자연스럽게 재미도 느껴져요. 그런데 현실은 그렇지 않습니다. 글을 읽다가 이미지가 잘 안 떠오르면 집중이 흐트러지고, 어느새 딴 생각을 하게 됩니다.

또 다른 예로, 친구와의 수다를 생각해 봅시다. 국어 공부할 때와는 다르게 시간가는 줄 모르고 몰입이 잘 될거예요. 왜 그럴까요? 이것 또한 친구와 나누는 이야기가 나의 머릿속에서 장면처럼 흘러가기 때문입니다. 글을 읽을 때도 글의 내용을 이미지로 떠올려 보면 어떨까요? 처음부터 혼자하려고 하면 잘 안 될 거예요.

챗GPT는 사람처럼 질문하면 바로 대답해 주고, 궁금한 점도 함께 고민해 주는 똑똑한 AI예요. 챗GPT와 국어 공부를 한다면 문학 작품 속 장면을 머릿속에 그릴 수 있고 어려운 표현이나 시대적 배경도 쉽게 이해할 수 있답니다. 이번 장에서는 국어영역에서 가장 중요하게 다루는 '문학, 비문학, 글쓰기' 세 가지 영역의 공부법에 대해 알아보겠습니다. 내신 시험이나 수능 시험 뿐만 아니라, 수행평가에도 큰 도움을 받을 수 있을 것입니다. 이제 한 영역씩 구체적인 방법들을 소개하겠습니다.

문학: 낯선 작품도 부담 없이 감상하고 분석하기

소설이나 시를 읽고 나서 "이게 무슨 얘기야?"라고 막막했던 적 있나요? 선생님 설명을 들어도 마음에 와닿지 않고 어렵게 느껴질 때도 있죠. 이는 문학을 공부하는 사람이라면 누구나 한 번쯤 겪는 자연스러운 과정입니다. 하지만 문학 감상법을 체계적으로 익히고 꾸준히 분석하는 연습을 한다면 작품을 깊이 있게 이해하는 능력을 충분히 기를 수 있습니다. 이렇게 길러진 감상 능력은 수능에서 낯선 작품을 마주하더라도 당황하지 않고 핵심을 파악하는 데 큰 힘이 되어 줄 것입니다. 그러면 이 능력을 어떻게 기를 수 있을까요? 바로 작품 감상하는 방법을 이해하고 챗GPT와 함께 무한 연습을 하면 됩니다. 이번 문학 파트에서는 작품을 감상하는 방법을 먼저 알아보고 챗GPT와 연습해 보겠습니다.

　문학 작품을 감상하는 방법에는 두 가지 큰 흐름이 있습니다. 하나는 작품 속에서 직접 답을 찾아가는 '내재적 감상'입니다. 이 감상 방법은 등장인물의 대화나 행동, 중요한 장면들이 주는 의미에 주목해 보는 것입니다. 다른 하나는 '외재적 감상'입니다. 즉, 작가가 살았던 시대나 작품이 쓰인 배경, 또는 독자의 가치관이나 경험 등 작품을 둘러싼 여러 가지 요소를 적용하여 작품을 감상해 보는 것입니다.

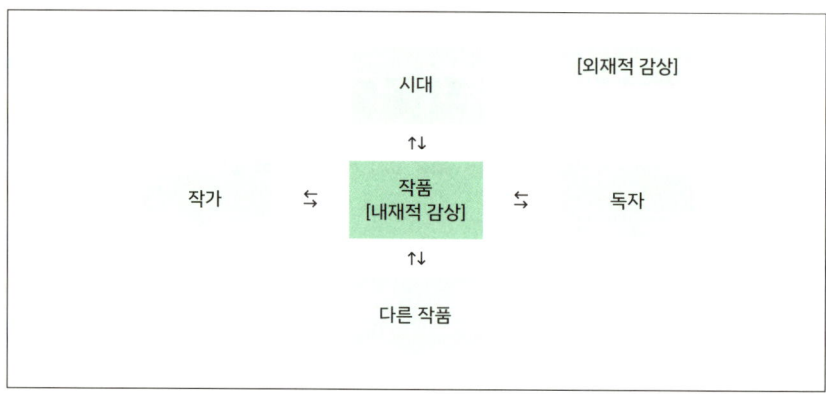

문학 작품 감상법

이제 챗GPT와 함께 작품을 다양한 관점에서 감상하는 방법을 알아보겠습니다.

챗GPT와 함께라면 모호하고 어렵게만 느껴졌던 문학이 어느새 분명해지고, 친근하게 느껴질 수 있습니다. 작품 감상법을 이해했다면, 이제 챗GPT와 함께 작품을 다양한 관점에서 분석하며 더 깊고 넓게 이해하는 방법을 소개하겠습니다.

구분		세부 영역	학습 내용
내재적 감상	Tip 1	내용 파악하기	- 전체 내용 파악 - 시 구절의 의미 파악 - 이미지화(심상 그리기)
	Tip 2	표현 방식 이해하기	- 객관적 상관물 vs. 감정 이입 - 반어법 vs. 역설법
	Tip 3	인물의 심리 파악하기	- 인물의 대사와 행동으로 심리 파악
외재적 감상	Tip 4	작품과 시대 상황을 연결 짓기	- 챗GPT로 스토리텔링 하기
	Tip 5	작가 의도 파악하기	- 챗GPT로 작가와 가상 대화하기
	Tip 6	다른 작품과 연결고리 찾기	- 시대가 유사한 작품과 비교 - 정서가 비슷한 다른 작품과 연결

작품 안으로 들어가기: 내재적 감상

문학 작품을 제대로 감상하기 위해서는 작품 구성 요소들(내용, 형식, 표현 등)을 꼼꼼히 살펴보아야합니다. 시는 화자의 정서와 태도, 표현 방식을 파악하는 것이 중요해요. 또 소설은 등장인물, 배경, 사건, 시점, 갈등 등이 서로 어떻게 연결되어 하나의 이야기가 되었는지 살펴봐야 합니다. 하지만 헷갈리는 문학 용어나 개념들 때문에 작품을 분석하기 어려울 때가 많습니다. 반면 작품을 이루고 있는 구성 요소를 파악하면 작품을 이해하기가 매우 쉬워집니다. 이제 챗GPT와 함께 본격적으로 작품을 분석하는 과정을 시작하겠습니다.

Tip 1. 내용 파악하기

스스로 작품을 읽고 전체 내용을 생각해 보기

한용운 시인의 <님의 침묵>은 고등학교 때 꼭 배우는 중요한 시예요. 이 시를 이해할 때는 시인이 어떤 시대에 살았는지, 어떤 경험을 했는지와 같은 외부적인 정보를 아는 것도 중요하지만, 더 중요한 건 시 안에 담긴 시어들의 표현이나 숨겨진 깊은 의미(함축적 의미)를 제대로 파악하는 것입니다. 그런데 이런 함축적 의미들은 혼자서 파악하기 쉽지 않을 수 있어요. 그래서 시 구절 하나하나를 꼼꼼히 살펴보며 그 속에 담긴 진짜 뜻을 알아내는 노력이 필요하답니다.

먼저 여러분 스스로 시를 처음부터 끝까지 읽고나서 시적 화자, 화자가 처한 상황, 정서와 태도 등을 파악해 봅시다. 그리고 <님의 침묵> 시 원문을 챗GPT에게 제시한 후, 다음과 같이 질문해 봅시다.

나는 고1 학생이야. 이 시는 사랑하는 사람과 헤어져 슬퍼하는 내용 같아. 내 생각이 어떤지 피드백 부탁해.

(생략)

피드백 & 보완 정리
1. 화자
- 너의 말대로 화자는 이별한 '님'을 생각하며 슬퍼하는 인물이야.

2. 화자가 처한 상황
- 겉으로는 님과의 이별을 말하지만, 이별을 받아들이는 게 아니라 마음속에 붙잡고 있음.

(생략)

시 구절의 의미 파악하기

챗GPT의 피드백을 통해 시 전체 내용을 이해했습니다. 이번에는 구절의 함축적 의미를 파악해 보겠습니다. 이해가 안 가는 구절은 챗GPT에게 도움을 요청해 봅시다.

'이별을 쓸데없는 눈물의 원천을 만드는 것은 스스로 사랑을 깨치는 것인 줄 아는 까닭에 걷잡을 수 없는 슬픔의 힘을 옮겨서 새 희망의 정수박이에 들어부었습니다.'의 의미는 '이별했다고 울지만은 않을 거야. 슬퍼할 힘으로 기다리겠다.' 이런 뜻일까?'

(생략)

◆ 핵심 정리

구절	의미	감정/태도
쓸데없는 눈물	현실에 주저앉는 슬픔	부정적 슬픔을 거부
사랑을 깨치는 것	진짜 사랑은 쉽게 끝나지 않음	사랑의 지속 강조
슬픔 → 희망	감정의 전환	극복과 의지

◇ 이렇게 정리해도 좋아
"화자는 이별했지만, 그것을 단순히 슬퍼하는 데 그치지 않고, 슬픔을 희망으로 전환하려는 **강한 내면의 의지**를 보여준다. 진정한 사랑은 이별 후에도 지속된다는 **신념**이 드러나는 문장이다."

챗GPT로 작품을 이미지화하기

시의 장면을 떠올리고 직접 이미지로 표현해 봅시다. 이 활동은 화자의 상황과 정서, 시어의 의미, 작품의 전체 분위기등을 깊이 생각해야만 가능합니다. 즉, 이미지화는 곧 작품을 제대로 분석하고 감상하는 과정입니다. 실제로 수능 시험에서 만점을 받은 학생은 교과서에 실린 모든 시를 그림으로 그리며 공부했다고 합니다. 그는 그림을 그리는 과정에서 시의 상징과 분위기를 자연스럽게 익혔습니다. 그래서 낯선 시가 시험에 나왔을 때도 당황하지 않고 유사한 이미지와 정서를 떠올리며 빠르게 이해할 수 있었다고 합니다. 이처럼 시의 내용을 이미지로 떠올리는 연습을 꾸준히 하면 낯선 작품까지도 머릿속에 그려 보며 감상할 수 있어 작품 감상 능력을 키우는 데 큰 도움이 됩니다.

그럼, 챗GPT를 이용해 작품을 이미지로 그려 보는 연습은 어떻게 할 수 있을까요? 먼저 여러분이 시를 읽고 나서 '이 장면은 어떤 모습일까?', '이 구절을 그림으로 그리면 어떨까?' 하고 상상해 보세요. 그리고 챗GPT에게 "이 구절은 이런 내용인 것 같아. 그림으로 그려 줘!"라고 말해 보세요. 그러면 여러분 만의 해석을 바탕으로 이미지를 그려 줍니다. 그렇게 얻은 그림으로 여러분은 시의 분위기와 감정, 상징까지 직관적으로 느낄 수 있게 됩니다.

시를 인터넷에서 검색하면 관련된 그림이나 사진이 나올 때가 있습니다. 그러나 내가 만든 이미지가 아니라서 와닿지도 않고 기억에도 오래 남지 않습니다. 이는 다른 사람이 시를 해석하고 관련이 있다고 생각한 이미지를 넣었기 때문입니다. 반면, 챗GPT는 여러분이 시를 읽고 떠올린 장면을 이미지로 만들어 줍니다. 여러분은 시구의 의미, 화자의 상황과 정서, 시 전체 분위기를 챗GPT에게 설명하는 과정에서 작품에 더욱 몰입할 수 있습니다. "화자는 어떤 사람일까?", "이 시구는 어떤 뜻일까?"처럼 스스로 질문하며 작품을 깊이 있게 생각하게 되죠. 이런 설명의 과정을 거치다 보면 여러분의 생각도 점점 더 또렷해집니다. 또한 직접 떠올린 이미지와 챗GPT가 만들어 준 이미지를 비교해 보는 재미도 있습니다.

다음은 특히 감각적인 이미지가 돋보이는 시, 정지용의 <유리창>입니다. 챗GPT의 멀티모달 기능을 활용하여 이 시를 이미지화하는 방법을 보여 드리겠습니다.

먼저 정지용의 <유리창>을 감상하며, 나만의 이미지를 떠올려 봅시다. 먼저 시를 읽고 스스로 장면을 떠올려 보세요. 그런 다음 각 구절이 어떤 모습일지 눈을 감고 그려 보는 거예요. 시 속에는 어떤 인물이 있고, 어떤 배경에서 어떤 일이 벌어지고 있을까요? 여러분만의 해석을 챗GPT에게 구체적으로 설명할수록 구체적이고 풍부한 이미지를 얻을 수 있습니다.

"유리에 차고 슬픈 것이 어린거린다", "입김을 흐리우니 길들은 양 언 날개를 파다거린다" 이런 문장을 읽으면 머릿속에서 어떤 장면이 펼쳐지나요? 이 과정이 시를 감상하는 과정이고 여러분은 이미 머릿속에서 '이미지'를 그리고 있는 중이에요. 챗GPT는 여러분이 이렇게 떠올린 뿌연 이미지를 더 선명하게 만들어 주는 도구입니다. 이제 챗GPT에게 작품 전문을 제시하고, 여러분만의 해석을 챗GPT에게 전달하세요.

우리가 챗GPT에게 시의 이미지를 어떻게 요청하느냐에 따라 그 결과는 매우 달라집니다. 단순히 '이 시를 그림으로 그려 줘,' 라고 하면, 검색창에서 이미지를 찾는 것과 큰 차이가 없는 결과를 얻게 됩니다. 반드시 직접 시를 읽고 시구의 의미와 표현에 대해 생각해 본 뒤, 챗GPT에게 구체적으로 요청하시길 바랍니다. 먼저 챗GPT에게 시의 제목(정지용,<유리창>)만 제시했을 때 결과를 보겠습니다.

이와 달리, 다음은 챗GPT에게 더 구체적인 프롬프트로 요청해서 얻은 이미지 입니다. 여러분 모두 각자 궁금한 구절도 다를 것이고, 그 구절에 대한 해석도 조금씩 차이가 있기 때문에 이미지도 달라집니다.

프롬프트 예시

나는 고등학교 1학년이야. 내가 제시한 작품의 제목은 정지용의 '유리창'이야.
❶ 내가 설명한 내용을 바탕으로 그림을 그려 줘.

> ❷ '유리에 차고 슬픈 것이 어린거린다'는 유리창에 그리운 누군가가 어른거리는 장면인 것 같아. '지우고 보고 지우고 보아도'는 유리를 닦으며 무언가를 바라보는 장면이 떠올랐어. ❸ 전체적으로 외롭고 쓸쓸한 느낌이 들었어.
>
> ❹ 그림은 서정적인 분위기의 수채화처럼 표현해 줘. 그림에 대한 설명도 해 줘.

챗GPT의 그림

이제 여러분은 '유리에 차고 슬픈 것'이라는 글자만 남는 게 아니라 '외롭고 슬프게 빛나던 별의 이미지'와 새의 모습, 어린 누군가의 얼굴까지 기억하게 됩니다. 나중에 시험 볼 때 <유리창> 시가 나오면, '아! 그 슬픈 별 그림!' 하면서 시 전체의 애절한 분위기와 의미가 훨씬 쉽게 떠오를 수 있겠죠? 이렇듯 챗GPT를 활용해서 글자를 이미지로 바꾸는 연습은 문학 작품과 친해지는 아주 새롭고 효과적인 방법이랍니다. 꼭 활용해 보시길 바랍니다.

　다른 작품들도 적용해 볼 수 있도록 프롬프트 공식을 준비했습니다. 다음과 같은 형식으로 프롬프트를 작성해 보세요. 프롬프트는 구체적으로 입력할수록 좋습니다.

❶ 작품의 전문과 함께 시인과 시 제목을 제시하고, 설명한 내용을 바탕으로 그림을 그려달라고 요청합니다.
❷ 시 구절 또는 장면을 구체적으로 제시하니다.
❸ 이 시를 읽고 느낀 감정이나 분위기를 적습니다.
❹ 수채화, 만화 등 원하는 스타일이 있다면 제시합니다.

> ⑤ [시 내용 또는 시 구절]의 시 [시 제목]을 바탕으로 그림을 그려 줘.
> ⑥ 나는 [시 내용 또는 시 구절]을 읽고
> [자신이 상상한 장면 설명] 이미지가 떠올랐어.
> [느낌이나 분위기]가 잘 드러나는 그림이면 좋겠어.
> [원하는 스타일]로 그려 줘. 그림에 대한 설명도 간단히 해 줘.
> 그림에 대한 설명도 간단히 해 줘.

이렇게 시를 읽고 여러분의 머릿속에 그려지는 장면을 챗GPT에게 설명해 보세요. 그 과정 자체가 바로 시를 감상하는 가장 중요한 첫걸음입니다. '이런 느낌인 것 같은데', '이런 모습이 상상되는데'와 같이 말이나 글로 표현하려고 노력하는 순간, 여러분은 이미 시의 세계에 깊이 들어서고 있는 것이죠.

단, 주의할 점도 있어요! 시의 내용을 입력했는데 챗GPT가 전혀 엉뚱한 이미지를 만들어 내기도 합니다. 이는 챗GPT가 시의 맥락이나 상징을 완전히 이해하지 못한 채, 일부 단어나 표현만을 바탕으로 이미지를 생성하기 때문입니다. 하지만 실망할 필요는 없습니다. 여러분이 챗GPT에게 시를 설명하는 그 과정 자체가 시를 이미지화하려는 사고 훈련이 되기 때문입니다. 즉, 이미지 결과보다 내가 시를 어떻게 이해하고 풀어냈는가가 더 중요하다는 점을 기억해 주세요.

Tip 2. 표현 방식 이해하기

우리는 문학 작품에서 다양한 표현과 형식들을 배워왔어요. 그런데 그중에는 헷갈리는 개념들이 참 많죠. 예를 들면, '객관적 상관물 vs. 감정이입

---

⑤ '시인'과 '제목'을 정확하게 입력합니다.
⑥ 머릿속에 떠오른 장면은 최대한 구체적으로 입력합니다.

의 대상', '반어법 vs. 역설법', '비유 vs. 상징', '역순행적 구성 vs. 과거 회상' 등이 있어요. 이런 개념들은 비슷해 보여도 분명한 차이가 있어서, 제대로 알지 못하면 작품을 해석하기가 어려워요. 이럴 땐 혼자 끙끙대지 말고 챗GPT에게 질문해 보세요. "이건 무엇이 다른 거예요?" 하고 물어보는 것만으로도 훨씬 쉽게 이해할 수 있게 됩니다.

'객관적 상관물'과 '감정 이입'

나는 수업 시간에 '황조가'에 나오는 꾀꼬리는 '객관적 상관물'이라고 배웠고, 시조 '저 물도 내 안과 같아서'에서의 '물'은 '감정 이입'의 대상이라고 배웠어. 나는 '꾀꼬리'랑 '물'이 화자의 감정을 나타내는 것 같아서 둘다 '감정이입대상'으로 생각했거든. 도대체 뭐가 다른 거야?" 쉽게 설명해 줘.

⑨ (생략)

핵심 차이 한눈에 보기

구분	객관적 상관물	감정 이입의 대상
정의	화자의 감정을 **간접적으로 상징**하는 사물/자연물	화자가 감정을 **직접 이입**하여 감정을 대상에 투사함
기능	감정을 **객관적으로 드러냄** (간접적 표현)	대상이 마치 **감정을 가진 듯 표현됨**(직접적 표현)
예시	**황조가**: 꾀꼬리 → 부부금슬 ↔ 나의 외로움 상징	**시조**: "저 물도 내 안과 같아서" → 물이 화자처럼 슬퍼하는 것처럼 표현
표현 방식	대상은 그냥 그대로 존재, 하지만 **의미를 담음**	대상이 **감정을 가진 듯 묘사됨**(슬퍼함, 울음, 공감 등)
문학적 효과	감정을 **절제하고 객관화**해서 더 깊이 느끼게 함	감정을 **공감하거나 투사**해서 더 감성적으로 표현

◆ 쉬운 예시로 구분해 보기
* 객관적 상관물
    "꾀꼬리 울어 예는 것을..."(황조가)
    - 여기서 꾀꼬리는 부부 금슬 좋은 새로서, 화자의 외로움을 대조적으로 보여주는 상징물이야.
    - 꾀꼬리는 그냥 꾀꼬리일 뿐인데, 그 존재 자체가 화자의 감정(외로움, 상실감)을 드러내는 장치야.
    - 꾀꼬리가 감정을 갖고 있다고 말하지는 않아.
*감정이입의 대상
    "저 물도 내 안과 같아서 / 울며~"
    - 여기서 '물'은 '내 마음처럼 물도 슬퍼서 우는 것 같다' 고 하며 감정을 물에게 이입하고 있어.

(생략)

'반어법'과 '역설법'

반어법은 반대로 말하는 거라고 배웠는데, 한용운의 <님의 침묵>에 나오는 '님은 갔지마는 나는 님을 보내지 아니하였습니다'라는 구절이 반어법인 줄 알았더니 역설법이라고 해. 도대체 반어법이랑 역설법의 차이가 뭔지 헷갈려! 쉽게 설명해 줘.

(생략)

반어법(反語法)과 역설법(逆說法)의 차이

구절	뜻	예시
반어법	진짜 하고 싶은 말과 **반대로 표현**하여 의미를 강조하는 수사법.	"와, 네 방 정말 깨끗하다! 발 디딜 틈도 없네!" (사실은 너무 지저분해서 발 디딜 곳이 없다는 뜻)
역설법	겉으로는 모순되거나 이치에 맞지 않아 보이지만, 그 속에 깊은 진실을 담고 있는 수사법.	"님은 갔지마는 나는 님을 보내지 아니하였습니다." (한용운, <님의 침묵>) "소리 없는 아우성" (유치환, <깃발>)

> **쉽게 기억하는 꿀팁**
> - 반어법: 반대로 말해서 놀리는 느낌!(속뜻과 겉뜻이 정반대)
> - 역설법: 말은 이상한데 곱씹을수록 진짜 뜻이 나와!(모순 속 진실)
>
> **진짜 쉬운 반어법 예시:**
> 친구가 장난치다 넘어졌는데, "와, 너 진짜 운동신경 최고다!" 라고 말하기
> → 실제로는 운동신경이 별로라는 뜻이니 반어법

어떤가요? 챗GPT는 반어법과 역설법을 단순히 개념만 알려주는 데 그치지 않아요. 쉬운 예로 설명해 주니 쉽게 이해할 수 있고, 표로 정리하니 두 개념의 차이가 한눈에 들어옵니다.

반어법의 개념을 배웠으니 이제 실제 작품 속에서 예시를 찾아보겠습니다. 이 질문에 챗GPT가 제대로 답변하는지 확인해 봅시다.

> ❶ 반어법이 쓰인 작품이 있으면 또 알려 줘.
>
> **반어법 예시**
> 1. 윤동주 <쉽게 쓰여진 시>
> "나는 나 자신에게 '당신은 이제 희망이 없다'고 말합니다."
> 속뜻: 진짜 하고 싶은 말은 "그래도 희망을 가지고 싶다."
> ◆ 일부러 절망적인 말을 해서 진짜 바라는 마음을 강조하는 표현.
>
> 2. 김소월 <진달래꽃>
> "죽어도 아니 눈물 흘리우리다."
> 속뜻: 사실은 그만큼 눈물이 쏟아질 정도로 슬프고 괴롭다는 마음을 반대로 표현하여 강조함.
>
> ❷ 윤동주의 <쉽게 쓰여진 시>에 이런 구절이 없는데? 반어법이 맞는지 한 번 더 확

❶ 문학 개념(반어법)을 이해했다면, 작품에 표현된 예시를 요청해 봅니다.
❷ AI가 가끔 틀릴 수도 있습니다. 특히 문학 작품을 예로 들 때는, 교과서나 참고서, 인터넷 등을 통해 한 번 더 점검하는 습관이 중요합니다.

> 인해 줘.
>
> 🤖 내가 앞서 말한 "나는 나 자신에게 '당신은 이제 희망이 없다'고 말합니다" 같은 문장은 실제 시 구절이 아니야.
> 이건 예시를 들기 위해 만든 표현이었지만, 혼동을 줄 수 있었던 점 사과할게.
> 그렇다면 윤동주의 실제 시 속 표현 중 반어법이 있는지 정확히 살펴보자.
>
> (생략)
>
> 결론:
> ❸ 앞서 말한 "반어법 예시"로 적절하지 않음을 인정하고 정정할게.

챗GPT가 스스로 오류를 인정하고 고치는 모습을 보니 어떤 생각이 드나요? 놀랍기도 하고, 'AI도 완벽하지 않구나' 싶죠. 챗GPT를 공부의 '주인'이 아닌, 훌륭한 '파트너'로 여기고 공부하세요. 챗GPT의 답변을 정답으로 여기지 말고 내가 배운 교과서 내용이나 이미 알고 있는 지식과 비교하며 '이게 맞나?' 하고 의심하는 태도가 중요합니다.

내용을 확인한 뒤 이상한 점이 있다면 주저하지 말고 똑똑하게 되물어 보세요. 이 과정에서 챗GPT는 스스로 오류를 수정하고, 여러분은 개념을 더 정확하게 이해하게 됩니다. '제가 알기론 OOO인데, 다시 확인해 줄 수 있나요?'라고 물어보는 것입니다.

한국 문학작품의 경우, 챗GPT가 그럴듯한 예시를 들더라도 실제로는 존재하지 않거나 원작과 다른 내용을 제시하는 경우가 있습니다. 바로 이 지점이 우리가 챗GPT를 사용할 때 가장 주의해야 할 할루시네이션 문제

❸ 실제로는 존재하지 않거나 원작과 다른 내용을 제시하는 경우가 있습니다.

입니다. 이러한 오류는 챗GPT가 한국 문학 작품에 대한 학습이 아직 충분하지 않아, 실제와 다른 내용을 '그럴듯한 문장'으로 만들어 낼 때 발생합니다. 겉보기엔 자연스럽지만 사실과 다를 수 있습니다. 더군다나 우리가 "반어법이 쓰인 작품을 알려 줘"처럼 막연하고 단순하게 질문했기 때문에, 챗GPT가 정확한 정보를 찾기보다 창작에 가까운 답변을 하였습니다.

따라서 챗GPT의 답변은 항상 '정답'이라고 생각하기보다 '하나의 의견'으로 받아들여야 합니다. 그리고 반드시 교과서나 인터넷 등을 통해 내용을 한 번 더 확인하는 습관, 즉 '교차검증'이 중요합니다.

처음 챗GPT가 등장했을 때보다는 점차 데이터가 쌓이면서 한국문학도 오류가 줄어들고 있습니다만 여전히 주의를 요하고 있습니다. 그래서 우리는 질문을 잘 해야 하는 것입니다.

어떻게 질문해야 할까요? 챗GPT의 오류를 줄이려면 질문에 명확한 조건을 포함해야 합니다. 예를 들어 '웹 검색 기반', '정확한 문헌만 인용', '출처 링크 포함' 등의 조건을 제시하면, AI는 창작 대신 정보 검색과 확인에 집중하므로 답변의 정확도를 높일 수 있습니다.

다음은 좋은 프롬프트를 실제로 실행했을 때, 출처가 정확한 답변을 보여주는 대화입니다. 좋은 프롬프트를 제시했을 때 정확한 문헌에서 인용한, 반어법이 사용된 실제 시 구절을 제시해 주고 있습니다. 반어법의 특징인 '겉으로 드러난 말과 실제 의도의 반대'가 잘 드러납니다.

웹 검색을 기반으로, 반어법이 사용된 실제 시 구절을 '정확한 문헌'에 있는 표현만 인용해서 알려 줘. 시의 전문을 확인할 수 있는 '출처 링크'도 함께 줘.

⑤ 1. 김소월 <진달래꽃> 중
"죽어도 아니 눈물 흘리우리다."("나 보기가 역겨워 / 가실 때는 … 죽어도 아

> 니 눈물 흘리우리다.")
> 표면적 의미: 결코 눈물을 흘리지 않겠다.
> 속마음: 너무 슬퍼서 오히려 참을 수 없고, 결국 울 수밖에 없음.→ 즉, "눈물 흘리지 않겠다"는 말이 곧 눈물 흘릴 수밖에 없음을 드러냄으로써 반어법 효과를 냅니다.
> 원문 전문 보기(링크)
>
> (생략)

이런 식으로 챗GPT와 주고받는 대화는 여러분의 학습을 훨씬 더 꼼꼼하고 정확하게 만들어 줍니다. 특히 문학 작품을 공부할 때는 챗GPT의 설명을 그대로 믿기보다는 한 번 더 비판적으로 살펴보는 태도가 중요해요. 이 과정을 즐기다 보면 어느새 어떤 작품이든 두려움 없이 분석할 수 있는 진짜 실력을 갖추게 될 것입니다.

Tip 3. 인물의 심리 파악하기

인물의 대사와 행동으로 심리 파악하기

소설 감상의 핵심은 바로 '인물'의 마음을 이해하는 데 있습니다. 인물의 행동을 제대로 해석해야만 작품 전체의 주제 또한 파악할 수 있기 때문이죠. 특히 인물의 말이나 행동과 그 이면에 숨겨진 속마음 사이의 간극을 발견할 때, 우리는 비로소 작품을 더욱 입체적으로 감상할 수 있습니다.

물론 인터넷 검색창에 작품 제목만 입력해도 잘 정리된 줄거리나 분석 자료를 쉽게 찾을 수 있습니다. 하지만 그런 자료들은 우리가 작품을 읽으며 갖게 되는 진짜 궁금증을 속 시원히 해결해 주지 못합니다. 예를 들면 "나라면 저렇게 안 했을 텐데…", "주인공은 도대체 왜 저런 말을 하는 거지?" 와 같이 그 '이해하기 힘든 마음'을 파고드는 것이야말로 작품을 가장 깊이 있게 감상하는 열쇠입니다. "이 행동은 무엇을 의미할까?", "이 대사는 혹시 복선일까?" 와 같은 질문들을 챗GPT에게 던지며 함께 답을 찾아가 보세요. 챗GPT와의 대화를 통해 혼자 읽을 때는 이해하지 못했던 인물의 심리를 깊이 이해할 수 있을 거예요.

다음은 현진건의 《운수 좋은 날》을 활용해 주인공 김첨지의 모순적인 행동과 그의 심리를 챗GPT와 함께 추리해 봅시다. 아래는 질문 예시입니다.

> 나는 고1이예요. 제가 제시한 현진건의 《운수 좋은 날》을 읽고 궁금증이 생겼어요. 주인공 김첨지는 아내가 위독한 상황에서 돈을 많이 벌고 기뻐하는 행동과 "이년아, 기침을 왜 하고 있어" 같은 대사를 했는데, 이게 모순된 것 같아요. 주인공은 왜 이렇게 행동한 건가요? ❶ 제가 주인공이었다면 일이 끝나자마자 바로 아내를 위해 집으로 갔을 텐데, 술을 마시며 시간을 끈 것도 이해가 잘 안 가요.

챗GPT를 활용해 "왜 이 인물은 이렇게 행동했을까?"라는 질문을 던지며 작품을 읽어 나간다면, 혼자 읽을 때보다 훨씬 더 깊이 있는 감상이 가능해질 것입니다. 이처럼 내재적 감상이란, 작품의 내용을 이해하고 그것을 구성하는 다양한 요소들을 분석하여 작가의 창작 의도까지 파악해 나가는 것입니다.

작품을 둘러싼 세상과 소통하기: 외재적 감상

작품 그 자체에 집중해 감상했다면 그 다음은 시야를 조금 더 넓혀, 작품

---

❶ 자신이라면 어떻게 했을지 제시하면 왜 이해가 안 가는지를 분명하게 전달합니다.

밖의 세상과 연결해 작품을 감상하는 '외재적 감상' 방법을 이해하고 챗GPT와 함께 연습해 봅시다. 외재적 감상은 배경, 독자의 관점 등 외부 요소들을 종합적으로 고려해 작품을 깊이 있게 이해하는 방식입니다. 챗GPT를 활용하면 이런 외재적 감상을 훨씬 재미있고 풍부하게 할 수 있어요. 예를 들어 챗GPT에게 작품의 시대 배경을 스토리처럼 들려달라고 요청해 볼 수 있고, 작가와 가상의 인터뷰를 해 보거나, 비슷한 주제를 다룬 다른 작품과 비교해 보는 연습도 할 수 있습니다.

Tip 4. 작품과 시대 상황을 연결 짓기: 챗GPT로 스토리텔링

여러분은 임진왜란, 일제 강점기, 6.25 전쟁처럼 우리나라의 중요한 역사적 사건들을 알고 있을 거예요. 그리고 시대적 배경이나 역사적 상황을 염두에 두고 작품을 감상해 본 경험도 있을 텐데요. 실제로 우리 문학 작품 중에는 당시의 현실을 잘 반영하고 있는 작품들이 많습니다.

물론 모든 작품을 시대적 배경과 연결해 해석할 수 있는 건 아니에요. 억지로 끼워 맞추려다 보면 오히려 작품의 원래 의미가 왜곡될 수도 있죠. 하지만 시대 상황이 작품에 분명하게 드러나는 경우라면, 그 배경을 이해하고 감상하는 것이 작품을 깊이 있게 이해하는 데 큰 도움이 된답니다.

작품과 그 배경이 되는 시대 상황을 그냥 설명으로만 접하면 어렵게 느껴질 수 있어요. 하지만 이야기를 듣듯이 흐름을 따라가면 훨씬 더 쉽게 이해할 수 있죠. 따라서 우리는 챗GPT에게 작품의 시대상과 연결된 이야기를 스토리텔링 형식으로 들려달라고 요청해 보려고 합니다. 먼저 작품을 꼼꼼히 읽은 뒤, 다음과 같은 질문을 스스로 던져봅니다. '이 작품은 어떤 시대에 쓰였지?', '당시의 현실이 작품에는 어떻게 반영되었을까?' 이런 궁금증을 가지고 챗GPT의 설명을 요청하면 해당 시대의 모습을 한층 더 생생하게 느낄 수 있을 것입니다.

예시 1. 현진건, 《운수 좋은 날》

현진건의 《운수 좋은 날》은 1920년대 일제강점기, 어두운 시대적 배경 속에서 쓰인 작품이에요. 이 소설은 그 시절 하층민의 고단하고 슬픈 삶을 아주 생생하게 보여주고 있습니다. 그저 "이 시기엔 식민지였고, 사람들이 힘들게 살았어요"라고 설명만 들으면 잘 와닿지 않을 수 있어요. 따라서 우리는 챗GPT에게 작품의 시대상과 연결된 이야기를 스토리텔링 형식으로 들려달라고 요청해 보려고 합니다. 이때, 단순히 '쉽게' 설명해달라고 하기보다 아래와 같이 구체적인 조건을 담아 질문하면 훨씬 깊이 있는 답변을 얻을 수 있습니다.

❶ [역할 부여]
너는 고등학생을 위한 역사 논술 선생님이야. 나는 역사에 대해 깊이 알지 못하는 학생이야.

❷ [요청 사항]
현진건의 소설 《운수 좋은 날》이 창작된 1920년대 일제강점기 사회·문화적 배경과 작품의 관계를 설명해 줘.

[세부 조건]
1. 당시 서울의 모습과 도시 빈민층의 삶이 왜 그렇게 비참할 수밖에 없었는지, 일제

❶ 역할을 구체화해 깊고 전문성 있는 답변을 유도합니다.
❷ 알고 싶은 내용을 1, 2, 3번으로 구조화하여 AI가 빠뜨리는 정보 없이 체계적으로 답변하도록 유도합니다.

강점기 시대상황과 연결해 줘.
2. 김첨지가 아픈 아내를 두고 돈을 벌러 나갈 수밖에 없었던 이유, 그리고 그날따라 유난히 돈을 잘 벌었던 것이 왜 오히려 비극이 되는지를 당시의 경제 상황과 연결 지어 설명해 줘.

> 사회·문화적 상황 ⇆ 작품

3. 소설 속 '설렁탕'이라는 음식이 당시 사람들에게 어떤 의미였는지도 추가해 줘.

❸ [형식지정]
위 내용을 딱딱한 설명문이 아니라, 소설 속 장면을 묘사하며 실제 시대상을 덧붙이는 스토리텔링 방식으로 흥미롭게 풀어줘.

🟢 (생략)
___

서울의 겨울 아침. 비인지 눈인지 모를 차가운 비가 추적추적 내리는 날, 김첨지는 인력거를 끌고 비에 젖은 도로를 나섭니다. 집 안엔 기침소리로 밤을 새운 아내와 배를 곯고 있는 아이, 개똥이가 있습니다. 하지만 그는 문을 박차고 나옵니다. "맞붙들고 앉았으면 누가 먹여 살릴 줄 알아!"
그는 아픈 아내를 등진 채 길거리로 나설 수밖에 없습니다. 왜냐고요?
그가 살아가는 1920년대 서울, 아니 경성은 근대화된 도시의 외관 뒤에 끔찍한 식민지 현실을 숨기고 있었기 때문입니다.
___

- 도시의 발전, 조선인의 가난
3·1운동 이후 일본은 '문화통치'라는 이름으로 경성을 근대 도시처럼 꾸며냅니다. 정거장, 전차, 학교, 일본식 건물... 겉보기에 경성은 화려해졌죠.
하지만 그 중심에 있는 조선 사람들의 삶은 날마다 무너지고 있었습니다.

(생략)

김첨지도 그중 한 사람이었습니다. 한 달 벌어 한 달 세도 못 내는 셋방살이. 열

❸ '스토리텔링 방식'이라는 요구를 강조하여 원하는 결과를 확실하게 각인합니다.

> 흘 동안 손님 한 번 제대로 못 잡고, 설렁탕은커녕 조밥도 끓여 먹기 힘든 삶. 그러니 오늘, 그가 아침부터 삼십 전, 오십 전을 벌고정거장까지 일 원 오십 전을 받는 날은 기적 같은 날이었죠. 그래서 그는 외쳤습니다.
> "오늘은 운수가 좋단 말이야!"
>
> (생략)

어때요? 소설 《운수 좋은 날》과 그 시대 상황이 잘 이해되었나요? 아마 딱딱한 글이 아닌 이야기로 서술되어 술술 읽혔을 거예요.

예시 2. 허균, 《홍길동전》

이번에는 고전소설 허균의 《홍길동전》을 살펴 보겠습니다. 이 작품을 읽다 보면, '왜 홍길동은 집을 떠났을까?', '왜 도둑이 아니라 영웅처럼 그려졌을까?' 이런 궁금증이 생길 수 있어요. 그 궁금증의 답은 당시의 사회 분위기를 이해하면 더 쉽게 풀어갈 수 있습니다.

> [역할 부여]
> 당신은 고등학생에게 고전 문학과 역사를 가르치는 선생님입니다. 저는 해당 작품과 시대에 대해 깊이 알지 못하는 고등학생이예요. 눈높이에 맞춰 설명해 주세요.
>
> [요청 사항]
> 허균의 소설 《홍길동전》이 창작된 시대의 사회·문화적 상황과 작품이 어떤 관계를 맺고 있는지 설명해 주세요.
>
> [세부 조건]
> 아래 내용을 중심으로 작품과 시대를 구체적으로 연결해 주세요.
> (배경 질문): 당시 조선 사회의 모습과 작품 속 '서얼'과 같은 차별받는 계층의 삶은

전반적으로 어땠나요?(신분 제도의 문제점 등)

(인물/사건 질문):
- 주인공 홍길동이 '호부호형'을 하지 못해 집을 떠나고, 활빈당을 만들어 탐관오리를 벌하는 것이 당시 시대상과 어떤 직접적인 관련이 있나요?
- 홍길동전에서 홍길동은 도둑인데 마치 영웅처럼 그려져 있는 것이 신기해. 일반적으로 도둑은 나쁘다고 할 텐데. 혹시 이것이 당시 시대적 배경과 관련이 있다면 연결해서 설명해 줘요.

(상징/소재 질문):작품에 등장하는 '율도국'이라는 이상적인 공간은 당시 사람들에게 어떤 특별한 의미를 가졌나요?

[형식 지정]
이 모든 내용을 딱딱한 설명문처럼 나열하지 말고, 작품 속 장면과 실제 역사를 자연스럽게 엮어서 한 편의 흥미로운 이야기를 들려주듯 설명해 줘요.

⎔ 좋아요, 그럼 선생님이 하나의 이야기처럼 들려줄게요.

위 공식으로 대화한 내용을 저장해 놓거나 프롬프트 공식을 저장해 두면 언제든지, 어떤 작품이든지 쉽게 스토리텔링할 수 있습니다. 아래 템플릿의 [ ]안에 분석하고 싶은 작품의 내용을 채워 넣기만 하면 됩니다. 우선 AI에게 '선생님' 역할을 부여해 답변의 톤과 난이도를 조절합니다. 또한 '배경-인물-소재' 라는 3단계 질문을 통해 AI가 체계적이고 깊이 있는 분석을 하도록 유도합니다. 마지막으로 스토리텔링 형식을 지정하면 정보 나열을 넘어, 훨씬 흥미롭고 기억에 오래 남는 결과물을 얻을 수 있습니다.

[역할 부여]
당신은 고등학생에게 문학과 역사를 가르치는 선생님입니다. 저는 해당 작품과 시대

에 대해 깊이 알지 못하는 고등학생이라고 가정하고, 눈높이에 맞춰 설명해 주세요.

[요청 사항]
[작가 이름]의《작품 제목》이 창작된 [시대적 배경(예: 1930년대 일제강점기, 1970년대 산업화 시대)]의 사회·문화적 상황과 작품이 어떤 관계를 맺고 있는지 설명해 주세요.

[세부 조건]
아래 내용을 중심으로 작품과 시대를 구체적으로 연결해 주세요.
(배경 질문):당시 [작품의 공간적 배경(예: 경성, 농촌, 공장지대)]의 모습과 작품 속 [주요 인물 계층(예: 식민지 지식인, 도시 빈민, 농민)]의 삶은 전반적으로 어땠나요?
(인물/사건 질문): 주인공 [인물 이름]이 겪는 [작품의 핵심 사건이나 갈등(예: 가난으로 인한 아내의 죽음, 고향 상실)]이 당시 시대상과 어떤 직접적인 관련이 있나요?
(상징/소재 질문): 작품에 반복해서 등장하는 [핵심 소재나 상징(예: 설렁탕, 감자, 낡은 시계)]은 당시 사람들에게 어떤 특별한 의미를 가졌나요?

[형식 지정]
이 모든 내용을 딱딱한 설명문처럼 나열하지 말고, 작품 속 장면과 실제 역사를 자연스럽게 엮어서 한 편의 흥미로운 이야기를 들려주듯 설명해 주세요.

어떤가요? 챗GPT에게 내가 궁금한 점을 이야기로 들려달라고 하니, 딱딱하게만 느껴졌던 시대적 배경이 작품과 연결되면서 한층 더 친근하게 다가오지 않나요? 여기서 가장 중요한 점은 좋은 질문을 하기 위해서는 작품을 먼저 스스로 읽고 고민하는 과정이 꼭 필요하다는 점입니다. '김 첨지의 삶이 왜 비극적일까?'와 같이 작품에 대한 나만의 궁금증이 있어야, 챗GPT에게 '무엇을' 물어볼지가 명확해집니다.

이제 다른 작품을 읽다가 시대적 배경이 궁금해질 때, 위에서 제시한 '작품과 배경의 프롬프트 공식'을 활용해 보세요.《운수 좋은 날》이나

《홍길동전》처럼 시대를 깊이 반영하는 수많은 다른 작품들도 챗GPT와 함께라면 훨씬 더 쉽고 재미있게 분석할 수 있을 것입니다.

Tip 5. 작가 의도 파악하기: 챗GPT로 작가와 가상 대화하기

문학 작품을 읽다 보면, '작가는 왜 이런 표현을 썼을까?' '작품은 왜 이 작품을 썼을까?' 등의 작가의 생각이나 창작 의도가 궁금해지는 순간이 있습니다. 학교에서 작품을 배울 때도 중요하게 다루는 부분이기도 합니다. 때로는 작품 속 인물의 마음이나 숨겨진 의미를 작가에게 직접 물어보고 싶다는 생각이 들기도 합니다. 그렇다면 가상으로 대화해 보는 것은 어떤가요?

챗GPT를 활용하면 작가와 대화하듯이 그 의도를 상상해 보고 이해할 수 있어요. 이번에는 윤동주의 〈쉽게 씌어진 시〉를 처음부터 끝까지 찬찬히 읽어본 뒤 챗GPT에게 윤동주 시인과 가상으로 인터뷰를 해보자고 요청해 볼 거예요.

[역할 부여]
지금부터 당신은 윤동주 시인입니다. 저는 시를 좋아하는(공부하는) 고등학생이에요.

❶ [대화 규칙 설정]
우리는 지금부터 메신저로 대화를 나눌 거예요.
답변은 반드시 3~4줄 이내로 짧게, 실제 메신저 대화처럼 해 주세요.
제가 먼저 질문할 테니, 제 질문에만 답변하고 기다려 주세요.

---

❶ 대화 규칙을 설정하지 않으면, 가상의 시인이 인터뷰하듯이 혼자만의 대답을 장황하게 내놓습니다.

> 윤동주 시인님, 저는 고등학생입니다. <쉽게 씌어진 시>의 배경이 되는 일본의 '육첩방'은 어떤 공간이었나요? 이국땅에서의 대학 생활이 많이 외로우셨을 것 같아요.
>
> 🅢 [챗GPT(윤동주 시인)]
> 그렇게 물어봐 주니 고맙네. **육첩방은 아주 작은 방이었어**. 창밖은 어둡고, 나는 혼자 남의 나라에 와 있다는 생각에 자주 **외로움**을 느꼈지. **가족과 고향 생각**이 늘 간절한, 조금은 슬픈 공간이었네.
>
> 그런 외로운 공간에서 쓰셨다니, 시가 더 애틋하게 느껴집니다. 그런데 시의 제목은 <쉽게 씌어진 시>인데, 정말 시가 '쉽게' 쓰여졌는지, 당시의 솔직한 심정이 궁금합니다.
>
> 🅢 [챗GPT(윤동주 시인)]
> 아니, 전혀 쉽지 않았네. 오히려 그 반대였지. **많은 동포들이 고통받고 있는데, 나 혼자 일본에서 편안히 공부하며 시를 쓰고 있다는 사실이 늘 미안하고 부끄러웠어**. 그래서 '시가 이렇게 쉽게 쓰여지다니, 참 부끄러운 일이다'라고 말한 것은, 사실은 그런 내 자신이 너무 부끄럽다는 뜻이었네. 일종의 반어적인 표현이었던 셈이지.
>
> (생략)

이처럼 챗GPT를 활용하면 마치 작가와 직접 대화하는 것처럼 작품의 배경과 작가의 의도를 깊이 이해할 수 있습니다. 물론 챗GPT가 생성한 답변은 가상의 대화이므로 실제 작가의 의도와 100% 일치한다고 볼 수는 없습니다. 하지만 이러한 가상 대화는 작품의 숨겨진 의미를 여러분 나름대로 깊이 있게 생각해 보고 해석하는 데 큰 도움이 될 것입니다.

Tip 6. 다른 작품과의 연결고리 찾기

문학 작품은 결코 홀로 존재하지 않아요. 시대적 배경이나 작가의 생각 등을 공유하며 서로 긴밀하게 연결되어 있답니다. 챗GPT를 활용하면 작품 간의 흥미로운 연관성을 쉽게 찾아낼 수 있어요. 하나의 작품을 통해 얻은 이해를 다른 작품으로 확장하며, 훨씬 더 깊고 폭넓은 감상을 경험할 수 있습니다.

예시 1. 현진건, 《운수 좋은 날》과 시대 배경이 유사한 작품 찾기

> 현진건의 《운수 좋은 날》이 쓰인 1920년대 일제 강점기라는 시대적 배경(하층민의 비참한 삶, 도시 빈민 문제 등)을 다룬 다른 문학 작품들이 궁금해요. 소설 중 대표적인 작품이 있다면 소개해 주시고, 그 작품들은 당시의 현실을 어떻게 표현하고 있는지도 함께 알려 주세요.

예시 2. 윤동주, <쉽게 씌어진 시>와 정서가 유사한 작품 찾기

> 윤동주의 <쉽게 씌어진 시>처럼, 일제 강점기의 억압적인 분위기나 저항의지를 다룬 다른 작품들이 궁금해요. 시나 소설 중 대표적인 작품이 있다면 소개해 주시고, 각각이 그 시대 상황을 어떤 방식으로 반영하고 있는지도 함께 알려 주세요.

이러한 질문에도 챗GPT는 비슷한 특징을 가진 다른 작품들을 똑똑하게 추천해 줄 수 있어요. 덕분에 특정 시대의 문학 흐름이나 작가들의 공통된 생각을 파악하며 문학 작품을 훨씬 더 넓고 깊은 시야로 즐길 수 있게 될 겁니다. 마치 하나의 나무가 아닌, 그 나무들이 모여 이룬 숲 전체를 조망하는 것과 같죠. 여기서 한 단계 더 나아가 단순히 비슷한 작품을 찾아보는 데서 그치지 않고, 두 작품을 나란히 놓고 비교하며 질문을 던져보는 건 어떨까요?

[응용] 작품 비교로 '나만의 탐구 프로젝트' 만들기: 탐구보고서 수행평가

작품을 상호 비교하면서 얻은 자료를 읽다 보면 궁금한 점이 생길 수 있습니다. 이런 질문을 통해 나만의 '탐구 주제'를 만드는 것입니다. 예를 들어 "왜 두 작가는 비슷한 시대에 살면서도 다른 선택을 했을까?", "두 작품에 공통적으로 등장하는 '이것'은 무엇을 상징할까?" 와 같이 질문들이 바로 여러분만의 개성 있는 탐구 주제가 될 수 있습니다.

최근 수행평가로 '탐구보고서'가 자주 활용되면서 주제 선정에 어려움을 겪는 학생들이 많습니다. 하지만 지금까지 살펴본 '작품 비교 분석'은 이 고민에 대한 훌륭한 해결책이 될 수 있습니다. 하나의 작품을 요약하는 데 그치지 않고 자신만의 관점으로 두 작품을 비교하고 분석하는 주제는 깊이 있는 통찰을 보여줄 수 있어 좋은 평가로 이어질 수 있답니다.

다음은 탐구보고서를 작성하기 위한 예시입니다. 실제 보고서의 주제는 여러분 각자의 흥미에 맞춰 자유롭게 정할 수 있습니다. 여기서는 챗GPT에게 도움을 받는 과정을 예시로 보여 드리겠습니다.

> ❶ 저는 고등학교 1학년입니다. 국어 수행평가로 '비교 분석 탐구보고서'를 준비하고 있어요.
> ❷ 현진건의 《운수 좋은 날》과 '가난으로 인한 가족의 비극'이라는 주제가 비슷하면서도 시대가 다른 한국 소설을 비교하고 싶어요.
> ❸ 비교 분석에 가장 적합한 작품을 추천하고, 두 작품의 공통점과 차이점을 핵심만

❶ 내 소개와 함께 과제를 지정합니다.
❷ 비교 대상을 지정합니다.
❸ 원하는 자료를 제시합니다.
❹ 원하는 형식을 입력합니다.

요약해 주세요.

❹ 두 작품을 엮어 흥미로운 탐구보고서 주제를 정하고, 서론-본론-결론이 담긴 구체적인 목차(계획)를 짜주세요.

🌀 좋아요! 《운수 좋은 날》과 비교할 작품으로는 조세희의 《난장이가 쏘아올린 작은 공》이 가장 적절해요. 시대는 다르지만, 가난 속에서 가족이 무너지는 현실을 보여주는 대표적 소설이죠.

- 두 작품 핵심 비교 요약
◆ 탐구보고서 주제 예시
"가난은 시대를 바꿔도 비극을 반복하는가?" — 《운수 좋은 날》과 《난장이가 쏘아올린 작은 공》 속 가족 해체의 사회 구조 분석

요소	《운수 좋은 날》 (1920년대)	《난장이가 쏘아올린 작은 공》 (1970년대)
시대	일제강점기 식민지 시대	산업화·도시화 시기
인물	인력거꾼 김첨지	도시 빈민층 가족(난장이 가족)
공통점	가난이 가족의 비극을 만든다는 주제 / 사회 구조 비판	
차이점	개인의 슬픔 중심 서사	집단적 불평등과 저항 의식 강조

★ 탐구보고서 목차 계획(서론-본론-결론)
서론
보고서 주제 소개: 가난과 가족 비극의 반복성
선정 이유: 시대는 다르지만 공통된 문제의식
작품 소개 및 분석 방향 안내

(생략)

챗GPT 활용, 문학 공부 꿀팁 3가지

챗GPT는 여러분의 든든한 학습 도구가 될 수 있지만, 원하는 답을 얻기 위해서는 몇 가지 요령이 필요해요. 마치 친구에게 말하듯이 좀 더 구체적이고 현명하게 질문해야 챗GPT가 여러분의 궁금증을 시원하게 해결해 줄 수 있답니다.

챗GPT와 문학 작품을 공부할 때 기억하면 좋을 세 가지 팁을 알려 드릴게요.

1. 질문은 구체적이고 명확하게!

챗GPT는 여러분이 어떤 점을 궁금해하는지 정확히 알아야 제대로 된 답을 줄 수 있어요. 단순히 "이 작품에 대해 알려 줘"와 같은 막연한 질문은 챗GPT를 헷갈리게 할 수 있죠. 여러분이 작품의 어떤 부분에서 궁금증을 느꼈는지, 왜 그 부분이 궁금한지를 함께 이야기해 줄수록 챗GPT는 똑똑한 국어 선생님이 되어 줄 수 있을 거예요.

- "이상의 날개에 대해 알려 줘."(X)
- "이상의 <날개>에서 '날개'라는 제목이 의미하는 바가 무엇인지 궁금해."(O)
- "이상의 <날개>에 나오는 '사이렌'은 어떤 의미로 쓰인 건지 쉽게 설명해 줘."(O)

2. 작품 원문은 직접 제시하는 것이 효과적!

아직 챗GPT가 한국 문학 작품의 원문을 완벽하게 기억하는 건 아니에요. 그래서 작품 제목만 알려 주고 "원문을 보여 줘" 또는 "내용을 설명해 줘"라고 요청하면 엉뚱한 답이 나올 수도 있답니다. 가장 확실한 방법은 여러분 스스로 작품의 원문을 찾아서 챗GPT에게 직접 보여 주는 거예요. 인터넷에서 원문을 검색한 뒤 캡처해서 이미지 파일로 업로드하거나, 텍스트를 복사해서 붙여 넣어 보세요. 이렇게 작품 내용을 정확하게 제공하면, 챗GPT는 여러분의 질문에 대해 훨씬 더 정확하고 깊이 있는 답변을 줄 수 있을 거예요.

- "김소월의 <진달래꽃> 원문 보여줘." (X)
- <진달래꽃> 전문을 복사해서 붙여 넣은 뒤 " 화자가 말하고자 하는 바는 무엇이야?" (○)
- <향가 제망매가> 이미지를 첨부한 뒤 "이 향가의 배경 설화가 궁금해." (○)

3. 고전 시가의 현대어 풀이는 챗GPT의 한계를 인지하고 질문!

옛날 말이 많은 고전 시가는 챗GPT에게도 까다로운 영역일 수 있어요. 챗GPT가 완벽한 현대어 풀이를 제공하지 못할 수도 있습니다. 그러니 고전 시가를 공부할 때는 먼저 현대어로 참고해 보세요. 그리고 그 풀이를 보고도 이해되지 않는 부분을 질문하는 것이 훨씬 효율적입니다.

- "정철의 <사미인곡> 현대어 풀이해 줘." (X)
- 현대어 풀이를 제시한 후,
  "<사미인곡> 현대어 풀이에서 '매화'가 의미하는 바가 '충신'이라는 게 맞을까?" (○)
- 현대어 풀이를 본 뒤
  "<동동>에 나오는 '아으 동동다리' 부분이 왜 후렴구라고 하는지 설명해 줄래?" (○)

지금까지 살펴본 바와 같이, 챗GPT와의 대화는 문학 작품을 한층 새롭게 감상할 수 있는 길을 열어 줍니다. 작품의 표현과 내용뿐 아니라 작가의 생애, 시대 상황, 다른 작품과의 연관성까지 종합적으로 감상할 수 있습니다. 이외에도 작품의 시점을 바꿔 재해석하거나 장르를 변형해 창작해 보기, 내 경험을 시로 표현해 보기 등 챗GPT 활용법은 무궁무진합니다.

다만 챗GPT의 효과를 극대화하려면 몇 가지 주의할 점이 있습니다. 그중 하나는 챗GPT의 답변을 그대로 믿지 않는 것입니다. 챗GPT는 간혹 작품에 없는 내용을 인용하거나 줄거리를 잘못 설명하는 경우가 있습니다. 따라서 챗GPT의 답변에 교과서나 참고서와 대조해 사실 여부를 확인하고 "이 설명이 맞을까?", "다른 해석은 없을까?"처럼 비판적으로 점검하는 습관이 필요합니다. 이어서 문학 작품을 단순히 수동적으로 읽는 데서 벗어나 챗GPT와 묻고 답하며 능동적으로 접근해 보길 바랍니다. 그렇게 하면 작품 속 장면이 드라마처럼 생생히 떠올라 자연스럽게 몰입할 수 있습니다. 이러한 경험을 통해 여러분이 문학의 즐거움을 깨닫고 감상 능력을 키우며, 문학을 온전히 즐기길 바랍니다.

다음 장에서는 많은 학생이 어려워하는 비문학 독해를 챗GPT와 함께 어떻게 공부하면 좋을지 자세히 알아보겠습니다.

2
비문학: '찍.이.요.확.' 전략으로 완성하는 독해 실력

우리는 잘 알고 있는 분야의 글은 쉽게 읽을 수 있습니다. 예를 들어 "샌드박스 게임인 '마인크래프트' IP를 활용한 핵앤슬래시 게임 '마인크래프트 던전스'가 출시되었다"라는 문장을 보면, 게임에 관심이 많은 친구는 별다른 설명 없이도 술술 읽힐 것입니다. 이는 배경 지식이 새로운 정보를 빠르게 이해하는 열쇠가 된다는 것을 보여 줍니다.

반면, 잘 모르는 분야의 글을 읽을 때는 어떨까요? 특히 고등학교에서 접하게 되는 철학, 경제, 과학, 기술 같은 낯선 주제의 비문학 글을 읽다 보면, 생소한 개념이 쏟아져 나와 이해하기 쉽지 않습니다. 이럴 때 중요한 것이 바로 독해력입니다. 독해력이 뛰어난 사람들은 글을 읽을 때 머릿속이 바쁘게 움직입니다. 글을 읽으면서 다음에 나올 내용을 예상하고 이해되지 않는 부분에 대해 스스로 질문하며 해결해 나갑니다. 결국 비문학 글을 잘 읽으려면 배경 지식과 독해력이 모두 필요합니다. 하지만 이 두 가지 능력은 하루아침에 생기지 않으며, 글을 읽는 과정에서 질문을 던지고 답을 찾아가는 연습을 꾸준히 해야만 길러집니다. 그렇다면 이런 능력을 기르기 위해 어떤 연습을 하면 좋을까요?

읽기 과정을 '이해하기 → 요약하기 → 확장하기'라는 세 단계로 나누어 실천해 보는 것이 효과적입니다.

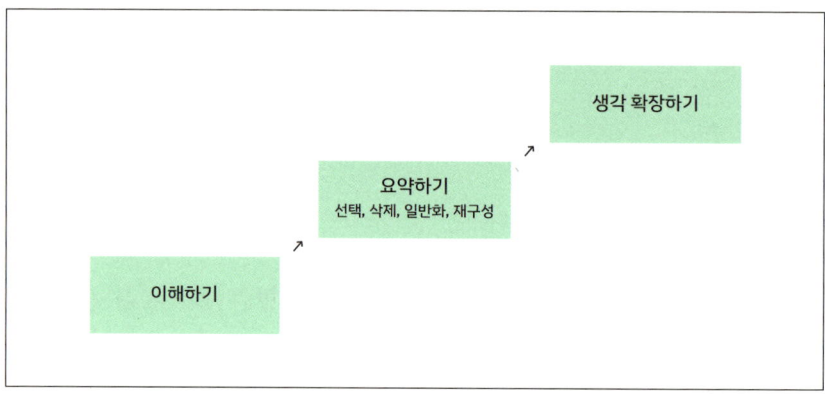

먼저 '이해하기' 단계에서는 글에 드러난 정보를 정확히 파악하고 숨겨진 의미나 글쓴이의 의도를 추론하며 전체 흐름과 구조를 살펴봅니다. 다음으로 '요약하기' 단계에서는 핵심 내용을 간결하게 정리하는 연습을 하며, 중요한 정보를 선택하고 불필요한 내용은 제거한 뒤, 자신의 말로 다시 정리합니다. 마지막으로 '확장하기' 단계에서는 글의 주제를 다른 사례나 지식과 연결해 생각의 더 깊이 있는 사고를 키워 나갑니다. 이 모든 연습은 다음과 같이 챗GPT와 함께하면 훨씬 쉽고 재미있게 할 수 있습니다.

만약 글을 읽다가 이해되지 않는 부분이 있다면 챗GPT에게 "이 단어 뜻이 뭐야?", "이 문단의 중심 내용이 뭔지 잘 모르겠어."처럼 질문을 던져 보세요. 아예 질문이 떠오르지 않는다면 "내가 이 글을 잘 이해할 수 있도록 도움이 되는 질문을 해 줘."라고 요청할 수 있습니다.

자, 그럼 이제 여러분이 가장 어려워하는 비문학 지문을 챗GPT와 함께 읽는 방법을 본격적으로 알아볼게요. 마치 1:1 과외를 받는 것처럼 챗GPT가 던지는 질문에 하나씩 대답하다 보면 자연스럽게 지문의 내용을 이해할 수 있습니다.

찍(지문을 사진과 프롬프트 사진을 찍어 업로드)
- 지문을 스스로 읽고, 모르는 단어나 이해 안 되는 문장에 표시하기
- 표시한 지문과 프롬프트를 사진으로 찍어 챗GPT에 업로드하기

이(내용 이해하기)
- 챗GPT와 함께 모르는 단어나 문장의 의미를 파악하기
- 챗GPT의 질문에 대답하면서 글의 내용을 이해하기

요(요약하기)
- 챗GPT의 질문에 답하면서 글의 핵심 내용 파악하기

확(확장하기)
- 글의 내용과 관련된 다양한 글을 챗GPT에게 찾아달라고 요청하기
- 챗GPT가 제시한 글을 읽고 나의 생각을 깊고 넓게 확장하기

1단계: 찍 - 초기 세팅 및 사진 찍기

먼저 챗GPT에 다음 프롬프트를 전달합니다. 직접 입력하거나 사진을 찍어 올리는 방법 모두 가능합니다.

> 1. 먼저 내가 글을 제시할게. → 글을 읽은 뒤, 모르는 단어나 문장이 있으면 질문할 수 있도록 안내해 줘. → 내가 질문하면, 쉽고 정확하게 뜻을 설명해 줘.
> 2. 각 문단을 읽을 때, 이해를 돕는 질문을 3~4개 해 줘. → 내가 답하면, 간단한 피드백을 줘.
> 3. ❶문장 간 연결이 어색하거나 추론이 필요한 부분이 있다면, 힌트나 질문을 해 줘. → 내가 답하면, 타당한지 피드백해 줘.
> 4. ❷각 문단을 한 문장으로 요약할 수 있도록 유도 질문을 해 줘. → 내가 요약하면, 피드백을 줘.
> 5. 다음 문단으로 넘어가서 같은 방식으로 반복해 줘.
> 6. 모든 문단을 다 읽은 뒤에는,
>   ❸글 전체의 구조와 중심 내용을 스스로 정리할 수 있도록 힌트를 줘.
> 7. 마지막으로, 글을 다 읽은 후
>   ❹내가 궁금한 점이나 더 알고 싶은 내용을 질문할 수 있도록 유도해 줘. → 질문하면, 관련된 배경지식이나 확장된 설명을 쉽게 알려 줘.

이 프롬프트는 앞서 설명한 글 읽기 과정인 '내용 이해하기(1~3번)', '요약하기(4번, 6번)', '확장하기(7번)' 단계를 모두 포함하고 있습니다. 이렇게 처음부터 챗GPT에 프롬프트를 제시하여 세팅해 두고 비문학 지문을 읽어 봅시다. 따라서 챗GPT는 마치 '나만의 비문학 선생님' 처럼, 여러분과 1:1 수업을 진행하듯 글 읽기를 도와줄 거예요. 이렇게 대화 과정을 마치고 나면 글의 내용을 한층 더 깊이 있게 이해한 자신을 발견하게 될 것입니다.

❶ 글을 깊이 있게 읽기 위한 확인 요청입니다.
❷ 중심 내용을 한 문장으로 정리하면, 글을 더 확실히 내 것으로 만들 수 있습니다.
❸ 각 문단의 내용 파악을 넘어 문단과 문단 사이의 구조를 이해할 수 있어야 합니다.
❹ 같은 화제에 대한 지식들이 연결되면 생각이 더욱 확장됩니다.

그럼 이제 실제 교육청 모의고사에 출제된 지문(서울특별시교육청, 2025년 3월 고1 전국연합학력평가 비문학 지문)으로 글 읽기 활동을 시작해 볼까요? 먼저, 각자 준비한 지문을 스스로 읽으면서 모르는 단어나 이해하기 어려운 문장에 밑줄을 긋습니다. 그 다음, 밑줄 친 지문의 전체를 사진으로 찍어 챗GPT에 업로드하면 1단계가 마무리됩니다. 이제 2단계로 넘어가겠습니다.

2단계: 이 – 이해하기

챗GPT에게 지문을 성공적으로 인식시켰다면 이제부터는 본격적으로 지문의 속살을 파헤쳐 볼 시간입니다. 2단계에서는 챗GPT와 질문을 주고받으며 지문 속 어려운 단어와 문장의 의미를 명확히 이해하는 활동을 해보겠습니다.

글을 이해한다는 것은, 글에 드러난 내용뿐만 아니라 드러나지 않은 숨은 의미까지 파악하는 것입니다. 그 중에서도 첫 단계는 글 속에서 모르는 단어나 이해하기 어려운 문장을 확인하고 넘어가는 것입니다. 모르는 단어나 어려운 문장의 의미부터 파악해 봅시다.

> 먼저 이 문단을 읽고, 모르는 단어나 문장이 있으면 질문해 줘!
> (예: "양심이 일체감을 이루고자 하는 감정에서 나왔다"는 게 무슨 뜻이에요? 처럼 말해도 좋아요.)
>
> **도덕적 의무감? 함양? 양심은 구성원들과 일체감을 이루고자 하는 타고난 사회적 감정에 토대를 두고? 쉽고 간단히 말해 줘.**

> 좋아! 아주 중요한 표현을 잘 짚었어요 하나씩 쉽게 설명해 줄게요!
>
> ✓ 도덕적 의무감이란?
> 옳은 일을 해야 한다고 느끼는 마음이에요.
> 예를 들어 "남을 도우면 좋을 것 같아"가 아니라 "도와야 한다고 느껴서 행동하는 마음"이에요.
>
> (생략)

여러분은 어떤 단어와 문장에 밑줄을 그었나요? 예시처럼 챗GPT는 모르는 단어의 뜻을 쉽게 풀이해 주기도 하고, 어려운 문장은 더 쉬운 표현으로 바꾸어 이해를 도와줍니다. 그래도 이해되지 않는다면 "더 쉽게 설명해 줘." 라고 편하게 요청해 보세요. 그럼 이제 글의 내용을 파악해 봅시다.

> 좋아! 그럼 이제 이 문단을 이해하기 위한 질문 3개 들어갈게요. 하나씩 생각하면서 천천히 대답해 줘요!
>
> ◆ 이해를 위한 질문
> 1. 밀 이전의 공리주의는 이기적인 행동을 어떻게 통제할 수 있다고 생각했나요?
> 2. 밀은 외적 제재가 왜 근본적인 해결책이 아니라고 보았을까요?
> 3. 밀은 어떤 제재를 강조했고, 그것이 어떻게 형성된다고 했나요?
>
> 네가 답해 주면 간단하게 피드백해 줄게요!

1. 벌 같은 외적 제재

2. 자발적 ✗
3. 양심 같은 내재적 제재, 일체감을 이루려는 타고난 사회적 감정 + 교육과 외적 제재 등의 후천적인 경험

> 완벽해요! 정말 멋지게 정리했어요
> 피드백 간단하게 줄게요:
> ✓ 맞아요! 벌, 여론 같은 외적 제재로 이기심을 제어할 수 있다고 보았어요.
> ✓ 정확해요! 자발적인 행동을 이끌지 못한다는 점에서 한계가 있다고 본 거죠.
> 완벽해요! 내적 제재 = 양심. 타고난 사회적 감정(일체감) + 후천적 경험(교육, 외적 제재) 이 두 가지가 합쳐져서 양심이 생긴다고 설명했어요.

이번에는 챗GPT가 글 이해를 돕는 질문을 던지고 우리가 그에 답하면, 피드백과 부연 설명을 덧붙여 주었습니다. 사실 이 질문들은 여러분이 글을 얼마나 잘 이해했는지 확인하는 질문이기도 해요. 질문에 답하려고 글을 다시 꼼꼼히 살펴보는 과정에서 글의 많은 부분을 더 깊이 이해하게 되는 거죠. 여기까지는 글에 드러난 정보를 정확히 파악했습니다. 이제는 글에 직접적으로 드러나지 않은, 숨은 내용이나 의도를 파악해 봅시다.

> 이제 문장들 사이에 숨겨진 관계를 읽어 볼까요?
> ✓ **연결 추론 힌트 + 질문**
> 문단 중간에 밀은 이렇게 말해요:
> "외적 제재가 최대 행복의 원리에 부합하는 행동을 하게 할 수는 있지만, 자발적으로 그러한 행동을 하도록 이끄는 힘은 아니다."
>
> 이 문장과 바로 뒤에 나오는 "그는 내적 제재인 양심을 강조했는데…" 문장은 어떤 관계일까?(힌트: 외적 제재는 부족하니까, 밀은 뭘 더 중요하게 본 걸까?)

> 답해 줄래?
>
> "이 문장만으로는 부족하고 다른 것이 필요하다. 그것이 양심이다."라고 의미는 파악했는데, 두 문장이 어떻게 연결되는지는 모르겠어.
>
> 🤖 (생략)
> "외적 제재는 스스로 움직이게 하지 못해."
> ➡ 그래서 "밑은 마음속 양심을 더 중요하게 생각했어."
> → 이건 마치 **문제점 제시** → **해결책 제안**의 관계라고 보면 돼요!
> • 앞 문장: 외적 제재에는 이런 한계가 있어.
> • 뒷 문장: 그래서 양심이 더 필요하다고 본 거야.
> 한마디로 '**대안을 제시**'하거나 '**보충 설명**'하는 관계라고 할 수 있죠.

이처럼 챗GPT의 도움으로 지문의 어려운 부분들을 해결하며 내용을 꼼꼼히 이해할 수 있습니다. 특히 '외적 제재가…지만, …는 아니다'라는 문장은 외적 제재만으로는 부족하다는 점을 강조하고 있어요. 이어서 '그는 내적 제재인 양심을 강조했는데…'라는 문장이 나오죠. 이 두 문장이 어떻게 연결되는지 몰라 다시 질문하니 챗GPT가 글의 구조를 친절하게 알려 줍니다.

때로는 챗GPT가 우리에게 한 질문에 우리는 바로 답하기 어려울 때도 있습니다. 그럴 땐 일단 생각한 대로 말해 보고, 확실하지 않은 부분은 주저하지 말고 다시 챗GPT에게 물어보세요. 이렇게 하나씩 궁금증을 해결해 나가는 것이 바로 글을 끝까지 제대로 이해하는 방법이랍니다.

그렇다면 이제 진짜 독해력을 한 단계 끌어올릴 시간입니다. 바로 3단계 '요약하기'예요. 글의 핵심을 내 손으로 직접 간추리는 훈련은, 나무가 아닌 숲 전체를 보는 눈을 길러준답니다.

3단계: 요 - 요약하기

우리가 글의 내용을 다 이해했다고 생각한 챗GPT는 이제 요약을 위한 질문을 합니다.

> 🟢 이 문단을 한 문장으로 요약해 볼 수 있을까?
> (앞에서 연습한 것처럼, 부담 없이 써줘도 괜찮아요!)

❶ 힌트를 줘.

> 🟢 좋아! 요약을 잘 할 수 있도록 단계별로 힌트를 줄게.
> 요약을 위한 힌트
> 이 문단은 크게 세 부분으로 나눌 수 있어요:
> 밀 이전의 공리주의: 사람의 이기심을 외적 제재로 억제하려고 했어요.
> 밀의 비판: 외적 제재는 자발성이 없기 때문에 근본적인 해결책이 아니라고 보았어요.
> (생략)

이제 챗GPT가 제시한 힌트를 바탕으로, 한 문장으로 요약해 보는 연습을 해 볼 차례예요. 그런데 힌트를 봤다고 해도 여전히 어렵게 느껴질 수 있죠? 그래서 이번에는 일부러 살짝 틀리게 요약해 보며, 챗GPT가 어떻게 피드백을 해 주는지 확인해 보려고 해요. 그럼 잘못된 요약을 하나 해 보고, 챗GPT의 반응을 살펴볼까요?

> 네가 준 힌트를 보고 요약해 봤어. '밀은 인간이 양심을 바탕으로 외적제재가 함양되면 모두 행복해질 수 있다고 보았다.'

❶ 요약이 막막하다면 먼저 힌트를 요청합니다.

> (생략)
> 너의 문장에서 좋은 점은:
> 양심과 외적 제재를 함께 언급했고, 행복이라는 키워드도 잘 잡았어요!
> 조금 보완하면,
> "외적 제재가 함양된다"는 표현보다는 "양심이 함양된다"가 더 자연스럽고,
> 밀은 "외적 제재만으로는 부족하다"고 보았기 때문에, 중심은 양심(내적 제재)에 두는 게 더 정확해요.

학생이 요약을 틀렸다고 해도 챗GPT는 바로 "틀렸다"고 지적하지 않습니다. 대신 좋았던 점을 먼저 칭찬하며 부족한 부분은 부드럽게 바로잡아 주죠. 물론 이러한 방식은 여러분의 학습의욕을 끊지 않으려는 배려 깊은 방식입니다. 하지만 바로 이 점이, 우리가 반드시 주의해야 할 함정이 되기도 합니다. 챗GPT가 "아주 좋은 분석이에요!"와 같이 긍정적인 말로 피드백을 시작하면 자칫 핵심적인 수정 내용을 확인하지 않고 넘어가기 쉽기 때문입니다. 따라서 챗GPT의 답변은 칭찬으로 시작하더라도 반드시 끝까지 꼼꼼하게 읽어 보는 습관이 중요합니다.

만약 좀 더 직접적인 피드백을 원한다면 "내가 틀린 부분이 있다면 '틀렸다'고 명확히 말해 줘."라고 미리 요청하는 것도 효과적인 방법입니다. 그러면 챗GPT가 여러분의 학습 도우미로서 더 명확한 기준을 가지고 피드백을 제공할 것입니다.

이제 이 글이 무엇을 말하는지 핵심을 파악했다면 처음부터 끝까지 다시 한번 꼭 읽어 보세요. 처음 읽었을 때와는 확실히 다르게 느껴질 거예요. 그만큼 여러분의 생각이 자라고 시야가 넓어진 것을 의미한답니다.

글의 내용을 이해하고 요약까지 마쳤다면, 진정한 공부의 마지막 단

계가 남았습니다. 바로 4단계 '생각 확장하기'입니다. 이 글의 주제를 나의 생각이나 다른 사회 현상과 연결하며 지식을 더 넓고 깊게 만드는 과정이죠. 이제 챗GPT와 함께 여러분의 생각을 자유롭게 펼쳐봅시다.

4단계: 확 - 생각 확장하기

글을 읽다 보면 더 알고 싶거나 '이건 왜 그렇지?' 하는 궁금증이 생길 때가 있지요. 그럴 땐 망설이지 말고 적극적으로 찾아보는 것, 그게 바로 여러분의 배경지식을 쌓을 수 있는 최고의 기회예요! 게다가 '내가 만든 궁금증'은 글 속 맥락에서 자연스럽게 떠오른 것이기 때문에, 나중에 비슷한 주제를 다룬 글을 읽을 때 훨씬 더 잘 기억나고 쉽게 이해할 수 있어요. 또한 같은 주제를 두고 다른 관점과 비교하거나 비판적으로 바라보는 연습도 아주 중요해요. 지금 나의 상황, 혹은 사회 현실과 연결해 보는 것도 좋은 방법이죠.

'이 개념이 잘 이해되지는 않지만 이미 출제됐으니까 또 나오진 않겠지' 하고 그냥 넘긴 적 있지 않나요? 하지만 실제로는 한 번 출제된 개념이 반복해서 등장하기도 해요. 예를 들어 경제 지문에서 자주 나오는 '채권' 개념은 2019년 9월 모의평가에 출제되었는데, 2021학년도 수능에서도 또 출제되었습니다. 그러니 어려운 개념이나 궁금한 점이 있다면 꼭 챗GPT에게 질문해 보세요. 사소해 보이는 질문 하나가 지식을 확장하는 중요한 첫걸음이 될 수 있기 때문입니다. 이러한 질문이 반복될수록 단편적인 지식들은 서로 유기적으로 연결되고, 하나의 체계를 갖추게 됩니다. 여러분이 질문할 때마다 지식은 차곡차곡 쌓이고 서로 연결되며

넓어집니다. 이것이 바로 생각이 확장되는 과정입니다.

다음은 챗GPT의 안내에 따라, 이 글을 읽고 난 뒤 떠오른 궁금증을 직접 질문해 본 것입니다. 챗GPT가 어떻게 대답했는지 함께 볼까요?

> 모두를 위한 결정이 나한테는 불행한 일일 수도 있는 거야? 학교에서 단체로 정한 일이 나한테는 별로일 때가 있어. 다수의 행복을 말하는 '공리주의'가 항상 옳은 걸까?
>
> 와, 정말 멋진 질문이야!
> (생략)
>
> ◆ "공리주의가 항상 옳은 걸까?"
> 이건 철학자들도 고민했어. 특히 밀은 이 문제를 해결하려고 심지어 "질적인 쾌락"과 "양심"을 강조했어.
>
> 하지만 여전히 이런 문제가 남아: 소수의 고통을 무시해도 되는가? 누구의 행복이 더 중요한가?
> 행복을 어떻게 정확히 비교하고 판단할 수 있나? 그래서 철학에서는 이렇게 묻기도 해:
> "행복이 많으면 무조건 좋은 걸까?"
> "정의로운 세상은 다수만 행복하면 되는 걸까?"
> 이 질문들은 모두 수능 윤리 철학 지문에서 자주 등장하는 '윤리 딜레마', '정의론', '다수결의 한계'와 관련돼.
> ◆ 네가 지금 느낀 그 감정, 바로 '철학의 시작'이야
> "왜 나만 불행한 거지?" "이게 정말 옳은 결정이야?"
> -> 이런 생각을 던지는 게 진짜 생각하는 힘이고,
> -> 이 힘이 바로 비문학 독해력, 수능 사고력의 바탕이 돼.

앞선 예시에서 우리는 중요한 변화를 발견할 수 있습니다. 우리는 '공리

주의'에 대한 글을 이해하는 데서 멈추지 않고 '모두를 위한 결정이 과연 옳은가?'라는 근원적인 질문을 던졌습니다. 이것이 바로 지식을 '나의 삶'과 연결하는 과정입니다. 위의 대화처럼 학교에서 단체로 정한 일(소풍 장소나 급식 메뉴 등)을 떠올리며 '공리주의'를 이해해 볼 수 있습니다. 그리고 그와 관련된 물음을 챗GPT와 대화를 통해 하나하나 해결해 나가는 것입니다.

이처럼 스스로 질문하고 답을 고민하는 과정에서 지식은 단편적인 암기 대상이 아니라 스스로 생각하는 힘, 즉 사고력으로 발전합니다. 이러한 활동은 비문학을 더 쉽고 재미있게 만드는 효과적인 방법이기도 합니다. 결국 독해란, '나만의 질문'을 찾고 '나만의 생각'을 만들어 가는 능동적인 과정이라 할 수 있습니다.

챗GPT와 비문학 독해 꿀팁 3가지

세 가지 약속만 기억하면, 비문학도 훨씬 쉽게 읽을 수 있어요.

하나, 글을 처음부터 끝까지 '혼자 힘으로' 읽어 보세요! 사람은 보통 자신의 생각과 다른 정보를 만나면, 약간의 불편함을 느끼며 '정말 그런가?' 하고 내용을 다시 곱씹어 보게 되죠. 바로 이 지점에서 '왜 그럴까?'라는 의문이 생겨나고, 우리 뇌는 그 답을 찾기 위해 활발하게 활동할 준비를 합니다. 이처럼 질문할 준비가 된 상태에서 챗GPT와 대화를 나누면, 처음에는 몰랐던 부분도 훨씬 정확하게 이해할 수 있고, 결과적으로 깊이 있는 독해가 가능해지는 것입니다.

둘, 마음껏 질문하고 답해 보세요. 틀려도 괜찮아요! 헷갈리는 부분이 있다면, 적극적으로 질문해보세요. 실수해도 괜찮아요. 오히려 틀렸을 때 더 많이 배우게 된답니다. 혼자서는 어려운 문제도 도움을 받으면 해결할 수 있어요.

셋, 챗GPT와 글을 다 읽고 나면 '혼자서' 끝까지 다시 읽어 보세요. 이 모든 과정을 따라가면 같은 글을 자연스럽게 세 번 이상 읽게 돼요. 글을 처음 읽었을 때와 세 번째 읽었을 때, 내가 느끼는 이해도나 생각의 깊이가 확실히 달라질 거예요. 마치 피겨스케이팅 선수가 점프 연습 후 전체 동작을 반복하고, 피아노 연주자가 한 부분씩 익힌 뒤 곡 전체를 다시 연주하는 것처럼, 글 읽기도 그렇게 연습하면 점점 내 것이 되는 느낌을 받을 수 있어요.

지금까지 챗GPT와 함께 비문학 독해력을 향상시키는 방법에 대해 알아보았습니다. 이 장에서 다룬 내용들을 꾸준히 실천하여, 여러분의 배경지식과 독해력을 단단히 길러나가시기를 바랍니다. 다음 장에서는 많은 학생이 부담스러워하는 '글쓰기'를 챗GPT와 함께 정복하는 방법에 대해 살펴보겠습니다.

3 쓰기: 챗GPT로 나만의 글 써보기

글쓰기, 너무 어렵죠? 많은 학생들이 글쓰기를 막연하게 느끼는 이유는, 머릿속에 흩어져 있는 생각들을 '어떻게 꺼내고 어떤 순서로 정리해야 할지' 막막하기 때문일 거예요. 그럴 때 가장 좋은 훈련 방법 중 하나가 바로 '서평(書評) 쓰기'입니다. 서평이란 말 그대로 책에 대한 '리뷰(review)'이지만, 단순히 줄거리를 요약하고 '재미있다'고 쓰는 글은 아니에요. 책의 내용을 바탕으로 내 생각을 정리하고 나만의 의미를 발견하며 그것을 나의 삶과 연결하는 과정이 담긴 글이 바로 좋은 서평입니다.

아무것도 없는 빈 종이에 글을 쓰는 것은 막막하지만 서평은 이미 책의 주인공, 줄거리, 작가의 메시지라는 '생각의 재료'가 주어집니다. 우리는 이 재료들을 바탕으로 그저 몇 가지 질문에 답을 찾아가기만 하면 됩니다. '어떤 부분이 가장 인상 깊었는가?', '나는 왜 이 부분에 끌렸을까?', 그리고 '이 이야기가 나의 삶과는 어떻게 연결될까?' 이러한 질문에 대한 답을 고민하는 과정 속에서 흩어졌던 생각들이 자연스럽게 논리적인 구조를 갖추게 되는 것이죠. 이제 서평 쓰기 과정을 4단계로 나누어 체계적으로 연습해 보겠습니다.

여기서는 많은 서평 가운데 자신의 진로와 연계하는 '진로 서평 쓰기'를 중심으로 살펴보겠습니다. '진로 서평'은 그 의미가 특별합니다. '진로 서평'은 단순히 책 내용을 요약하는 글이 아닙니다. 책을 읽고 나서, 그 안에 나오는 직업이나 일의 의미를 내가 사는 세상과 연결해서 생각해 볼 수 있어요. 그러면서 '나는 어떤 사람일까?', '나는 어떤 일을 하고 싶을까?' 같은 질문도 자연스럽게 하게 되죠. 이런 과정을 통해 책 속 이야기와 나, 그리고 세상을 연결할 수 있어요. 또한 진로 서평은 여러분의 미래를 준비하는 가장 강력한 무기가 됩니다. 당장 국어 시간의 수행평가는 물론, 진로와 연관된 여러 교과의 탐구활동으로 확장할 수 있죠. 또한 이 모든 과정은 자연스럽게 생활기록부의 '세부능력 및 특기사항(세특)'을 풍성하게 만들고 나아가 대학 입시의 면접이나 자기소개서의 훌륭한 기초 자료로도 활용됩니다. 이제 챗GPT와 함께 진로 서평을 단계별로 써 보면서, 여러분만의 글을 하나씩 완성해 봅시다.

1단계: 방 – 방향 잡기

본격적인 글쓰기에 앞서 가장 먼저 해야 할 일은 '어떤 책으로 글을 쓸 것인가'를 정하는 것입니다. 그러면 이제 챗GPT에게 책을 추천 받는 것부터 시작해 봅시다. 이때 단순히 '저는 무엇이 되고 싶어요'라며 막연하게 질문하는 것보다, 나의 고민과 궁금증을 구체적으로 담아 질문하면 나에게 필요한 답변을 얻을 수 있습니다. 아래 공식을 활용해 보세요.

> 나는 [①나의 희망 진로]를 꿈꾸는 [②나의 학년/상황]이야. 특히 [③단순한 직업명을 넘어, 내가 진짜 궁금한 점]에 대해 깊이 알아보고 싶어. 이러한 내 고민을 이

러한 나의 고민을 해결하고, 진로 서평의 좋은 재료가 될 만한 [한국어로 번역된 책]을 추천해 줘. [실제로 나온 책만 추천해 줬으면 해. 추천할 땐 진짜 있는 책인지 꼭 먼저 확인하고 책 기본 정보(제목, 저자, 출판사, 나온 연도, ISBN)랑 주요 목차 요약, 그리고 확인할 수 있는 링크]까지 같이 알려 줘.

①, ②번에서 자신이 누구인지 명확히 밝히면, 챗GPT가 답변의 난이도와 방향을 조절하는 데 도움이 됩니다. ③번은 이 프롬프트의 핵심입니다. 그냥 '광고기획자'라고 하는 대신, '광고의 선한 영향력'이나 '사람의 마음을 움직이는 아이디어'처럼 구체적인 고민을 담으면, 챗GPT가 나의 관심사에 맞는 책을 찾아줄 확률이 훨씬 높아집니다. ④번은 원서가 추천되지 않도록 한국어로 번역된 책을 요청했습니다. ⑤번을 제시하면 실제로 존재하는 책의 정확한 정보를 알 수 있습니다. 책을 추천받은 후에도 책의 정보에 대해서는 한 번 더 확인하시기 바랍니다. 다음은 광고기획자를 희망하는 학생이 챗GPT에게 책을 추천받는 예시입니다.

나는 [광고기획자]를 꿈꾸는 [고등학생]이야. 특히 [사람들의 마음을 움직이는 아이디어가 어떻게 탄생하는지, 그리고 광고가 사회에 어떤 긍정적인 영향을 줄 수 있는지]에 대해 깊이 알아보고 싶어. 이러한 나의 고민을 해결하고, 진로 서평의 좋은 재료가 될 만한 ④[한국어로 번역된 책]을 추천해 줘. ⑤[실제로 나온 책만 추천해 줬으면 해. 추천할 땐 진짜 있는 책인지 꼭 먼저 확인하고 책 기본 정보(제목, 저자, 출판사, 나온 연도, ISBN)랑 주요 목차 요약, 그리고 확인할 수 있는 링크]까지 같이 알려 줘.

책을 추천받았다면 이제는 읽으면서 기록하는 과정이 중요합니다. 인상 깊은 구절이나 기억하고 싶은 문장은 물론 책의 내용을 나의 삶이나 진로와 연결하며 떠오른 생각들을 자유롭게 메모해 두는 것이죠. 이렇게 모인 생각의 조각들은 다음 글쓰기 단계에서 훌륭한 재료가 되어 줍니다. 재료가 풍부할수록 글을 쓰는 과정은 훨씬 수월해지기 때문입니다. 책을 끝까지 읽고 기록을 마쳤다면 서평을 쓰는 목적과 주제, 예상 독자를 떠올리며 글의 방향을 잡아봅시다.

2단계: 모 - 내용 모으기

서평의 방향을 정했다면 이제 쓸 내용을 구체적으로 떠올려 봅시다. 막상 글을 쓰려고 하면 '대체 무슨 말을 써야 할까?'라는 생각에 막막했던 경험이 있을 겁니다. 그러나 챗GPT가 여러분의 '생각 파트너'가 되어 많은 내용을 만들어 낼 수 있도록 도와 줄 수 있습니다. 앞서 1단계에서 책을 읽으면서 작성한 독서기록을 활용하여 2단계를 진행해 봅시다.

> 책을 다 읽었고, 내 꿈인 '광고기획자'와 연결해야 한다는 건 알겠어. 그런데 막상 쓰려니 머릿속이 하얘져. 무슨 내용을 써야 할지 전혀 모르겠어.
>
> 🌀 좋아, 그럼 같이 차근차근 연결 고리를 찾아보자. 우선 광고기획자라는 꿈이 너에게 어떤 의미인지부터 생각해 보자.
>
> 　1. 너에게 광고기획자란 어떤 직업이야?
> 　예를 들어:
> 　사람의 마음을 움직이는 메시지를 만드는 사람?
> 　창의적인 아이디어로 사회에 영향을 주는 사람?
> 　브랜드와 소비자 사이를 연결하는 다리?
> 　☞ 질문: 네가 광고기획자가 되고 싶은 이유는 뭐야? 어떤 광고를 만들고 싶은

> 지 떠오르는 게 있어? 이제 책과 연결해 볼게.
>
> (생략)
>
> **3. 연결 실마리 예시**
> "이제석은 광고를 통해 세상을 바꾸고 싶어 했다. 나도 단지 물건을 파는 광고가 아니라, 사람들의 생각을 움직이는 광고를 만들고 싶다."(이제석, 2010)
> "돈 많은 기업이 아니라도, 진심과 아이디어가 있다면 광고로 충분히 승부할 수 있다는 점이 인상 깊었다. 나도 그렇게 기획자가 되고 싶다."
> 생각 정리해 볼 수 있겠어? 필요하면 너가 말한 걸 글로 옮기는 것도 도와줄게. 우선 네 답변을 들려줘!

챗GPT가 던지는 구체적인 질문에 하나씩 답하다 보면 막연했던 머릿속이 조금은 정리되는 느낌이 듭니다. 물론 위 질문들은 하나의 예시에 불과합니다. 서평 쓰기가 막막하다면, 책에서 가장 인상 깊었던 한 장면이나 문장부터 떠올려 보세요.

그 장면이 어떤 감정을 불러일으켰는지 생각해 보고, 그 감정을 나의 꿈이나 관심사와 연결해 보는 것이 좋습니다. 책 속 인물이나 저자의 경험을 보며 나의 강점과 보완할 점을 떠올려 보는 것도 도움이 됩니다. 이런 생각들을 챗GPT와 함께 대화하며 정리해 나가면, 서평에 쓸 내용을 자연스럽게 모을 수 있습니다.

3단계: 조 - 내용 조직하기

글을 쓰기 위해 필요한 내용을 모았다면 꼭 거쳐야 할 중요한 과정이 남아 있습니다. 바로 내용을 조직하는 것입니다. 아무리 좋은 음식 재료도 순서 없이 뒤죽박죽 섞여 있으면 맛있는 요리가 될 수 없듯이 글도 마찬가지랍니다. 서론-본론-결론의 기본적인 구조에 맞춰 내가 하고 싶은 이야기를 어떻게 배치할지 미리 설계하면, 글이 훨씬 논리적이고 설득력 있게 됩니다. 다음은 생각의 뼈대를 세우는 '개요 요청' 프롬프트 공식입니다. 다음 공식을 활용하여 챗GPT에게 질문해 봅시다.

> 나는 [자신의 진로]를 희망하는 고등학생이야. [①책 제목]을 읽고, '[②글의 주제]'라는 주제로 글을 쓰고 싶어. 2단계에서 '[③가장 인상 깊었던 내용]', '[④그것을 통해 느낀 점]', '[⑤나의 꿈/삶과 연결되는 점]'같은 생각들을 떠올렸어. 이 생각들을 가지고 서평의 개요를 짜고 싶은데, 어떻게 구성하면 좋을지 도와줘.

①~⑤의 [ ]안에 자신의 생각 재료들을 채워 넣으면, 어떤 책을 읽고 어떤 주제로 글을 쓰든 챗GPT에게 체계적인 개요를 요청할 수 있습니다.

> 《광고천재 이제석》을 읽고, '광고의 선한 영향력'이라는 주제로 글을 쓰고 싶어. 2단계에서 '가장 기억에 남는 광고는 OOO이었다', '그 광고를 보고 OOO을 느꼈다', '광고기획자로서 OOO을 하고 싶다' 같은 생각들을 떠올렸어. 이 생각들을 가지고 서평의 개요를 짜고 싶은데, 어떻게 구성하면 좋을지 도와줘.
>
> ⑨ (생략)
> ◆《광고천재 이제석》 서평 개요
> 주제: 광고는 단순한 판매 도구가 아니라, 사람들의 마음을 움직이고 세상을 바꿀 수 있는 힘이 있다.
>
> 1. 서론– 관심의 시작과 문제의식 제시

> 나는 광고기획자가 꿈이다. 처음에는 광고가 단순히 물건을 잘 팔기 위한 수단이라고 생각했다. 관심을 갖게 된 계기는(어렸을적에 본 광고) 때문이었다. 《광고 천재 이제석》을 읽고, 광고가 사람들의 마음을 움직이고 사회에 선한 영향을 줄 수 있다는 것을 알게 되었다. → 이 책은 내가 광고를 보는 시선을 바꿔 주었다.
>
> (생략)

어떤가요? 이렇게 글의 뼈대, 즉 개요를 먼저 세우고 나니 어떤 내용을 먼저 쓰고, 어떤 내용을 나중에 쓸지 길이 명확하게 보이죠? 이제 설계도도 준비되었으니, 다음 4단계에서는 이 뼈대에 살을 붙이는 글쓰기를 시작해 봅시다.

4단계: 완 – 글 완성하기 (쓰고 다듬기)

글의 재료를 모으고 뼈대까지 세웠다면, 글로 표현해 봅시다. 처음부터 완벽한 문장을 쓰려고 하지 말고 자신의 언어로 편하게 표현해 보세요.

> 3단계에서 만든 개요를 바탕으로 이제 서론을 써 보려고 해. '내가 광고기획자라는 꿈을 꾸게 된 계기'와 함께, 《광고 천재 이제석》을 읽게 된 이유를 간단히 소개하라고 했는데, 막상 첫 문장을 쓰려니 너무 막막해요. 어떻게 시작해야 할까?
>
> ⟲ (생략)
>
> **1. 질문으로 시작하기 – 독자와 대화하는 느낌**
> "광고는 단지 물건을 팔기 위한 수단일까?" 나는 이 질문을 오랫동안 마음속에

품고 있었다. 그러다 《광고천재 이제석》을 읽게 되었고, 광고가 사람의 마음을 움직이고 세상을 바꿀 수 있다는 사실을 알게 되었다.

2. 경험에서 시작하기– 나의 이야기 중심
나는 어릴 적부터 광고를 유심히 보는 습관이 있었다. 단순한 영상이라고 생각했던 광고가 어느 날은 울컥한 감정을 불러일으켰고, 그때부터 '사람의 마음을 움직이는 광고를 만드는 사람'이 되고 싶다는 꿈을 갖게 되었다. 그렇게 진로를 고민하던 중 《광고천재 이제석》이라는 책을 만나게 되었다.

(생략)

2번으로 해 볼게요.

> 좋아요. 질문 1: '광고기획자'라는 꿈을 처음 갖게 된 계기를 떠올려 봐요. 예를 들어…어릴 때 우연히 본 광고 중 아직도 기억나는 게 있나요? "이 광고 정말 똑똑하다" 혹은 "이 문구 정말 멋지다"라고 느꼈던 순간이 있었나요? 누군가 광고회사에서 일한다고 했을 때 부러움을 느꼈던 경험은요? 어떤 것이든 괜찮아요. 사소해 보여도 서론의 훌륭한 출발점이 될 수 있어요. 기억나는 일이 있으면 말씀해 주세요.

어릴 때 봤던 '침대는 가구가 아닙니다. 과학입니다.'라는 광고 카피가 아직도 기억에 남아요. 짧은 말 하나로 사람들의 생각을 바꿀 수 있다는 게 신기했어요.

> 아주 좋은 재료네요! '짧은 말로 사람의 생각을 바꾼다'는 점이 인상 깊었군요. 그럼 그 경험과 책을 자연스럽게 연결해 볼까요? 그 '신기함'의 이유를 더 깊이 알고 싶어서 《광고천재 이제석》을 선택했다고 이어 보면 어떨까요? 두 조각을 붙여서 서론의 첫 문단을 만들어 보세요.

"침대는 가구가 아닙니다. 과학입니다." 어릴 적 이 광고 문구를 처음 들었을 때, 짧은 말 한마디가 사람들의 생각을 완전히 바꿀 수 있다는 사실이 너무나도 신기하게 느껴졌다. 그 한 줄이 브랜드에 대한 이미지를 새롭게 만들고, 사람들의 머릿속에 오래 남는 걸 보며 광고의 힘이 얼마나 큰지 처음으로 깨달았다. 그때부터 나는 광고가 단순히 상품을 알리는 수단이 아니라, 사람들의 마음을 움직이는 힘을 가진다는 것에 관심을 가지게 되었고, 광고기획자라는 꿈을 키우게 되었다. 그리고 광고의 힘이 어디까지 확장될 수 있는지 알고 싶어서 《광고천재 이제석》이라는 책을 읽게 되었다.

> 너무 잘 쓰셨어요! 문장 흐름도 자연스럽고, 진로와 책 읽기의 동기가 확실하게 드러나 있어요. 다만 문장이 조금 길어서 읽는 사람이 숨 고르기 어렵게 느낄 수도 있어요. 아래처럼 문장을 약간 나눠서 다듬으면 더 명확하고 리듬감 있는 서론이 됩니다:
>
> ◆ 다듬은 서론 예시
> 어릴 적 이 광고 문구를 처음 들었을 때, 짧은 말 한마디가 사람들의 생각을 완전히 바꿀 수 있다는 사실이 무척 신기하게 느껴졌다. 그 한 줄이 브랜드에 대한 이미지를 새롭게 만들고, 사람들의 머릿속에 오래 남는 걸 보며 광고의 힘이 얼마나 큰지 처음으로 깨달았다. 그 일을 계기로 나는 광고가 단순히 상품을 알리는 수단이 아니라, 사람들의 마음을 움직이는 힘을 가진다는 점에 관심을 갖게 되었다. 그리고 자연스럽게 광고기획자라는 꿈을 키우게 되었다. 광고의 힘이 어디까지 확장될 수 있는지 더 알고 싶어서,《광고천재 이제석》이라는 책을 읽게 되었다.
>
> ✓ 이렇게 바꾸면 좋은 점:
> 문장을 나누어 독자가 더 편하게 읽을 수 있어요.
> 중요한 핵심어(광고의 힘, 마음을 움직임 등)가 강조돼요.
> 말하듯 자연스러운 느낌이 들어요.
> 혹시 이 서론에 이어서 본론 1문단을 어떻게 써야 할지도 막막하시면, 지금 쓴 흐름에 맞춰 본론도 자연스럽게 시작하는 방법을 알려 드릴게요!
>
> (생략)

위에서 살펴본 바와 같이 여러분은 챗GPT의 질문에 답하고, 또는 반대로 질문하면서 '나만의 서평'을 완성할 수 있습니다. 이렇게 초고가 완성되었다면 이제 글을 고쳐 써봅시다. 글을 고쳐 쓸 때는 이 글의 주제와 목적이 무엇인지, 글을 읽을 예상 독자는 누구인지 등을 고려하면서 글을 단어 수준부터 글 전체 수준까지 고쳐 봅시다.

> 너는 지금부터 나의 '친절한 글쓰기 튜터'야. 내가 쓴 초고를 한 단계씩 발전시키고 싶어. 아래 규칙을 반드시 지키면서 나를 도와줘.
> [나의 초고]
> (작성한 초고 전체를 붙여넣으세요)
> [규칙]
> 1. 절대 먼저 정답이나 수정본을 보여주지 마.
> 2. 내가 고쳐야 할 부분을 스스로 생각할 수 있도록, 가장 먼저 질문이나 힌트를 던져 줘.
> 3. 수정할 부분을 한 번에 여러 개 알려 주지 말고, 한 번에 딱 하나씩만 다뤄줘.
> 4. 내가 직접 고친 내용을 보여주면, 그에 대한 피드백을 해 주고, 잘한 점은 칭찬해 줘.
> 5. 모든 과정이 끝난 뒤, 내가 요청하면 최종 모범 답안을 보여줘.
> 그럼, 가장 먼저 '단어 수준'에서 어색한 부분에 대한 피드백부터 시작해 줘.

아래는 그 예시입니다.

> 그럼 첫 번째 단계로, **단어 수준**'에서 어색하거나 더 자연스럽게 바꿀 수 있는 표현 하나를 함께 살펴보자.
>
> ◆ 질문
>
> 서론에서
> > "너무나도 신기하게 느껴졌다."

라는 표현이 있었지? 여기서 "너무나도 신기하게"라는 말은 감정을 잘 표현하긴 하지만, 조금은 일상적이고 평범한 표현일 수도 있어. 혹시 이 느낌을 좀 더 생생하거나 구체적으로 표현해 본다면 어떤 말로 바꿔볼 수 있을까?

힌트:
* "깜짝 놀랐다."
* "감탄했다."
* "마치 마법처럼 느껴졌다."
* "기억에 콕 박혔다."
이런 식의 표현도 가능해.

자, 한번 너의 말로 고쳐서 써 볼래? 그 문장만 다시 써서 보여줘!

짧은 문장 하나에 그렇게 강한 힘이 있다는 것이 너무 놀라웠고 감탄이 절로 나왔다.

(생략)

좋아, 이제 마지막 단계!
우리가 글을 다듬을 때 가장 중요한 "글 전체 수준"을 살펴볼 차례야. 여기에서는 통일성(내용의 연결)과 일관성(문체, 말투의 통일)을 함께 점검할 거야.

(생략)

그런데 한 가지 살펴보고 싶은 점:
문체 일관성(톤의 안정성)
네 글을 보면 대부분은 차분하고 진지한 문체인데, 결론 부분에 살짝 반복과 단순한 어조가 눈에 띄어.

(생략)

어색한 문장을 자연스럽게 고치는 3가지 팁

1. 말하듯이 다시 읽어 보기
→ 읽었을 때 말투처럼 들리지 않으면 어색하단 뜻!
예) "나는 이 책을 통해 많은 것을 배울 수 있었다." → "이 책을 읽고 나서 생각이 많이 바뀌었다."

2. 문장이 길면 나누기
→ 한 문장에 너무 많은 정보가 있으면 뚝뚝 끊긴 느낌이 들어.
예) "이 광고는 사회문제를 다루고 있어서 인상 깊었고, 나도 광고기획자가 되고 싶다는 생각을 하게 되었으며, 앞으로 어떤 광고를 만들고 싶은지도 생각하게 되었다." → "이 광고는 사회문제를 다뤄서 인상 깊었다. 나도 이런 광고를 만들어 보고 싶다는 생각이 들었다."

3. 너무 뻔하거나 교과서 같은 표현은 바꾸기
→ "많은 것을 느꼈다." "중요하다는 생각이 들었다." 같은 표현 대신 네 말로 바꿔봐.
예) "중요하다는 생각이 들었다." → "이게 진짜 광고의 힘이구나 싶었다."

여기서는 챗GPT와 함께 서평을 쓰는 과정을 '방향 잡기-내용 모으기-내용 조직하기-글 완성하기'의 4단계로 정리했습니다. 이 과정을 통해 확인할 수 있듯이 챗GPT는 글을 대신 써 주는 비서가 아니라 내 생각을 발전시키고 글을 다듬는 조력자입니다. 질문과 답변을 주고받으며 아이디어를 확장하고, 즉각적인 피드백으로 문장의 흐름을 다듬을 수 있어 글쓰기가 훨씬 유연해집니다. 또한 대화 내용이 기록으로 남아 떠오른 생각을 놓치지 않고 발전시킬 수 있다는 점도 큰 장점입니다.

그러나 챗GPT가 이렇게 유용한 도구라 하더라도 주의할 점이 있습니다. 챗GPT가 생성한 문장을 그대로 과제에 제출하거나 출처를 밝히지 않는 것은 부정행위로 간주될 수 있습니다. 챗GPT는 생각을 정리하고 표현을 다듬는 도구일 뿐이며 글을 쓰는 주체는 언제나 여러분 자신임을 잊지 말아야 합니다. 챗GPT의 도움을 받더라도 직접 글을 써보고 고치는 연습이 반드시 필요합니다.

앞으로 글쓰기 능력은 점점 더 중요한 경쟁력이 될 것입니다. 서술형 평가, 논술 시험은 물론 자기소개서, 대학 과제, 연구 보고서까지 아이디어를 명확하고 설득력 있게 표현하는 능력이 핵심 역량으로 자리 잡고 있습니다. 챗GPT는 글쓰기 부담을 덜고 실력을 차근차근 키울 수 있는 효과적인 연습 도구입니다. 꾸준히 글을 써보고 피드백을 받으며 경험을 쌓아가세요. 글쓰기는 단순한 결과물이 아니라 생각을 표현하고 세상과 소통하는 힘이며, 챗GPT와 함께라면 그 힘을 더욱 효율적으로 키워갈 수 있습니다.

지금까지 챗GPT를 활용한 국어 공부 방법을 문학 감상부터 글쓰기까지 차례로 살펴보았습니다. 처음에는 어렵게 느껴졌던 국어 공부도, 챗GPT와 대화하다 보면 재미있고 쉽게 다가올 거예요. 그동안 '낯설고 생소한 작품 이해', '이해하기 어려운 글 읽기' 그리고 '막막했던 글쓰기'까지 이젠 더이상 걱정하지 않아도 됩니다. 중요한 건 직접 해보는 거예요. 한 번 해 보면, "아, 나도 할 수 있겠구나!"라는 자신감이 생길 거예요. 국어 공부를 더 쉽고 재미있게 하고 싶다면, 지금 바로 챗GPT와 함께 시작해 보세요.

Chapter 4.

영어, 환경의 한계를 넘다

읽기: 5단계로 완성하는 지문 독해 학습법

우리가 언어를 배울 때 가장 중요한 것은 '인풋(input)', 즉 입력입니다. 그리고 모국어든 외국어든, 핵심이 되는 입력 방법은 듣기와 읽기이지요. 이 중 듣기는 말소리가 한 번 흘러가고 나면 내용을 다시 정확히 파악하기 어렵다는 한계가 있습니다. 반면 글 읽기는 필요한 부분을 반복해서 볼 수 있기 때문에, 학교 교육에서는 읽기 자료가 주요한 학습 도구로 꾸준히 활용되어 왔지요. 실제로 여러분이 영어 공부를 할 때에도 읽기 지문을 통해 어휘와 문법을 함께 공부하게 되어 있지요? 그래서 읽기 활동은 영어 전반을 배우는 핵심적인 과정이라고 할 수 있습니다.

이번에는 챗GPT를 활용해 영어 지문을 읽으며 영어 실력을 전반적으로 키워 나갈 수 있는 읽기 루틴을 소개하려고 합니다. 이 루틴의 이름은 '읽찍-단-구-요-다'입니다. '읽고 찍기 - 단어 학습 - 구문 분석 - 요약 정리 - 다시 읽기'의 순으로 진행되지요. 여러분이 스스로 지문을 읽고 표시한 후, 챗GPT와 함께 단어를 정리하고 문장을 분석하며, 글의 내용을 요약한 뒤 다시 읽는 방법입니다.

> **읽고 찍기**(지문 읽고 표시하고 업로드하기)
> - 지문을 스스로 읽고, 모르는 단어나 이해 안 되는 문장에 형광펜 표시
> - 표시한 지문을 사진으로 찍어 챗GPT에 업로드
>
> **단어 정리**
> - 챗GPT와 함께 표시한 단어들의 뜻과 예문을 정리
>
> **구문 분석**
> - 챗GPT가 문장을 덩어리(의미 단위)로 나누어 주어/동사 구조 파악
> - 주어진 문장을 함께 해석하며 문장 독해 훈련
>
> **요약 정리**
> - 글의 구조를 정리
> - 핵심 내용을 한두 문장으로 요약하기
>
> **다시 읽기**
> - 위 과정을 거친 후, 전체 글을 처음부터 다시 읽으며 완전한 이해 확인

이 다섯 단계가 각각 어떤 활동으로 이루어져 있는지, 그리고 각 단계에서 챗GPT를 어떻게 활용하면 좋을지 하나씩 살펴보겠습니다.

1단계: 읽고 찍기 - 먼저 스스로 읽고 표시해 보자

처음부터 바로 챗GPT의 도움을 받기보다는, 먼저 자신이 얼마나 이해할 수 있는지를 확인해 보는 것이 중요합니다. 그래서 첫 단계는, 스스로 글을 한 번 읽어 보는 것입니다. 실제 시험이나 평소 독해 상황에서는 모르

는 단어가 나와도 문맥을 통해 의미를 어느 정도 짐작하며 넘어가는 경우가 많지만, 이번 활동에서는 모르는 단어에 형광펜으로 표시하면서 읽어 봅시다. 고등학교 1학년 6월 모의고사 수준의 예시 지문으로 한번 연습해 볼까요?

> Becoming a good communicator isn't just about expressing your own thoughts clearly; it's equally important to practice active listening. Active listening means fully focusing on the speaker, absorbing their message, and responding thoughtfully. For instance, making eye contact while someone speaks shows genuine interest and helps establish a connection. Nodding occasionally can indicate understanding, making the speaker feel heard and valued. Another helpful method is to ask follow-up questions, which demonstrates your engagement and encourages further dialogue. However, beware of excessive reactions. Constantly interrupting or reacting dramatically can distract the speaker and disrupt their flow. Picture a listener who frequently jumps in, interrupting the speaker's thoughts—soon, the main message fades behind the interruptions. Effective listening requires patience and balance. Your responses should support the speaker, not overwhelm them.

다 읽은 후에는 지문을 사진으로 찍어 챗GPT에 업로드하세요. 이때, 문장 분석을 위해 각 문장에 번호를 붙여 달라고 요청해 보세요.

> 나는 고1 학생이고, ❶ 독해 연습을 하고 있어.
> 먼저 위 ❷ 글의 텍스트를 추출해 주고, 각 ❸ 문장마다 번호를 붙여줘.
>
> 🟢 좋아요! 이미지에서 텍스트를 추출하고 문장마다 번호를 붙여드릴게요.
>
> - 텍스트(문장 번호 포함)

❶ 나의 목적을 설명합니다.
❷ 사진 속 글을 글자로 옮겨 달라는 요청입니다.
❸ 문장에 번호를 붙이면 어느 문장을 말하는지 확인하기가 쉬워집니다.

> 1. Becoming a good communicator isn't just about expressing your own thoughts clearly; it's equally important to practice active listening.
> 2. Active listening means fully focusing on the speaker, absorbing their message, and responding thoughtfully.
>
> (생략)

2단계: 단어 학습 – 표시한 단어를 챗GPT와 함께 정리해 보자

앞 단계에서 형광펜으로 표시한 단어들을, 이제는 챗GPT의 도움을 받아 단어장처럼 정리해 보겠습니다. 이때 중요한 포인트가 하나 있어요. 지문에 나온 단어 그대로가 아니라, '원형' 기준으로 정리해 달라고 요청해야 한다는 것입니다.

만약 이 말을 빼먹으면 어떤 일이 생길까요? 예를 들어 지문 속 2번 문장에 등장하는 'absorbing'이라는 단어를 챗GPT가 '몰입하게 하는'이라는 형용사로 정리할 가능성이 큽니다. 하지만 실제 해당 문맥에서 'absorbing'은 동사 'absorb'의 동명사 형태이기 때문에, '흡수하다'는 의미로 파악해야 하죠. 이처럼 단어의 의미에 혼동이 생기지 않으려면, 반드시 원형 기준으로 정리해 달라고 요청해야 합니다.

> 좋아. 이번에는 내가 형광펜으로 표시한 단어들의 뜻과 예문을 표로 정리해 줄래? 단어의 원형으로 표시해 줘.

> 형광펜 표시된 단어들의 뜻과 예문을 표로 정리해 드릴게요.

단어 원형	뜻	예문
equally	똑같이, 동등하게	Everyone should be treated equally regardless of age or gender.
absorb	흡수하다, 받아들이다	Plants absorb water through their roots.
thoughtfully	사려 깊게	She responded thoughtfully to the difficult question.
genuine	진심 어린, 진짜의	He showed genuine concern for her well-being.

(생략)

이전에는 모르는 단어가 나올 때마다 사전을 일일이 찾아보고 중요한 단어는 따로 옮겨 적어야 했지요. 하지만 이제는 챗GPT가 한 번의 요청만으로 단어들을 정리해 주고, 필요하다면 프린트까지 할 수 있기 때문에 학습에 드는 시간이 훨씬 줄어들었습니다. 여기에서는 단어의 원형, 뜻, 예문만 정리했지만, 챗GPT는 학습자의 요청에 따라 품사, 예문의 우리말 해석, 관련 단어 등도 함께 제공할 수 있어 단어 학습의 폭을 훨씬 넓힐 수 있습니다. 실제로 단어와 관련된 추가 팁이나 확장 학습법은 이후 '어휘' 파트에서 더 자세히 소개하겠습니다.

다음 단계는 조금 특별합니다. 본문에서 여러분이 모른다고 표시했던 단어들만 한국어로 바꾸어 달라고 챗GPT에게 요청해 볼 것입니다. 어떤 결과가 나올까요?

> 그럼 이번에는 글에서 저 단어들만 한국어로 바꾸어서 글을 다시 옮겨줘.

> 🌱 물론이죠! 아래는 원문에서 형광펜 표시된 단어들만 **한국어 뜻**으로 바꾸어 다시 쓴 버전입니다. 문장 구조는 유지하고, 형광펜 단어들만 자연스럽게 번역했어요.
>
> 1. Becoming a good communicator isn't just about expressing your own thoughts clearly; ❶ it's 똑같이 important to practice active listening.
> 2. Active listening means fully focusing on the speaker, 흡수하며 their message, and responding 사려 깊게.
> 3. For instance, making eye contact while someone speaks shows 진심 어린 interest and helps establish a connection.
> (생략)

1번 문장의 뒷부분을 함께 볼까요? "똑같이 중요하다, active listening을 practice 하는 것이"처럼 문장의 구조가 떠올랐다면 정말 잘한 것입니다. 처음에는 모르는 단어들 때문에 문장 전체가 잘 눈에 들어오지 않았을 수 있지만, 이제는 구문 구조가 또렷하게 보이고, 그 덕분에 글 전체의 흐름도 함께 이해하기 쉬워졌을 것입니다. 단어 하나하나에만 갇혀 있지 않고, 이제는 '숲'을 볼 수 있게 된 것이죠.

    만약 이 단계에서 글의 의미가 완벽하게 이해된다면, 여러분은 어휘력을 늘리는 데 집중하면 됩니다. 하지만 단어는 다 아는 것 같은데도 문장이 여전히 해석되지 않는 부분이 있다면, 이제는 다음 단계, '구문 분석'으로 넘어가야 할 때입니다.

---

❶ 원래 it's equally important to practice 였던 부분입니다. 모른다고 표시했던 equally만 '똑같이'로 바뀌었어요.

3단계: 구문 분석 – 문장의 뼈대를 꿰뚫는 연습

영어 문장을 제대로 이해하려면 먼저 동사구를 찾는 게 가장 중요합니다. 보통 영어에서는 주어 바로 뒤에 동사구가 오기 때문에, 어디까지가 주어이고 어디서부터 동사구인지 구분하면서 읽는 연습이 꼭 필요하죠. 주어와 동사구를 정확히 짚어 내야 문장의 구조와 전체 의미가 눈에 확 들어오게 됩니다.

문장에서 찾아야 할 동사구의 형태:
- 일반동사 현재형 또는 과거형(e.g., wants, expressed…)
- 조동사 + 동사원형(e.g., should concentrate, will accelerate…)
- be 동사 + 형용사(e.g., is important, was perfect…)
- 수동태(e.g., was kept, is respected…)
- 진행형(e.g., is getting stronger, were focusing…)
- 완료형(e.g., has been prepared, have seen…)

동사와 헷갈리기 쉬운 요소들:
- to부정사(e.g., People tend to forget…)
- 동명사(e.g., The problem is that raising a question…)
- 분사(e.g., the broken window, increasing trend…)

혼자 공부할 때는 지문을 읽으면서 동사에 동그라미를 치거나, 주어와 동사를 색연필로 표시해 보는 것도 좋은 방법입니다. 이때 챗GPT와 함께 공부하면 내가 생각한 주어나 동사가 맞는지 바로 확인해 볼 수 있어 정말 편리합니다. 지금부터는 아래처럼 챗GPT에게 요청해 보면서, 내가 직접 분석한 내용을 하나씩 점검해 보는 활동을 해 보겠습니다.

그럼 이번에는 ❶한 문장 한 문장씩 ❷주어와 동사를 찾아 구문 분석 하는거 도와줄래? 네가 직접 해 주지 말고, 되도록이면 ❸나에게 많이 물어봐 줘.

> 좋아, 아주 좋은 방식이야! 그럼 한 문장씩 천천히 같이 살펴보자.
> 첫 문장은 다음과 같아:
>
> 1. Becoming a good communicator isn't just about expressing your own thoughts clearly; it's equally important to practice active listening.
>
> 먼저, 이 문장에서 **주어(subject)**는 뭐라고 생각해? ❹힌트를 주자면, 문장의 처음에 있는 **동명사(동사+ing)** 형태가 주어 역할을 하고 있어.
> 한번 말해 볼래?

isn't 앞까지가 주어인 것 같아

> 맞아! 아주 잘 봤어. Becoming a good communicator - 이게 바로 이 문장의 주어야.
>
> (생략)
>
> 이제 동사를 찾아보자. 다음 부분인 "isn't just about expressing your own thoughts clearly" 중에서, 동사는 뭐라고 생각해?
>
> 힌트: "isn't"는 어떤 역할을 할까?

isn't가 동사. 무엇무엇이 아니다!

> 정확해!
> isn't는 동사 is not의 축약형으로, 여기서는 be 동사로 쓰였고 "~이 아니다"라는 뜻을 만들어 주고 있어.

---

❶ 한 번에 한 문장씩만 점검하도록 분명하게 지시합니다.
❷ 주어와 동사를 '찾아달라'고 하는 것이 아니라, '도와달라'고 요청합니다.
❸ 나의 이해를 점검하며 학습하기 위해, 질문을 요청하는 전략입니다.
❹ 힌트를 원하지 않는다면, 프롬프트에 '힌트도 주지 마'라고 요청합니다.

> 그럼 지금까지 정리해 보면:
> - 주어: Becoming a good communicator
> - 동사: isn't
>
> 이제 ❶isn't 뒤에 오는 부분, 즉 just about expressing your own thoughts clearly는 뭘 설명해 주고 있을까? 이 부분은 be 동사의 보어(=주어를 설명하는 부분)라고 할 수 있는데, 혹시 어떤 의미를 전달하고 있다고 생각해?

사실 챗GPT에게 주어와 동사를 바로 찾아달라고 요청할 수도 있습니다. 하지만 단순히 챗GPT가 찾아준 주어와 동사를 눈으로 훑기만 하는 것보다는, 질문에 답하며 스스로 구조를 생각해 보는 과정이 훨씬 더 큰 도움이 됩니다. 이제는 첫 문장을 읽으면서 동시에, '좋은 communicator가 되는 것은 ~가 아니다'라는 문장의 틀이 머릿속에 자연스럽게 떠오르게 되었을 것입니다.

　이와 같은 방법으로 열 개의 문장을 모두 분석해 보세요. 혹시 분석이 필요하지 않은 문장은 건너뛰자고 요청할 수도 있고요.

이번에는 문장 하나하나가 아니라, 글 전체를 대상으로 살펴보려 합니다. 주어와 동사구를 표시하고, 해석에 도움이 되는 의미 단위는 괄호로 묶어 달라고 챗GPT에 요청해 볼 거예요. 앞에서 문장 단위의 분석을 충분히 연습한 학생이라면, 처음부터 이 단계로 바로 시작해도 괜찮습니다.

> 그럼 이번에는 글 전체에서, ❷주어를 이탤릭체, 동사나 동사구는 굵은 글씨로 해 줘. 그리고 해석에 도움이 되는 ❸의미 덩어리를 [] 또는()로 묶어 주되 꼭 필요한 곳에만 써 줘. 그리고 해석도 각 문장 아래에 부탁해.

❶ 주어와 동사를 찾고 나면, 뒷부분을 어떻게 이해해야 할지를 안내하는 질문이 뒤따릅니다.
❷ '굵게, 기울임, 취소선' 표시를 요청할 수 있습니다.
❸ 큰 의미 덩어리 속에 또 다른 작은 의미 덩어리가 있을 수 있어, 대괄호와 소괄호를 모두 활용하도록 지시합니다.

> 좋아요!
>
> 주어는 이탤릭체
> 동사/동사구는 굵게
> 해석에 도움이 되는 의미 덩어리를 [ ] 또는 ( )로 묶어
> 각 문장 아래 자연스러운 해석을 달았습니다.
>
> 1. *Becoming a good communicator* **isn't** just about ❹ [expressing your own thoughts clearly]; *it* **is equally important** [to practice active listening].
> → 훌륭한 의사소통자가 되는 것은 단지 [자신의 생각을 명확히 표현하는 것]만이 아니라, [적극적으로 경청하는 연습을 하는 것]도 **똑같이 중요하다**.
>
> (생략)

앞에서 이미 주어, 동사구를 찾는 과정을 통해 자세하게 분석했던 문장들이기 때문에 처음보다는 훨씬 쉽게 읽힐 것입니다. 여기에서 제시된 문장을 반복하면 문장 수준의 독해는 충분히 연습할 수 있을 거예요.
다음은 문장을 넘어서 '글' 단위로 넘어가 볼까요?

4단계: 요약 정리 – 문단 내용을 정리해 보기

우리가 글을 읽는 진짜 목적은, 결국 문장 하나하나를 해석하는 것이 아니라 글이 말하고자 하는 핵심 내용을 이해하는 것입니다. 수능이나 모의고사에 나오는 '글의 주제', '글의 목적'뿐 아니라 '글의 흐름과 맞지 않는 문장', '빈칸에 들어갈 적절한 표현' 등을 고르는 문제들도 결국 글 전

❹ '자신의 생각을 명확히 표현하는 것'이라는 의미 덩어리입니다.

체의 구조와 전개 방식을 파악해야 정확히 풀 수 있거든요.

이제부터는 챗GPT와 함께, 문장을 읽는 동시에 글의 구조와 흐름을 머릿속에 그려 보는 연습을 시작해 보겠습니다. 처음엔 어려울 수 있지만, 반복해서 하다 보면 점점 더 자연스럽게 글의 틀이 눈에 들어오기 시작할 거예요.

❶자 이제 같은 지문으로 다른 연습을 해 보자. ❷글을 읽으면서 동시에 머릿속으로 글의 구조를 그리는 연습을 하고 싶어. 네가 해 주는 것이 아니라, 내가 할 수 있게 도움을 받는 거야. 글을 읽으면서 생각을 정리한다고 치고, 적절한 질문을 던져 줘 한 번에 하나씩.

◆ 첫 번째 질문:
1문장: "Becoming a good communicator isn't just about expressing your own thoughts clearly; it's equally important to practice active listening."

- 질문 1:
이 문장은 글 전체에서 어떤 역할을 하고 있을까?
A) 사례를 들고 있다
B) 문제를 제시하고 있다
C) 글의 주제를 소개하고 있다
D) 결론을 내리고 있다
→ 너는 어떻게 생각해? (생각을 정리해 보고, 대답하면 다음 질문으로 넘어갈게요!)

C

훌륭해! 정답은 'C) 글의 주제를 소개하고 있다'가 맞아! 이 문장은 "good communication = active listening도 중요하다"라는 핵심 메시지를 던져주고 있어.

❶ '새로운 작업을 시작할 때는 이렇게 주의를 돌리는 말을 씁니다.
❷ 궁극적으로 하려는 활동을 밝히면 더 좋은 결과가 나옵니다.

> 그럼 다음 문장으로 넘어가 볼게.
>
> (생략)
>
> ◆ 다섯 번째 질문:
> 5문장:"Another helpful method is to ask follow-up questions, which demonstrates your engagement and encourages further dialogue."
>
> ◆질문 5:이 문장도 예시일까? 아니면 어떤 역할을 한다고 생각해?
> ❸ A) 예시를 계속 나열하고 있다
> B) 반박을 위한 전환문이다
> C) 핵심 주제를 다시 강조하고 있다
> D) 결론을 내리는 문장이다

챗GPT는 한 문장씩 보여주며, 그 문장이 글 전체에서 어떤 역할을 하고 있는지를 점검하는 문제를 제시해 줍니다. 이 활동은 앞에서 읽은 내용을 기억하며, 문장 속에 담긴 '단서'를 통해 현재 문장의 역할을 유추하는 데 도움을 줍니다.

예를 들어 5번 문장을 살펴보면, 문장의 시작인 "Another helpful method(또 다른 유익한 방법)"이라는 표현을 보는 순간 앞서 언급된 내용에 또 다른 예시가 이어진다는 신호임을 바로 알아차릴 수 있어야 하죠. 그리고 실제로 그 뒤에 오는 'to ask follow-up questions(후속 질문하기)'가 바로 새로운 예시 내용이 됩니다. A라고 답을 입력해 볼까요?

❸ 제법 도움이 되는 보기입니다. 글의 흐름을 놓치지 않고 있다면 쉽게 답할 수 있습니다.

A

> 정답이야!
> A) 예시를 계속 나열하고 있다가 맞아.
>
> ❶ 이 문장까지 포함해서 총 3개의 구체적인 행동이 나왔지:
> eye contact / nodding / follow-up questions
>
> 이렇게 본문의 중간 부분에서 실천 방법(=예시)을 나열하면서 독자가 "아, 이게 active listening이구나" 하고 자연스럽게 이해할 수 있도록 도와주고 있어.

위와 같은 방법을 통해 마지막 문장까지 글 전체를 읽으며 동시에 머릿속에 글의 구조를 그리는 연습을 해 보세요. 몇 번만 반복하면 곧 도움 없이 스스로 읽기도 가능해질 것입니다.

마지막으로 글 전체를 한번 요약해 달라고 해 봅시다.

> 좋아. 그럼 본문을 활용해서 이 글의 구조를 정리하고 내용을 요약해 줘.
>
> 좋아요! 아래에 글의 구조와 내용을 명확하게 정리해 드릴게요.
>
> ★ 글의 구조(Structure)
> ❷ 이 글은 "좋은 의사소통 능력 = 말하기 + 경청"이라는 주제를 중심으로, 적극적인 경청(Active Listening)의 중요성과 방법, 주의할 점까지 총 3부분으로 구성되어 있습니다.
>
> 1. 서론: 좋은 의사소통의 조건
> Becoming a good communicator isn't just about expressing...
> 핵심 주장: 좋은 의사소통은 단순히 말만 잘하는 것이 아니라, 경청도 똑같이

---

❶ 각 문장의 분절된 해석에 그치지 않고, 글 전체의 흐름을 잡도록 도와줍니다.
❷ 문장 하나하나를 해석하느라 놓치고 있던 글 전체가 눈에 들어오기 시작합니다.

중요하다.

2. 본론: 적극적인 경청의 방법
Active listening means...
For instance, making eye contact...
Nodding occasionally...
Another helpful method is to ask...

구체적인 경청 방법 네 가지 제시:
1.화자에게 집중하기, 2.눈을 마주치기, 3.고개를 끄덕이기, 4.후속 질문하기
→ 이 모든 행동은 화자에게 관심과 존중을 전달하고, 대화를 자연스럽게 이어주는 역할을 함.

3. 결론: 경청 시 주의할 점과 요약
However, beware of excessive reactions...
Picture a listener who frequently jumps in...
Effective listening requires patience and balance...
Your responses should support the speaker...

주의 사항: 지나친 반응(예: 끼어들기, 과장된 리액션)은 흐름을 깨고 메시지를 흐리게 한다.

요약: 경청에는 인내와 균형이 필요하고, 반응은 화자를 돕는 방식으로만 해야 한다.

여러분이 글을 읽는 진짜 목적은, 문장 하나하나를 해석하는 데 그치는 것이 아니라 글 전체에 담긴 메시지를 이해하는 데 있습니다. 챗GPT가 안내해 주는 글의 구조와 요약된 내용을 읽는 것은, 바로 다음 단계에서 이어질 '다시 읽기' 활동에서 글을 어떻게 읽어야 할지를 파악하는 데 큰

도움이 되어요. 뿐만 아니라, 이런 과정을 반복하다 보면 처음 접하는 글을 읽을 때에도 전체 흐름을 이해하는 방향을 스스로 설정할 수 있는 힘이 길러집니다.

5단계: 다시 읽기 - 구조와 흐름을 생각하며 한 번 더 읽기

지금까지 챗GPT와 함께 단어 체크, 구문 분석, 글 이해의 과정을 모두 거쳤습니다. 마지막 단계는 여러분이 글을 스스로 다시 읽어 보는 것입니다. 위의 과정을 거치지 않고 처음 글을 읽었을 때와는 사뭇 다르게 읽힐 것입니다.

이상으로 우리는 '읽찍단구요다'라는 과정을 통해 챗GPT와 함께 글을 읽어 보았습니다. 반드시 위 단계를 모두 거칠 필요는 없고, 자신에게 필요한 부분만 골라서 활용해도 됩니다. 몇 번의 연습만 거치면 곧 챗GPT의 도움을 거의 받지 않고 스스로 읽어낼 수 있게 될 거예요.

2
어휘: 어근부터 활용까지, 단어 학습의 모든 것

문장은 단어들로 구성되어 있고, 또 그 단어들을 배열하는 규칙인 문법의 영향을 받습니다. 문법은 조금 틀려도 의미가 전달이 되지만, 단어는 의미 자체를 담고 있기에 더 중요하다고 볼 수 있지요. 한 사람이 어떤 언어를 얼마나 잘 구사하는지는, 그 사람이 알고 있는 어휘의 규모가 얼마나 큰지에 많은 영향을 받습니다. 여러분이 단어 공부를 소홀히 하지 않아야 하는 이유입니다.

단어를 공부할 때, '핵심 어휘 5000'과 같은 단어장을 구입해 단어 목록을 쭉 공부할 수도 있고, 또는 읽기 자료를 통해 새로운 단어를 배우는 경우도 있습니다. 지금부터는 후자의 방법에 대해, 단어 공부를 잘하기 위해 챗GPT를 어떻게 활용할 수 있는지 살펴보겠습니다.

Tip 1. 어근으로 단어 공부하기

공부를 하다가 다음과 같은 문장을 접했다고 가정해 봅시다. "The final cost of the project exceeded the initial budget, so they had to reconsider future investments." 여기서 'exceed'라는 단어를 모른다고 해 봅시다. 이 문장을 이해하는 가장 좋은 방법은 이미 알고 있는 단어를 바탕으로 의미를 유추하는 것입니다.

예를 들어 '프로젝트의 최종 비용(the final cost of the project)', '처음 계획했던 예산(the initial budget)'이라는 내용으로 보아, 'exceed'는 '초과하다' 또는 '못 미치다'라는 의미일 것으로 예상할 수 있습니다. 또, 뒷부분에 나온 '그래서 향후 투자에 대해 다시 고려해 봐야 한다(so they had to reconsider future investment)'는 문장을 보면, 아마도 '초과하다'는 의미일 것 같습니다.

하지만 문장 앞뒤에 내가 알고 있는 단어가 부족해 의미를 유추하기 어려운 상황이라면, 그 단어의 의미를 찾아봐야 합니다. 예를 들어 검색 엔진에 'exceed'를 검색하면, 주요 의미뿐만 아니라 발음 방법과 예문까지 제공되어 공부하기에는 충분히 잘 정리되어 있는 것 같습니다.

하지만 돌아서면 그 뜻을 잊고, 나중에 그 단어를 마주했을 때 기억이 잘 나지 않을 가능성이 높습니다. 이 단어를 확실히 암기하고 내 것으로 만들기 위해서는 '어근'을 아는 것이 매우 유리합니다.

예를 들어 우리말에서 '세-'라는 어근은 '씻다', '깨끗하게 하다'는 의미를 가지고 있습니다. 한국어를 배우고 있는 외국인으로서, '세-'의 의미를 알고 있다면 '세수, 세안, 세척, 세차' 등의 단어를 쉽게 외울 수 있겠죠. 영어도 마찬가지입니다. 어근의 의미를 알면 많은 단어를 쉽게 익힐 수 있게 됩니다. 그럼 챗GPT에게 'exceed'라는 단어의 어근 분석을 요청해 볼까요?

'exceed'라는 단어를 ❶ 내가 암기하기 쉽게 어근을 분석해서 ❷ 한국어로 설명해 줄래? 그리고 그 어근들을 활용한 다른 단어도 몇 개 더 제시해 줘. ❸ 한국의 중학생 수준으로 예문도 두 개 함께.

> 알겠습니다! '-ceed'가 포함된 단어들을 분석하고 예문을 제시해 드리겠습니다.
>
> **1. 어근 분석**
> ❹ '-ceed'는 라틴어 'cedere'에서 유래하며, '가다', '움직이다'라는 뜻을 가집니다. 'exceed', 'succeed'와 같은 단어에서 이 어근을 찾을 수 있습니다.
>
> **2. '-ceed'가 포함된 단어들**
> exceed(초과하다): 'ex-'(밖으로) + '-ceed'(가다)로 '한계를 넘다'
> succeed(성공하다): 'suc-'(뒤에, 후에) + '-ceed'(가다)로 '뒤로 가다, 성공하다'
> proceed(진행하다): 'pro-'(앞으로) + '-ceed'(가다)로 '앞으로 가다, 계속하다'
>
> **3. 예문**
> - exceed: The temperature will exceed 30 degrees tomorrow.
> (내일 기온은 30도를 초과할 것이다.)
> - succeed: She hopes to succeed in her career.
> (그녀는 자신의 경력에서 성공하기를 희망한다.)
>
> 이렇게 어근을 이해하고 관련 단어들을 보면, 비슷한 의미를 가진 단어들을 더 쉽게 기억할 수 있습니다!

챗GPT는 'exceed'를 ex-와 -ceed의 두 부분으로 나누고, 이들이 합쳐져 왜 '초과하다'라는 의미가 되었는지 설명해 주었습니다. 그리고 '-ceed'

---

❶ 어근을 분석하는 목적은 '내가 암기하기 쉽도록'이라는 것을 밝힙니다.
❷ 영어로 된 답변을 받고 싶지 않다면 '한국어로'라는 말을 붙입니다.
❸ 수준과 분량을 함께 지정합니다.
❹ 답변에서 가장 핵심이 되는 부분입니다.

가 포함된 다른 단어들을 제시해 주었는데, 설명을 읽다 보면 'pro-, suc-, re-, con-'과 같은 다른 접두어들의 의미도 함께 공부할 수 있습니다. 이번에는 'ex-'라는 접두어가 들어간 단어들을 추가로 요청해 볼까요?

> 이번에는 ex-가 들어가는 단어들도 알려 줘.
>
> 알겠습니다! **'ex-'**가 들어간 단어들을 함께 살펴볼게요. **'ex-'**는 라틴어에서 유래하며, 주로 '밖으로', '벗어나' 또는 '완전하다'라는 의미를 가집니다. 이 접두사를 포함하는 단어들을 아래와 같이 정리했습니다.
>
> **1. 'ex-'가 포함된 단어들**
> exit(출구, 나가다): '밖으로 가다'라는 의미로, 건물이나 공간의 출구를 의미
> examine(조사하다, 검사하다): '밖으로' + '보다' = '밖으로 꺼내어 봄'의 의미 → '하다' = '상태를 살펴보다'
> exhale(내쉬다, 숨을 내쉬다): '밖으로' + '숨' = '숨을 밖으로 내보내다'
>
> (생략)
>
> **2. 예문**
> - exit: The emergency exit is on the left. (비상 출구는 왼쪽에 있다.)
> - examine: The doctor will examine your test results. (의사는 네 검사 결과를 확인할 것이다.)
> - exhale: He took a deep breath and then exhaled slowly. (그는 깊게 숨을 들이마시고 천천히 내쉬었다.)
>
> (생략)

결과에는 이미 알고 있던 단어와 새로운 단어가 섞여 있을 수 있습니다. '이 단어가 이렇게 해서 이 뜻이 된 거구나!'라고 깨닫고 나면, 같은 접두

어 또는 어근을 가진 새로운 단어들을 쉽게 익힐 수 있게 되죠. 다양한 단어의 어근을 분석하고, 그 결과를 바탕으로 또 다른 의미를 찾아보는 과정을 반복하다 보면, 여러분의 영어 어휘가 쑥 늘어날 것입니다.

Tip 2. 핵심 의미로 단어 공부하기

이번에는 새로운 상황입니다. "While watching the security video, she spotted a suspicious person and quickly called security."라는 문장을 살펴보겠습니다.

'spot'이라는 단어가 위치상 분명히 동사인 것 같은데, 만약 이 단어를 '점'이라는 명사로만 알고 있었다면 어떻게 될까요? 예를 들어 보안 영상을 보다가(while watching the security video) 수상한 사람(a suspicious person)을 spot 했고, 뒤에 경비를 호출했다(called security)라는 내용이 나오므로 spot은 '발견하다'라는 의미일 것 같다고 추측할 수 있습니다. 정확한 의미를 알기 위해 spot을 사전에서 검색하면, 명사, 동사, 형용사 순서로 뜻이 풀이됩니다. 그런데 '발견하다'라는 동사는 명사가 다 끝난 한참 뒤에야 나올 뿐만 아니라, 명사로 사용되는 다양한 뜻과는 달리 조금 생경한 느낌이 듭니다. 그래서 챗GPT에게 이에 대해 질문해 보겠습니다.

> ❶ 나는 spot이 '점'이라는 뜻이라고만 알고 있었는데, '찾다'라는 뜻도 있다는 것 같네. 왜 spot에 이 두 뜻이 같이 들어가 있는지 내가 이해할 수 있게 설명해 주고, 또 다른 뜻들도 함께 소개해 줘.
>
> 'spot'은 정말 여러 가지 뜻을 가질 수 있는 단어입니다. 주로 '점'이라는 뜻이

❶ 내가 현재 어디까지 알고 있는지에 대한 설명을 추가하면, 챗GPT가 나에게 더 도움이 되는 답을 줄 수 있어요.

먼저 떠오르지만, '찾다'라는 뜻도 포함되어 있는 이유는 이 단어의 원래 의미와 관련이 있습니다. 그 과정을 차근차근 살펴볼게요.

1. 'spot'의 의미 변화
- 점: 'spot'의 가장 기본적인 의미는 '작고 둥그런 자국'이나 '점'을 의미합니다. 예를 들어 'a spot on your shirt'(셔츠에 있는 점)처럼 사용하죠. 이 의미는 작은 곳을 지칭하는데도, 특정 위치나 장소를 나타내는 데 사용됩니다.
- '찾다': '찾다'라는 의미는 ❶'spot'이 '어떤 장소나 점을 식별하거나 찾다'라는 개념에서 확장된 것입니다. 예를 들어 'I spotted a mistake in the report'(보고서에서 실수를 발견했다)처럼, 무엇인가를 눈으로 보고 찾아내는 과정에서 사용됩니다. 즉, 'spot'이 '무엇인가를 주목하고 식별하는 것'을 의미하면서 '찾다'라는 뜻이 자연스럽게 연결된 것입니다.

2. 'spot'의 다른 뜻들

뜻	설명	예문
점	작은 자국이나 지점, 위치를 나타내는 말	The coffee spilled and left a spot on the table.(커피가 쏟아져서 테이블에 점이 남았다.)
찾다	무엇을 식별하거나 눈으로 찾다	She spotted the error in the document.(그녀는 문서에서 실수를 발견했다.)
장소	특정한 장소나 지점	There's a great restaurant at this spot.(이곳에 훌륭한 레스토랑이 있다.)
주목하다	❷눈에 띄게 하다, 특별히 주의를 기울이다	The bright colors of the painting really spot the room.(그 그림의 밝은 색이 방을 돋보이게 한다.)

'점'이라는 단어가 어떻게 '발견하다'라는 의미로 확장되었는지, 챗GPT는 매우 친절하고 알기 쉽게 설명해 줍니다. 'Spot'의 다른 다양한 뜻

❶ spot의 기본 뜻과 관련지어 '찾다'라는 의미가 붙은 이유를 설명해 줍니다.
❷ 혹이 이 설명에서 'spotlight'라는 단어가 떠오르지 않나요? 이처럼 설명을 통해 자신이 원래 알고 있던 단어와 연결 짓게 되기도 합니다.

들은 사전만큼 체계적으로 구성되어 있지는 않지만, '설명' 부분이 있어 단어를 이해하고 암기하는 데 도움이 되지요. 방금 익힌 내용으로 퀴즈를 요청해 보겠습니다.

> 방금 배운 내용을 가지고 퀴즈로 연습을 하고 싶은데, ❸ 어떤 유형의 퀴즈가 유용할까?

 (생략)

> **❹ 1. 문맥 속 의미 고르기(의미 유추 퀴즈)**
> - 형식: 문장을 주고, 그 안에서 spot이 어떤 의미로 쓰였는지 고르기
> - 예시: I spotted him in the crowd.
>   A. 점 / B. 장소 / C. 발견하다 ✓
>
> 2. 빈칸 채우기 퀴즈 (Fill-in-the-blank)
> - 형식: 다양한 의미 중 하나에 맞게 spot을 빈칸에 넣기
> - 예시: She _____ a typo in the article.
> - 정답: spotted
>
> 3. 뜻 맞추기 (Definition Matching)
> - 형식: 여러 문장 또는 예문을 주고, 뜻을 연결하기
> - 예시: A. There's a black spot on your shirt.
>   B. Can you spot the difference?
>   C. That's a great camping spot.
>   → 각각 뜻을 매칭: A: 점 / B: 찾다 / C: 장소
>
> (생략)
>
> ❺ 1번 유형으로 10문제 내 줘!

❸ 내게 맞는 스타일의 퀴즈를 요청합니다.
❹ 이 유형이라면, 다양한 뜻으로 쓰인 spot이 포함된 예문을 골고루 접할 수 있을 것입니다.
❺ 간단한 문제는 한꺼번에 요청합니다. 이번에는 여러 예문을 끊김 없이 연속으로 읽어야 더 도움이 됩니다.

> 좋아요! 아래는 문맥 속에서 'spot'의 의미를 고르는 퀴즈 10문제입니다. 각 문장에서 spot이 어떤 뜻으로 쓰였는지 A~D 중에서 골라보세요.(해설은 마지막에 있어요!)
>
> ◆ [문맥 속 의미 고르기] 퀴즈
>
> 1. She spotted a typo in the presentation just before the meeting started.
> A. 점
> B. 장소
> C. 광고
> D. 발견하다
>
> (생략)

Tip 3. 다양한 예문 요청하기

하나의 '단어'를 안다는 것은 어떤 의미일까요? 우선 그 단어의 의미를 안다는 것을 포함할 것입니다. 하지만 그 의미를 안다고 단어를 완전히 아는 것이라고 할 수는 없습니다. 그 단어가 앞뒤에 다른 단어들과의 관계에서 어떻게 쓰이는지 그 '용법'을 알아야 하는 것이죠.

만약 '싸우다'라는 의미로 'fight'라는 단어를 알고 있다고 해 봅시다. "나는 동생이랑 싸웠어"라는 한국어 문장을 영어로 표현하고자 할 때, "I fought with my younger brother"이라고 하면 실제로 주먹다짐을 한 것처럼 들릴 수 있습니다. 즉, 'fight'는 일반적으로 몸싸움이나 심각한 갈등의 뉘앙스를 담고 있어, 위의 맥락에서는 적절하지 않습니다.

또한, 단어가 쓰이는 패턴이나 결합 관계도 함께 익혀야 합니다. 예를 들어 'fight with someone(누구와 싸우다)', 'fight against something(어떤 것에 맞서 싸우다)', 'fight for something(어떤 것을 위해 싸우다)'와 같이, 전치사 'with, against, for' 등과의 결합에 따라 의미도 달라지고, 쓰이는 상황도 달라집니다. 또, 명사형인 'a fight'도 자주 사용되는데, "They had a fight last night"처럼 사용할 수 있습니다.

결국 하나의 단어를 '안다'는 것은 단순히 사전적인 정의를 아는 것을 넘어서, 그 단어가 어떤 상황에서 자연스럽게 쓰이는지, 어떤 단어들과 함께 쓰이는지를 포함하는 것입니다. 그래야만 그 단어를 자신의 언어로 쓸 수 있게 됩니다. 그리고 단어를 진정으로 알기 위한 방법은 다양한 예문을 많이 접하는 수밖에 없습니다. 그래서 선생님은 학생들에게 어떤 새로운 단어를 접했을 때, 그 단어가 포함된 예문을 최대한 많이 보라고 합니다. 그리고 챗GPT 덕분에 이제 그 일이 훨씬 더 쉬워졌습니다.

'concentrate'라는 단어가 어떻게 쓰이는지 예문을 통해 알고 싶어. 다양한 예문을 보여주되, ❶ 단순하고 쉬운 문장들로 구성해서 내가 이해하기 쉽게 도와줘.

물론이죠! 'concentrate'는 주로 '집중하다'는 뜻으로 사용되며, 동사로 가장 많이 쓰입니다. 아래에 아주 쉽고 단순한 문장 예시들을 상황별로 나누어 소개할게요:

❷ **1. 공부나 일에 집중할 때**
concentrate on + 명사 / 동명사 '~에 집중하다'
- I need to concentrate on my homework.
(나는 숙제에 집중해야 해.)
- She can't concentrate because it's too noisy.

---

❶ 난이도를 지정합니다. 핵심을 제외한 나머지 부분은, 단순하게 정리돼 있을수록 이해가 쉽습니다.
❷ 어떤 상황맥락에서 사용되는지 더 구체적으로 소개됩니다.

(그녀는 너무 시끄러워서 집중할 수 없어.)

2. 어떤 목표나 활동에 집중할 때
- Let's concentrate on finishing this project.
(이 프로젝트 끝내는 데 집중하자.)
- She is concentrating on learning English.
(그녀는 영어 배우는 데 집중하고 있어.)

(생략)

필요하다면, 문장의 구조나 표현에 대해 하나씩 설명도 도와줄 수 있어요. 더 연습해 볼까요?

예문들을 쭉 보니, 대부분 'concentrate on'이라고 쓰거나 또는 'concentrate' 단독으로 쓰이네요. 집중하는 대상은 숙제나 공부 또는 어떤 목표가 주로 오는 것 같습니다.

이번에는 혹시 'concentrate' 이외에 비슷한 의미의 다른 단어는 없는지 물어보겠습니다.

그럼 혹시 concentrate랑 비슷한 의미의 다른 단어 중에서 비교해 볼 만한 단어가 있을까? 예문으로 쓰임새를 비교해 줘.

아주 좋은 질문이에요! 'concentrate'와 비슷한 뜻을 가진 단어 중에서, 자주 비교되는 대표적인 단어들은 다음과 같아요:

1. focus
- 뜻: concentrate와 거의 같은 의미로, '집중하다', '초점을 맞추다'라는 뜻입

> 니다.
> - 차이점: focus는 약간 더 구체적으로 '주의를 한 점에 모은다'는 느낌이 강해요. 특히 시각적이거나 감정적인 초점에도 자주 사용돼요.
>
> | 예문 | 해석 |
> |---|---|
> | I can't **focus on** my work. | 내 일에 집중이 안 돼. |
> | She needs to **focus on** her goals. | 그녀는 자신의 목표에 집중할 필요가 있어. |
> | The camera is **focused on** the face. | 카메라가 얼굴에 초점을 맞췄어. |
>
> ✓ focus는 focus on + 명사 구조로 사용됨(concentrate on과 유사)
>
> (생략)

지면상 생략하였지만, 네 개의 다른 단어를 제시해 주면서 단어마다 예문을 제공해 주었습니다. 'focus'도 'concentrate'와 마찬가지로 'on'을 함께 쓰는 경향이 있고, 실제로 두 표현의 의미가 비슷하다는 것을 확인할 수 있습니다.

    이번에는 조금 심화된 내용입니다. concentrate on과 focus on 모두 '집중하다'는 뜻이라면, 그 둘이 구체적으로 어떤 차이가 있는지 궁금해질 수 있지요. 이럴 때는 단순히 차이를 묻기보다는, '예문을 통해' 보여 주고 설명해 달라고 요청하는 것이 좋습니다.

> focus on이랑 concentrate on 쓰임새의 차이를 좀 더 정확하게 알고 싶어. ❶ 같은 문장에 두 표현을 넣고, 의미가 어떻게 다른지 설명해 줘.
>
> 🟢 좋아요! focus on과 concentrate on은 정말 비슷하지만, 미묘한 뉘앙스 차이가 있어서 상황에 따라 조금씩 다르게 느껴질 수 있어요. 아래에 같은 문장에

❶ "나는 내 일에 ( )."처럼, 하나의 문장 구조에 각각의 단어를 넣어 그 차이를 설명해 달라는 요청입니다.

> 두 표현을 각각 넣어서 비교하고, 그 차이를 자세히 설명해 드릴게요.
>
> I need to concentrate on my homework.
> → 지금 너무 피곤하거나 산만해서, 주의력을 끌어모으는 느낌
> → '딴생각하지 말고 정신 차려서 숙제에 집중해야 해'라는 집중력 자체에 초점이 있음
> I need to focus on my homework.
> → 숙제라는 목표에 초점을 맞추는 느낌
> → 여러 가지 일 중에서 숙제를 가장 중요하게 여긴다는 의미가 더 강함
>
> 차이 요약:
> - concentrate on = 정신을 딱 붙잡고 집중하려는 의지와 노력
> - focus on = 주의를 분산하지 않고 방향을 정해 놓는 느낌
>
> (생략)

우리가 만약 영어권 국가에 살면서 위와 같은 문장들을 매일같이 접한다면 그 느낌을 자연스럽게 깨달을 수 있겠지만, 그렇지 않은 상황에서는 위와 같은 설명의 보조를 받는 것이 효율적인 방법이라고 할 수 있겠습니다.

Tip 4. 단어장 & 퀴즈

앞선 '독해' 파트의 '단어 학습' 단계에서 여러분은 글을 읽으며 형광펜으로 표시한 단어들로 단어장을 만들어 달라고 요청하는 활동을 해 보았습니다. 누군가가 만든 단어장보다, 내가 읽었던 지문 속 단어들로 단어장

을 만들면 읽었던 맥락이 떠올라 더 잘 외워지기도 합니다. 이번에는 어근 분석 및 함께 알아두면 좋은 단어들도 함께 요청해 보겠습니다.

> 위 지문에서 내가 형광펜으로 표시한 단어들을 따로 모아 ❶ 표로 정리해 줘. 표에는 "영어 단어, 뜻, 어근 분석, 쉬운 예문(해석), 함께 알아두면 좋은 단어 2~3개" 이렇게 다섯 개의 항목을 포함해 줘.
>
> **형광펜 단어 원형 정리**
>
> | # | 영어단어 | 뜻 | 어근 분석 | 쉬운 예문 |
> |---|---------|-----|----------|----------|
> | 1 | equal | 같은, 평등한 | 라틴어 aequus (평평한, 공정한) | All people |
> | 2 | absorb | 흡수하다, 빨아들이다 | ab(떨어져) + sorb(빨아들이다) | The spon |
> | 3 | thought | 생각 | think(생각하다)의 과거형에서 파생된 명사형 | She share |
> | 4 | genuine | 진짜의, 진심의 | 라틴어 genuinus (타고난, 진짜의) | He gave |
> | 5 | nod | 끄덕이다 | 고대 영어 hnǣgan (끄덕이다) | She nodd |
> | 6 | occasion | 경우, 기회 | 라틴어 occasio (기회, 경우) | This is a |

🟢 형광펜으로 표시한 단어들을 표로 정리했습니다. 필요하시면 나머지 단어들도 이어서 정리해 드릴 수 있어요!

> 이거 엑셀 파일로 만들어 줘.

🟢 엑셀 파일이 준비되었습니다. 아래 링크를 클릭하여 다운로드하실 수 있습니다:
형광펜_단어_원형_정리.xlsx

앞서 보았던 표와는 조금 다르게 생겼는데, 챗GPT는 대화의 목적이나

---

❶ "표를 요청할 때는 각 열에 어떤 정보가 들어갈지 구체적으로 써 주면 더 좋은 결과가 나옵니다.

정보의 양에 따라 이와 같은 '데이터프레임' 형태의 표를 보여주기도 합니다. 데이터프레임은 스크롤을 통해 내용을 볼 수 있지만, 드래그로 내용 선택이 되지 않아 내용 복사와 붙여넣기가 불가능합니다. 또한 표 상단에 달린 다운로드 버튼은 'csv파일'을 다운받는 기능이기 때문에 일반적으로 생각하는 깔끔한 표의 형태로 열리지 않습니다. 이럴 때는 다운로드 가능한 엑셀 파일 또는 PDF 형식으로 만들어 달라고 요청해 볼 수 있습니다. 이렇게 출력하거나 태블릿 등 기기에 저장해 두고 외우면 효과적입니다.

이렇게 만든 단어장의 단어들을 내가 잘 암기했는지 확인하기 위해 문제를 만들어 달라고 추가 요청할 수도 있습니다.

> 혹시 위에 네가 정리해준 엑셀 파일의 내용과 관련해서, 내가 그 단어들을 암기했는지 퀴즈 문제를 내 줄래? 한번에 다 내지 말고, ❶ 한 문제씩 나랑 주고받으면서 하자. ❷ 영어 단어랑 뜻만 체크하면 될 것 같아.
>
> 좋아요, 단어 퀴즈 시작해 볼게요! 한 문제씩 주고받으면서 진행하고, 틀려도 걱정 말고 편하게 답해 줘.
>
> 문제 1.
> 다음 뜻에 해당하는 영어 단어는 무엇일까요?
> "흡수하다, 빨아들이다"
>
> 힌트가 필요하면 말해 줘도 돼요!
>
> ❸ absob
>
> 아쉽! 조금만 더 주의해서 봤다면 맞출 수 있었어요. 정답은 absorb입니다. 다

❶ 이 말을 쓰지 않으면 한꺼번에 10문제를 제시하기도 합니다.
❷ 어근 분석, 예문, 함께 알아두면 좋을 단어를 포함해도 좋습니다.
❸ 일부러 틀리게 답했습니다.

> 음 문제로 넘어갈게요!
>
> 문제 2.
> 다음 뜻에 해당하는 영어 단어는 무엇일까요?
> "참여하다, 관여하다"
>
> participate
>
> 🟢 거의 맞았어요! participate도 "참여하다"라는 뜻이 맞지만, 엑셀 파일에서 정리한 단어는 engage였어요. 두 단어는 의미가 비슷하니 함께 기억해 두면 좋아요!
> - participate = 참여하다(조금 더 공식적인 뉘앙스)
> - engage = 관여하다, 몰입하다(더 넓은 의미로 사용돼요)
>
> (생략)

답을 직접 입력하는 문제와 보기에서 고르는 문제, 영어 단어를 답하는 문제와 한국어 뜻을 답하는 문제가 고루 출제됩니다. 특히 문제 2를 보면, 의도한 정답은 'engage'였지만 '참여하다'는 의미를 가진 다른 단어 'participate'을 입력해 보았습니다. 그랬더니 두 단어의 차이에 대해서도 설명해 줍니다.

주관식 문제에서 힌트를 첫 글자만 보여 달라거나, 모든 문제를 객관식으로 바꿔 달라는 등, 자신이 원하는 방식으로 퀴즈의 형태를 구체적으로 요청할 수 있습니다. 선생님이 어렸을 때는 친구에게 문제를 내 달라고 부탁하거나, 단어장의 한쪽을 가리고 스스로 답을 맞혀보는 식으로 직접 공부를 점검하곤 했는데요, 이제는 챗GPT와 함께 하면서 이런 활동도 훨씬 더 간편하고 효율적으로 할 수 있게 되었습니다. 영어 공부에 쓸 수 있는 추가 프롬프트를 몇 가지 더 소개합니다.

> 앞에서 공부했던 단어들에 대해, [ ]를 10문제 내 줘
> - 영어 단어를 보고 한국어 뜻을 고르는 퀴즈
> - 한국어 뜻을 보고 영어 단어를 고르는 퀴즈
> - 한국어 뜻과 영단어 첫 글자를 보고 단어를 쓰는 퀴즈
> - 문장 내에서 빈칸에 들어갈 단어를 고르는 퀴즈 (또는, 직접 쓰는 퀴즈)
> - 여러 보기 문장 중, 밑줄 친 단어가 적절하지 않은 것을 고르는 퀴즈

여러분이 공부를 하며 필요할 때마다 여기에 소개된 어휘 학습 팁들을 적절하게 잘 사용할 수 있기를 바랍니다.

문법: 부족한 문법 노출, 챗GPT로 해결하기

많은 학생들이 문법을 복잡하고 어렵게 생각합니다. 앞서 문장을 구성하는 것은 단어이고, 그 단어들을 알맞게 활용해서 문장 속에 배열하는 규칙을 문법이라고 설명하였지요? 우리는 우리말의 문법을 명시적으로 배워서 알고 있지는 않습니다. '나는 사랑해 너를'이 아니라, '나는 너를 사랑해'가 자연스러운 문장의 순서라는 것을 누군가에게 배워서 알고 있지 않듯이요.

영어 문법도 마찬가지로 사실은 여러 문장을 접하면서 자연스럽게 익히게 되는 것입니다. 하지만 일반적으로 우리는 일상에서 그만큼 충분히 많은 영어 문장을 접할 기회가 없기에, 다소 딱딱한 방식으로 문법을 배우고 있는 거지요.

Tip 1. 문법 항목 구분하기

여러분이 고등학교 수능 모의고사 문제 중, 문법 문제를 풀고 있다고 가정해 봅시다. 지문 중간중간 밑줄이 쳐져 있고, 문법상 틀린 것을 고르는 문제이지요. 사실 자연스럽게 외국어를 익힌 사람들은 문법을 별도로 분석할 필요가 없지만, 교실 상황에서 공식처럼 문법을 공부한 학생들이라면 각각 밑줄 친 항목이 어떤 문법 항목을 묻고 있는 것인지 먼저 파악해야 합니다.

먼저 지문을 보고 생각해 볼까요? 여러분도 한번 읽어 보면서 각 항목이 어떤 문법 항목을 묻는 문제인지 각자 떠올려 보세요. 그리고 어떤 보기가 어법상 틀린 것인지 한번 생각해 보시길 바랍니다.

> Research on talented musicians offers insight into ① **what** it takes to develop mastery in performance. These individuals are not just born gifted or ② **exceptionally** talented; they also put in years of deliberate practice. Talented performers are often described as ③ **having** both technical skills and emotional sensitivity, which allows them to deliver moving interpretations. True musical expertise means ④ **that** each note is played with intention and placed within a meaningful structure. This level of artistry not only impresses audiences but also ⑤ **facilitate** emotional connection between the performer and the listener.

어법상 틀린 것을 고르는 이와 같은 문제는 묻고 있는 문법 항목이 명확합니다. 여러분이 느끼는 이 문제의 난이도는 사람마다 각자 다르겠지만, ②번은 부사, ④번은 명사절을 이끄는 'that', ⑤번 항목은 병렬 구조임을 파악했다고 가정해 봅시다. 이 문제에서 틀린 보기는 ⑤번이지요. 'This level'이 주어이고 'not only… but also…'로 두 개의 동사가 묶여 있으므로, impresses에서처럼 facilitates가 되어야 합니다. 하지만 우리는 공부하는 입장이므로, 모든 보기를 완전하게 이해해야 합니다. ①, ③번이 정확히 어떤 문법 항목을 묻는 보기인지 모르겠다고 챗GPT에게 질문해 볼까요? 우선 위 이미지를 함께 제시하며 질문합니다.

> ❶ 여기에서 1번과 3번이 어떤 문법 항목을 묻는건지 잘 모르겠어.
>
> 좋은 질문이에요! 올려주신 지문에서 ①번과 ③번은 각각 다음과 같은 문법 항목을 묻고 있습니다:
>
> ① what
> - 문법 항목: 명사절을 이끄는 의문사(명사절 접속사 what)
> - 설명: 'what + 주어 + 동사' 구조로 문장에서 명사 역할을 하는 절을 이끕니다. 주로 목적어나 주어 자리에 위치합니다.
> - 예문:
> 1. I don't know **what he wants for his birthday**.
> 2. She explained **what made her change her mind**.
> 3. **What he said** surprised everyone.
>
> ③ having
> - ❷ 문법 항목: 분사구문 또는 동명사(문맥에 따라)
> - 설명: 문장에서 'having'은 보통 동명사나 현재분사로 사용되며, 여기서는 '~를 가진 상태로 묘사되다'의 구조 안에서 쓰인 ❸ 분사로 보는 것이 일반적입니다.
> - 예문:
> 1. He was described as having strong leadership skills.
> 2. I remember having dinner with her that night.
> 3. ❹ Having finished his work, he left the office.

①번은 맞게 잘 설명되었으나, ③번은 해설이 모호합니다. '분사구문 또는 동명사'라고 명시했네요. 사실 이 부분은 '~를 가진 것'으로 해석되는 동명사인데, 설명이나 예문은 분사구문과 뒤섞여있습니다. 챗GPT가

---

❶ 사실 이 프롬프트는 좋지 않은 예시입니다. 잠시 뒤에 보완된 프롬프트에서 결과를 비교해 보겠습니다.
❷ 분사구문이면 분사구문이다, 동명사면 동명사다 라고 해야 하는데, 불분명하게 제시했습니다.
❸ 이 설명은 틀렸습니다.
❹ 이 예문은 분사구문에 해당하는 예문으로, 여기에 제시된 것은 오류입니다.

문법 항목을 정확하게 구분해내지 못한 것이지요.

　중간에 밑줄이 그어진 문장을 제시한 뒤 같은 프롬프트로 해당 문법 항목을 묻는 질문을 챗GPT에게 여러 번 시도해 보았으나, 명확히 구분하지 못하는 경우가 상당히 많았습니다. 특히 'what, that, -ed, -ing'와 같이 하나의 형태가 다양한 문법 기능을 가진 경우에서 오류가 많았습니다. 챗GPT에게 그 이유를 물었더니 문법 항목의 형태와 기능을 모두 분석해야 하는데, 그렇지 않기 때문에 약점이 있다고 합니다. 그럼 프롬프트에 좀 더 명확하게, 형태와 기능을 모두 분석하라고 이야기해 볼까요?

> 여기에서 3번이 어떤 문법 항목을 묻고 있는건지 알고 싶어. ❶해당 부분의 형태 뿐만 아니라 문장 내에서의 위치와 역할까지 함께 고려해서 어떤 항목인지 생각해 줘.
>
> 사용자님이 물어본 ③ having 부분은 문법적으로 분사구문(participle phrase) 또는 동명사(gerund)처럼 보일 수 있으나, ❷문장 내 위치와 역할을 고려하면 분사구문보다는 동명사구가 보어로 쓰인 형태로 해석하는 것이 적절합니다. 자세히 설명드릴게요.
>
> ✓ 1. 문장 구조:
> - 주어: Talented performers
> - 동사: are often described
> - 보어 역할: as having both technical skills and emotional sensitivity
>
> ✓ 2. 핵심 문법 포인트:
> "describe A as B" 구조에서, 여기서 B에 해당하는 부분이 'having ~'입니다. 이때 "having"은 동명사(gerund)로 쓰여 명사 역할을 하며, 전체 표현이 동명사구(gerund phrase)로 쓰인 것입니다.
>
> (생략)

❶ '결과를 알고 싶은데, a, b, c의 과정을 거쳐서 그 결과를 내 줘.'라는 질문으로 사고의 흐름을 유도합니다.
❷ 질문에서 의도한 대로, '위치와 역할'을 고려했더니 동명사구로 보인다고 설명합니다.

그냥 "어떤 문법 항목이야?"라고 묻는 대신, '형태'뿐 아니라 '문장 안에서의 위치와 역할'까지 함께 고려해 보도록 프롬프트를 조금 더 구체적으로 넣었더니, 정확하고 훌륭한 설명이 나왔습니다.

이렇게 어떤 문제(A)를 해결하기 위해 중간 단계(a, b, c)를 차례로 거치는 것을 '사고의 흐름(또는 사고의 사슬; Chain of Thought, CoT)'이라고 합니다. 챗GPT가 이런 사고 흐름을 따라가도록 만들려면, "정답이 뭐야?"보다는 그 답을 알아내기 위해 챗GPT가 어떤 것을 체크해야 하는지 명시해야 하는 것입니다. 문법 항목을 물을 때는 이와 같이 사고의 흐름 유도 전략을 사용해야 오류가 발생하지 않으니 잘 기억해 두세요.

Tip 2. 설명과 예문 요청하기

이번에는 문제에서 어떤 문법 항목을 묻고 있는지 이미 파악 했다고 가정해봅시다. 예시 문장입니다. "(Exhausing / Exhausted) after working for twelve hours, the nurse sat down and closed her eyes." 이 문장에서 분사구문에서 현재분사(-ing)와 과거분사(-ed) 중 무엇이 맞는지 헷갈린다고 해 볼까요? 간호사가(the nurse) 앉아서 눈을 감았다(sat down and closed her eyes)는 것이 주절의 내용이고, 앞의 분사구문은 내용을 보조해 주는 역할을 하지요. 일단 분사구문이 어떤 역할을 하는지를 물어봅시다.

❸ 내가 지금 분사구문과 관련된 문법 문제를 풀고 있는데, 명확하게 이해하지 못하고 있어. ❹ 분사구문이 어떻게 생겼는지, 어떤 용법이 있는지 간단하게 설명해 줘.

❸ 내가 지금 하려는 질문을 왜 하는지 그 상황과 맥락을 설명하면 더 좋은 답변이 나옵니다.
❹ 문법 교재에서는 보통 '형태'와 '용법' 이라는 용어로 쓰입니다.

🟢 (생략)

■ 형태:

1. 현재분사구문(능동, 진행)

- [분사구문] + 주절
- ex) Feeling tired, she went to bed early.

→(= Because she felt tired, she went to bed early.)

2. 과거분사구문(수동)

- [분사구문] + 주절
- ex) Shocked by the news, he couldn't say a word.

→(= Because he was shocked by the news, he couldn't say a word.)

용법	의미	예시 문장	원래 문장
① 시간	~할 때 / ~한 후에	Finishing his homework, he watched TV.	After he finished his homework, he watched TV.
② 이유	~하기 때문에	Being hungry, he ate quickly.	Because he was hungry, he ate quickly.

(생략)

분사 구문은 '시간, 이유, 조건, 양보, 동시 동작, 결과' 등으로 쓰인다고 각각의 예문과 같이 설명해 줍니다. 우리가 보고 있는 예문에서는 '간호사가 열두 시간 동안 일한 뒤(after working for twelve hours) 지쳐서, 앉아서 눈을 감은 것'을 '이유'로 해석할 수 있겠습니다.

 그렇다면 '지쳐서'라는 부분을, 현재분사(exhasting)와 과거분사(exhausted) 중 무엇으로 표현해야 할까요? 현재분사와 과거분사의 쓰임 차이에 대해 좀 더 자세하게 설명하도록 요청해 보겠습니다.

그럼 분사구문에서 ❶ 현재분사와 과거분사가 쓰이는 경우들에 대해 좀 더 자세히 설명해 줘.

🟢 분사구문에서 현재분사와 과거분사의 구별 기준

1. 현재분사(V-ing)
- 주어가 직접 어떤 행동을 하는 경우 → 능동
- 또는 그 행동이 진행 중인 경우 → 동시성

주절의 주어 = 분사구문의 주어이며, 그 주어가 분사구문의 동작을 '하는' 주체일 때 사용!

√ 예문:
- Walking down the street, he saw an old friend.
(그가 거리를 걷다가 친구를 봤다.)
→ '걷는' 주체가 he이므로 능동 → 현재분사

(생략)·

❷ 표로 정리

구분	현재분사	과거분사
사용 시기	주어가 능동적으로 동작할 때	주어가 수동적 상태이거나 영향을 받았을 때
형태	V-ing	p.p.
의미	~하면서	~되어
예시	Walking slowly, he looked around.	Shocked by the news, she cried.

❸ 기억 포인트!
분사구문에서 "그 동작을 누가 했는지"를 먼저 생각해 봐야 해.

---

❶ 이미 받은 답변을 토대로, 더 구체적으로 알고 싶은 부분을 명시합니다.
❷ 두 개 이상을 비교, 대조할 때는 뒤에 표를 덧붙이는 경우가 많습니다. 앞의 설명을 잘 읽고, 이 부분을 통해 정리해 봅니다.
❸ 반드시 기억해야 할 것을 핵심 키워드로 표현해 줍니다.

> - 주어가 행동의 주체면 현재분사
> - 주어가 행동의 대상, 결과를 겪는 입장이면 과거분사
>
> 필요하면 현재분사/과거분사 혼동하기 쉬운 문장들로 연습문제도 만들어 줄게!
> 연습해 볼래?

현재분사와 과거분사에 대한 설명과 함께, 각 쓰임에 해당하는 예문들을 제공해 줍니다. 그리고 그 둘의 차이를 주어가 '행동의 주체'인지, 아니면 '행동의 대상이나 결과를 겪는 입장'인지로 명확히 구별하여 정리했습니다.

　주의할 점은, 여기에서 챗GPT는 마치 여러분 개개인에게 맞는 맞춤형 문법 교재를 실시간으로 제작해 주는 것과 같은 역할을 하므로, 그 내용을 적극적으로 읽는 것은 결국 여러분의 몫이라는 점입니다. 예문을 읽다가 이해가 되지 않는 부분에 대해서는 추가 질문을 하며 학습을 이어나가 보세요.

Tip 3. 맞춤형 퀴즈

챗GPT를 문법 공부에 활용하는 가장 큰 장점 중 하나는 바로 퀴즈를 자유자재로 구성할 수 있다는 점이고, 그 정답에 대한 맞춤형 피드백을 바로 받아볼 수 있다는 점입니다. 위에서 예로 들었던 '분사구문'과 관련된 퀴즈를 내 달라고 요청해 보겠습니다.

이번에는 관련된 퀴즈를 내 줘. ❶둘 중 알맞은 것 고르기, OX퀴즈, 빈칸채우기 등등 다양한 유형의 문제를 포함시켜서 ❷10문제 만들어줘. 답은 바로 제공하지 말고 내가 풀면 그 다음에 해설을 줘.

[분사구문 퀴즈: 총 10문제]

1. OX 문제
Frightening by the sound, the child hid under the table.

2. 둘 중 고르기
(Confusing / Confused) by the instructions, he asked the teacher for help.

(생략)

10. 문장 고치기
다음 문장을 분사구문으로 바꿔 보세요.
Because she was tired, she went to bed early.
→ _____

지금 이 10문제를 한번 풀어 봐!
풀고 나면 내가 정답 + 이유를 친절하게 설명해 줄게

1. ❸O / 2. Confused / (생략) / 10. ❹Tired, she went to bed early.

정답 및 해설

1.(오답) O
X 오답이야. Frightening → Frightened로 고쳐야 맞아. the child는 소리에 놀란 입장 → 수동 → 과거분사가 정답.
정답: X

---

❶ 희망하는 문제 유형으로만 요청할 수도 있습니다.
❷ 만약 한 문제씩 풀면서 체크 후 다음으로 넘어가고 싶다면, 그렇게 요청하면 됩니다.
❸ 일부러 틀린 답을 입력했습니다.
❹ 일부러 불완전하게 입력했습니다.

> **2.(정답) Confused**
> 지시사항에 혼란을 느낀 사람은 he → 수동 → Confused
>
> (생략)
>
> **10.(오답) Tired, she went to bed early.**
>
> ❶형식은 그럴듯하지만, 더 자연스럽고 분사구문 전체로 쓰자면 다음처럼 써 야 맞아:
> Being tired, she went to bed early.
> 또는
> ✓ Tired after a long day, she went to bed early.
> 정답 인정: 부분 점수(표현 미흡)

O/X 문제, 둘 중 고르기, 빈칸 채우기 등 요청했던 문제 유형과 문장 고치기라는 새로운 유형을 포함하여 10개 문제가 생성되었습니다. 이에 대한 답을 입력했더니, 1번 문제의 오답에 대해 적절한 해설을 해 주고, 10번 문제는 완전히 틀렸다기보다는 좀 더 자연스러운 표현이 있다면서 부분 점수를 주었습니다. 이 부분에 대해 정확히 이해가 되지 않는다면 "10번 문제가 잘 이해가 안 돼. 부가 설명 부탁해."와 같이 계속해서 질문을 던질 수 있습니다.

    하지만 여러분이 앞으로 대비해야 하는 수능이나 모의고사에서는 앞서 푼 것과 같이 간단한 문장들이 등장하지 않습니다. 이번에는 퀴즈의 난이도를 좀 더 높여달라고 요청하겠습니다. 제시된 문제는 여러분이 직접 풀어 보길 바랍니다.

---

❶ 자주 쓰이는 표현은 아니지만 완전히 틀리지 않은 답변이라면 이와 같은 피드백이 달립니다.

이번에는 고1 모의고사 영어 지문에 나오는 문장 정도의 수준으로 좀 더 어렵게 세 문제 내 줘.

[고난도 분사구문 문제 - 3문제]
1. ___ with the results of the experiment, the researcher decided to conduct it again with a revised method.
(a) Disappointed
(b) Disappointing

2. The volunteers, ___ in cleaning the polluted river, received praise from the local community.
(a) engaging
(b) engaged

3. ___ by the speaker's powerful words, the audience sat in silence for a few seconds.
(a) Moving
(b) Moved

각 문장에서 행위의 주체가 누구인지를 중심으로 생각하면 정답이 보일 거야! 풀고 나면 정답과 해설 바로 줄여 줄게.

이번에는 우선 챗GPT에게 문법 항목을 구분하는 것을 요청할 때 '사고의 흐름 전략'을 사용해야 오류를 줄일 수 있다는 것을 알았고, 특정 문법 항목에 대한 설명과 예문을 요청하는 법, 그리고 퀴즈를 생성해서 맞춤형으로 학습하는 법을 익혔습니다. 지금부터는 여러분이 헷갈리는 문법 항목에 대해 직접 프롬프트를 입력해 스스로 공부를 주도해 보세요.

쓰기: 영문 글쓰기를 위한 'S.T.E.P.' 전략

영어 시간에 '쓰기'라고 하면, 여러분은 무엇을 떠올리나요? 초등학교에서는 알파벳 쓰기, 단어 따라 쓰기, 문장 베껴 쓰기처럼 기초적인 활동도 모두 쓰기에 해당하지요. 하지만 중·고등학생인 여러분에게 쓰기는, 표현하고 싶은 생각을 영어 문장으로 만들어 내고(문장 쓰기), 그 문장을 모아 하나의 글로 완성해 나가는 과정(글쓰기)에 더 가깝습니다.

문장 쓰기와 글쓰기는 서로 다른 종류의 지식을 필요로 합니다. 문장 쓰기에는 문법에 대한 이해와, 표현하고자 하는 의미를 담을 수 있는 어휘력이 중요하지요. 또한 같은 의미라도 글의 주제나 어조에 맞는 표현을 고를 수 있는 능력도 필요합니다. 반면, 글쓰기는 국어 시간의 작문 활동처럼, 하나의 주제에 대해 글의 구조를 계획하고, 그에 따라 내용을 조직하여 글로 완성하는 과정입니다. 이때는 글의 흐름, 문장 간의 연결성, 통일성, 내용의 풍성함 등이 더 중요하게 작용합니다.

문장 쓰기와 글쓰기에 챗GPT를 사용한다고 상상해 볼까요? 혹시 단순히 '이 문장을 영어로 번역해 줘' 또는 '이 주제로 150 단어 내외의 글을 영어로 써 줘'라는 프롬프트만 떠오른다면, 그것은 여러분이 챗GPT에게 쓰기를 맡긴 것일 뿐, 실제로 쓰기 공부를 하고 있다고 말하기는 어려울 것입니다.

이번 장에서는 문장 쓰기 단위의 챗GPT를 활용 팁 두 가지를 먼저 소개합니다. 그 뒤, 챗GPT를 활용해서 'S-T-E-P'이라는 네 단계에 맞추어 '나의 흥미와 앞으로의 장래 희망'이라는 주제로 한 문단 수준의 글쓰기를 연습해 보겠습니다. 각 단어는 'Structure(구조 짜기), Topic(생각 꺼내기), Expression(써 보기), Parallel Review(비교하며 배우기)'를 의미합니다. 주제에 맞는 글의 뼈대를 잡고, 내용을 생성하고, 그것을 알맞은 문장으로 작성하는 방법을 배워 보면서, 챗GPT를 쓰기 도우미로 활용하는 법을 익혀볼까요?

Tip 1. 자연스러운 문장 쓰기 요청법

학생들이 영어로 문장을 쓸 때 가장 많이 하는 실수가 바로 한국어 단어들을 영단어로 1:1 대응시켜 문장을 만들어 낸다는 점입니다. 예를 들어 '나는 그 영화를 재미있게 봤다.'라는 문장을 1:1로 직역하면 "I watched the movie interestingly."가 되지만, 이 문장은 영어 원어민이 듣기에 매우 어색합니다. 'Interestingly'가 '흥미로운 방식으로 watch를 했다'는 의미이기 때문에, 마치 내가 물구나무를 서서 영화를 보았다든지 하는 상황에서 쓸 수 있는 문장이기 때문이지요. 이 상황에서는 "I enjoyed the movie."가 자연스럽습니다.

이처럼 우리가 자주 범하는 직역 오류를 점검하면서 작문 연습을 해 보고 싶다면, 챗GPT에게 한국어 문장을 영어로 바꿔 달라고 요청할 때

'직역한 문장'과 '자연스러운 문장'을 각각 보여 달라고 해 보세요. 그리고 두 문장 사이에 어떤 차이가 있는지도 설명해 달라고 요청해 보면, 영어 표현 감각을 기르는 데 큰 도움이 됩니다.

> "틱톡이나 유튜브 쇼츠 같은 짧은 영상들은 학생들의 자제력을 약화시킨다."
>
> 이 문장을 중고등학교 수준에서 영어로 ❶직역한 문장 하나와 자연스러운 문장 하나로 써줘. 그리고 ❷네가 중고등학교 영어 교사라고 가정해서 둘을 놓고 ❸자연스러운 영어 문장에 대해 설명을 해 줄래? 필요하면 문법 설명을 곁들여도 좋고, 한국어와 영어의 단어 사용법 차이 등에 대해 알려 주면 더 좋아. 하지만 설명은 ❹요점만 간결하게.
>
> 🤖 물론이죠! 아래에 두 문장을 보여드리고, 그 차이에 대해 간단히 설명드릴게요.
>
> 직역한 문장(중학교 수준):
> <u>Short videos</u> like TikTok or YouTube Shorts <u>weaken</u> students' <u>self-control</u>.
>
> 자연스러운 문장:
> Short-form videos like TikTok and YouTube Shorts can hurt students' ability to control themselves.

'틱톡이나 유튜브 쇼츠같은 짧은 영상들은 학생들의 자제력을 약화시킨다'는 문장을 영어로 고쳤을 때, 직역 문장에서는 '짧은 영상(short videos)', '약화시키다(weaken)', '자제력(self-control)'과 같이 한국어 단어들을 그대로 영어로 바꾸어 영어의 문장 구조에 끼워 넣었습니다. 하지만 자연스러운 문장에서는 'short-form videos(짧은 형식의 영상), hurt students,

❶ 요청1) 직역과 자연스러운 번역
❷ 역할을 부여합니다.
❸ 요청2) 자연스러운 문장에 대한 설명(문법 & 어휘)
❹ 요청3) 설명은 간단하게

ability …(학생들의 … 능력을 해치다), ability to control themselves(그들 스스로를 통제할 능력)'이라고 썼네요. 이 차이에 대한 설명이 바로 이어집니다.

> 1. 어휘 선택 차이:
> - "Short videos"는 의미 전달은 되지만, 원어민은 보통 "short-form videos"라고 더 구체적이고 자연스럽게 말해요.
> - "Weaken self-control"도 문법적으로 맞지만, 더 자연스러운 표현은 "hurt their ability to control themselves"예요. 특히 "self-control"은 추상적이고, "control themselves"는 행동에 더 가까워요.
>
> 2. 문법 표현 차이:
> - 직역문에서는 현재형을 사용했지만, 자연스러운 문장에서는 "can hurt"로 가능성을 표현했어요. 실제로 모든 학생이 영향을 받는 건 아니니까요. 영어에서는 이렇게 조심스럽게 말하는 걸 선호해요.
>
> 3. 전치사와 접속사 사용:
> - "like TikTok or YouTube Shorts" → 자연스러운 문장에서는 "and"를 써서 두 플랫폼 모두를 언급했어요.
> - 작은 차이지만, 이런 부분도 자연스러움을 만듭니다.
>
> (생략)

챗GPT가 '어휘 선택', '문법 표현', '전치사와 접속사' 측면에서 직역 문장과 자연스러운 문장을 비교해서 설명해 주었습니다. 특히 TikTok or YouTube Shorts에서 or를 and로 바꾼 부분은, 사소하지만 우리 말과는 사용 패턴이 다른 부분을 섬세하게 짚어줍니다.

Tip 2. 문장 교정 요청법

앞에서는 처음부터 한국어 문장을 주고 영어 문장으로 써 달라고 했다면, 이번에는 여러분이 직접 작성한 영어 문장에 대한 교정을 요청해 볼 것입니다. '아기를 보는 것은 매우 어려운 일이다.'라는 문장을 영어로 쓴 후, 챗GPT에게 교정을 요청해 봅시다. 여러분도 아래를 보기 전에 스스로 한번 작문해 보세요.

> 내가 작문을 해 봤는데, 틀리거나 어색한 부분이 있다면 왜 그런지 영어 교사처럼 설명해 주고 자연스러운 문장으로 고쳐줘.
> 아기를 보는 것은 매우 어려운 일이다. ❶ I think see a baby is very difficult work.
>
> **1. "see a baby"의 사용 문제**
> - see는 '보다'라는 일반 동사로, 감각적인 '보다'를 의미합니다.
> - 하지만 여기서는 아기를 돌보는 것(보살피는 것, care for)이란 의미가 강하므로 see보다는 take care of 또는 look after 같은 표현이 더 적절합니다.
>
> **2. 동사 앞에 "to" 필요**
> - "I think see a baby is..." → 여기서 see는 동명사가 아닌 부정사 형태가 필요합니다.
> - "to see a baby" 또는 "seeing a baby"로 고쳐야 문법적으로 맞습니다.
> - 그러나 앞서 말했듯 "see" 자체가 부적절한 선택이기 때문에, 애초에 다른 동사로 바꾸는 것이 자연스럽습니다.
>
> (생략)

여러분이 작성한 문장은 문법적인 오류가 있거나, 문법적으로 틀리지 않

---

❶ 일부러 틀리게 입력했습니다.

왔더라도 원어민이 듣기에 어색하게 읽힐 수도 있습니다. 위 예시에서는 '아기를 보는 것'을 'see a baby'라고 했는데, 단어의 사용이 적절하지 않고, 주어 자리에 동사 원형을 썼으므로 문법적으로도 틀렸다는 점을 짚어 주네요.

> 자연스러운 표현:
> 1. "I think taking care of a baby is really hard."
> 가장 자연스럽고 일상적인 표현입니다.
> 2. "Looking after a baby is tough work, I think."
> 좀 더 영국식 표현 느낌이고, '돌보는 일'에 초점을 둔 말이에요.

이와 같이, 직접 작문한 문장을 업로드하고 틀리거나 어색한 곳에 대한 설명과 자연스러운 문장으로의 교정을 함께 요청해 보세요.

1단계: S(Structure) - 구조 짜기

이번에는 글쓰기 연습으로 넘어가 봅시다. 고등학교 1학년의 공통영어 과목에서는 수행평가로 짧은 글쓰기가 자주 출제됩니다. 학교마다 글의 장르나 주제는 다양하지만, 일반적으로 8~12문장 내외의 길이를 목표로 하는 경우가 많지요. 특정 문법 항목(관계대명사절, 분사구문)을 반드시 포함해야 한다는 조건이 붙기도 합니다. 이러한 글쓰기를 평가할 때는 크게 세 가지 기준이 사용됩니다. 첫째, 글의 흐름이 자연스럽게 이어지는지(글의 구성), 둘째, 주제에 맞는 정보가 충분히 담겨 있는지(글의 내용), 셋째, 다양한 어휘와 알맞은 문법을 사용했는지(언어 사용) 입니다.

이제 이러한 기준을 바탕으로 우리가 쓰려는 글의 뼈대, 즉 구조를 먼저 짜 보려고 합니다. 먼저 챗GPT에게 글의 구조를 어떻게 짜면 좋을지 직접 물어볼까요? 주의할 것은, 챗GPT는 사용자에게 최선을 다하려는 경향이 있기 때문에, 글의 구조만 물어보았음에도 글 전체를 써 주려고 할 수도 있습니다. 우리의 목적은 글쓰기 연습이므로, 글을 직접 써 주면 안된다는 말을 함께 덧붙여 봅시다.

> 나는 고1 학생이고, ❶ 영어 수행평가 대비를 위해 영어 글쓰기 연습을 하려고 해. ❷ 너는 나에게 문장이나 글을 직접 써 주면 안 되고, 내가 앞으로 혼자서도 글쓰기할 수 있도록 도와주는 역할만 해야 해. 12문장 정도를 목표로 하려고 해. 첫 주제는 '나의 관심사와 장래 희망'이야. ❸ 글의 구조를 어떻게 짜면 좋을까?

> 좋아! 네가 스스로 글을 쓸 수 있도록 도와주는 건 정말 멋진 목표야. "나의 관심사와 장래 희망"이라는 주제로 12문장 정도 쓰는 글이라면, 다음과 같은 구조로 나눠서 생각해 보면 좋아:
>
> ✓ 글의 기본 구조(도입-전개-결론)
>
> 1. 도입(1~2문장)
> - 자신의 관심사에 대해 간단히 소개하기
> - 예: 요즘 어떤 것에 관심이 많든지, 어떻게 그런 관심이 생겼는지
>
> 2. 전개(중간 부분, 총 6~8문장)
> - 관심사가 구체적으로 무엇인지 설명
> - 그 관심사와 연결된 장래 희망 소개
> - 왜 그 꿈을 가지게 되었는지 이유 설명
> - 그 꿈을 이루기 위해 지금 어떤 노력을 하고 있는지
> - 앞으로 어떤 계획이 있는지도 간단히 언급

❶ 내가 하려고 하는 일을 설명합니다.
❷ 역할의 한계를 명확하게 제시합니다.
❸ 가장 핵심적인 요청입니다.

> 3. 결론(1~2문장)
> - 자신의 꿈에 대한 다짐이나 기대, 각오를 마무리로 표현
>
> ❹ 글을 쓰기 전에 해보면 좋은 생각 정리 방법
> - 내가 요즘 가장 좋아하거나 자주 하는 일은 무엇인가?
> - 이걸 왜 좋아하게 되었지?
> - 이 관심사와 관련된 직업이나 꿈이 있겠지?
> - 그 꿈을 이루려면 어떤 노력이 필요할까?

도입-전개-결론으로 이어지는 기본 구조에, 부분별로 어떤 내용이 들어가면 좋을지 대략적인 개요를 짜 주었습니다. 그리고 그 구조에 맞게, 글 내용을 떠올리는 데 도움이 될 만한 질문들도 함께 제시되었습니다. '내가 요즘 가장 좋아하거나 자주 하는 일은 무엇인가?' '이 관심사와 관련된 직업이나 꿈이 있을까?' 여러분도 자신의 글을 쓴다고 상상하고, 물음에 답해 보세요. 글에 어떤 내용을 쓰면 좋을지 생각해 보는 준비 단계라고 할 수 있습니다.

2단계: T(Topic) - 생각 꺼내기

이제부터는 글에 들어갈 내용을 좀 더 구체적으로 떠올려 보는 단계입니다. 최근의 흥미를 'AI'라고 생각했는데, 관련된 직업이 무엇이 있나 떠오르질 않네요. 앞의 대화에 이어 이번에도 챗GPT에게 물어보겠습니다.

---

❹ 기본적인 글의 구조와 더불어, 글감을 떠올리기 위해 도움이 될 만한 질문들을 던져 줍니다.

> 최근의 흥미는 AI야. 친구가 좋다길래 챗GPT를 써봤는데, 질문에 대한 답을 다 해줘서 너무 신기하더라고. 이거랑 관련된 직업은 사실 정확히 잘 모르겠어. 뭐가 있을까?

AI와 관련된 직업 예시

분야	직업	설명
개발	AI 엔지니어	AI 시스템을 설계하고 개발함
연구	AI 연구원	새로운 알고리즘을 만들고 AI 기술을 발전시킴
데이터	데이터 사이언티스트	데이터를 분석하고, AI가 똑똑해지도록 도움
언어	컴퓨터 언어처리 전문가(NLP)	챗GPT처럼 말하고 이해하는 AI를 만드는 사람
기획	AI 서비스 기획자	AI를 어디에, 어떻게 활용할지 기획함
교육	AI 교육 전문가	사람들에게 AI를 쉽게 가르쳐 주는 사람

예전 같았으면, AI와 관련된 직업이 무엇이 있는지 찾는 일은 네이버나 구글 같은 검색 엔진에서 했어야 하는 일인데, 챗GPT에게는 질문 하나만으로 결과를 깔끔하게 정리해 주니 시간을 훨씬 절약할 수 있지요. 이 중 '컴퓨터 언어처리 전문가'라는 직업을 골라 보고, 이 직업을 갖기 위해 내가 어떤 노력을 해야 할지를 물어봅니다.

> ❶ 음, 컴퓨터 언어처리 전문가가 재밌을 것 같아. 나는 언어 감각이 있다는 말을 자주 듣거든. 그런데 그 직업을 가지려면 어떤 노력을 해야 하는 거지?

❶ 정말로 누군가에게 고민을 상담하는 듯이 대화를 이어갑니다.

> 좋은 선택이야!
> **컴퓨터 언어처리 전문가(NLP 전문가)** 는 네가 말한 것처럼 언어에 강점이 있는 사람에게 정말 잘 맞는 직업이야.
> 그리고 챗GPT 같은 AI도 바로 이 분야에서 만들어진 거야!
>
> **NLP 전문가가 하는 일은?**
> - 사람의 말이나 글을 AI가 이해하고 생성하도록 돕는 일
> - 예: 번역기, 음성 인식, 자동 채팅, 감정 분석, 문장 요약, 챗봇 등 만들기
>
> **그 직업을 위해 필요한 노력**
> 1. 기초 과목 공부
> - 국어/영어: 언어 구조에 대한 감각 유지(이미 장점이 있는 듯!)
> - 수학: 특히 논리력과 통계 감각 중요(중·고등 수학 잘 챙기기!)
> - 컴퓨터: 프로그래밍 기본 배우기(Python이라는 언어 많이 씀)
>
> 2. 대학 전공 선택
> - 컴퓨터공학, AI학, 언어공학, 전산언어학 등 관련 학과
>
> (생략)
>
> ❷ 다음으로는 무엇을 도와줄까?
> - 이 내용을 바탕으로 12문장 글 뼈대 정리해 볼까?
> - 아니면 네가 직접 문장을 만들어 보고 내가 피드백해 줄까?

AI라는 최근의 흥미를 시작으로, '컴퓨터 언어처리 전문가'라는 직업을 떠올렸고, 그 직업을 갖기 위해서 어떤 과목을 더 집중해서 공부해야 하는지, 그리고 관련 학과에는 어떤 것들이 있는지도 알아보았습니다. 이제는 이 내용을 가지고 글의 기본 구조에 맞춰 전체 흐름을 간략하게 정리해 볼까요?

❷ 챗GPT가 다음 할 일을 추천합니다. 내가 진행하던 명확한 흐름이 있다면 이를 무시할 필요도 있습니다.

내가 글 구조와 내용을 한 번 정리해 볼게.
- 서론: 최근 내 관심사는 AI. 친구의 소개로 챗GPT를 알게 되었는데, 써 보니 너무 신기했기 때문.
- 본론: AI 소개 2~3문장 + AI 관련 직업 중 NLP 전문가에 관심이 생기게 되었다. NLP 전문가는 뭐 하는 사람인지 소개. 나는 언어감각이 있어서 잘할 수 있을 것 같고, 이 직업을 갖기 위해선 수학과 컴퓨터도 잘 해야 한다. 또, 관련 논문을 읽기 위해 영어도 잘 해야 한다. 당장 지금은 관련 학과에 잘 배우기 위해 좋은 대학에 가기 위한 공부를 해야 함.
- 결론: AI가 세상을 바꾸고 있음. 나도 그 역할을 하기 위해 당장 할 일 열심히 하며, 관심을 놓지 말아야겠음.

> 정리가 정말 잘 되었어! 주제와 연결도 자연스럽고, 글의 구조도 딱 잡혔네. 이 정도면 바로 글로 써도 무리가 없을 만큼 탄탄해. 아래는 네 정리를 바탕으로 한 점검 포인트와 약간의 팁이야:

구조 점검

	핵심 내용	OK?	코멘트
서론	관심 생긴 계기 + 감정	○	아주 좋아. "신기했다" 같은 감탄 표현은 글에 생기를 줌.
본론	AI 소개 (2~3문장)	△	너무 어렵지 않게, 한 문장 안에 설명이 하나씩만 담기도록 해 보자.
본론	NLP 소개 + 직업 정보	○	"사람의 말을 이해하게 만드는 기술" 등으로 표현하면 좋을 듯.
본론	자기와의 연결 + 앞으로의 준비	○	"언어 감각"이라는 너의 강점을 강조한 점이 특히 좋아!
결론	꿈과 다짐	○	마무리가 단단해서 글 전체가 안정감 있어.

(생략)

3단계: E(Expression) - 한번 써 보기

서론-본론-결론의 구조에 맞추어, 문단마다 어떤 내용을 써야 할지는 모두 정리가 되었습니다. 지금부터는 문장으로 얼마나 잘 표현해내는지가 관건이지요. 문법에 맞게 다양한 어휘를 활용해서 써야 하며, 문장과 문장의 흐름이 자연스럽도록 연결어도 적절하게 사용해야 합니다.

백지상태에서 작문을 하는 것이 얼마나 어려운 일인지는 잘 알고 있습니다. 좀 수월해질 수 있도록 챗GPT에게 유용할 만한 표현을 정리해 달라고 요청해 보겠습니다.

그런데 나는 영어로 글을 써야 해. 혹시 ❶이 글을 쓸 때 유용한 단어나 구를 몇 가지 소개해 줄래? 중고등학교 수준으로.

🤖 물론이지! 글을 직접 쓰려는 자세, 정말 멋져. 대신 써 주지는 않고, 도움이 될 만한 단어·표현 모음만 정리해 줄게. 중고등학교 수준에 맞춰서, 네 글 흐름에 맞게 파트별로 나눠서 보여줄게.

서론에서 쓸 수 있는 표현

한국어 뜻	영어 표현
최근에 ~에 관심이 생겼다	I've recently become interested in ~ / Recently, I got interested in ~
친구의 소개로	thanks to a friend / because of my friend
~을 처음 써 봤을 때	when I first used ~ / the first time I used ~
정말 신기했다	It was amazing / I was surprised / It felt like magic

---

❶ 이미 내가 쓰고자 하는 글의 맥락과 흐름을 알고 있기 때문에, 적절한 표현들을 추천해 줍니다.

AI와 관련된 표현

한국어 뜻	영어 표현
AI는 ~이다	AI is ~ / Artificial intelligence is ~
사람처럼 생각한다	think like a human / act like a person
질문에 대답한다	answer questions / respond to questions
일상생활에서 사용된다	is used in daily life / is used in many areas

(생략)

지금까지의 대화를 바탕으로, 글에 유용할 만한 표현들이 추천되었습니다. 이 표현들은 지금 쓰는 글뿐 아니라 앞으로 다른 글을 쓸 때도 도움이 될 수 있으니, 몇 번 반복해서 보고 익혀두면 좋겠지요. 이제는 이 표현 중 몇 개를 골라 초안을 작성해 보겠습니다. 학교나 지역에 따라 다르겠지만, 상위권 수준의 고등학교 1학년 학생이 위의 표현 예시 정도만 참고하여 혼자 작성했을 법한 수준의 글을 입력해 보겠습니다. 챗GPT가 어디까지 도움을 줄 수 있을지 살펴봅시다.

> Recently, I got interested in AI, because my friend introduced me. I used chatGPT, it was amazing.
> AI is a computer program which think like a human. NLP is a part of AI. It understand human language.
> I want to be an NLP expert. To become an NLP expert, I should study math and computer science.
> I have a good sense of language.
> AI is changing the world. I will keep my interest in AI, and I'll be an NLP expert.

❶ 문법 틀린 곳이 있다면 설명하고 고쳐줘. 그리고 글의 구조도 괜찮은지 봐 줘. 선생님처럼 친절하게 첨삭해 줘. 글을 더 좋게 고치고 싶어.

1. X
X Recently, I got interested in AI, because my friend introduced me.
O Recently, I got interested in AI because my friend introduced it to me.

❷ → "introduce"는 보통 "introduce A to B" 형태로 써. 여기서는 챗GPT나 AI를 소개한 것이니까 it을 써야 해.

2.
X I used chatGPT, it was amazing.
O I used ChatGPT, and it was amazing.
→ 두 문장을 쉼표로만 이어 쓰는 건 문법적으로 틀려. "and" 같은 접속사로 연결해 줘야 해.
→ 그리고 ChatGPT는 고유명사라 대문자로 써야 해.

(생략)

전체 문장 정리(고친 후)

Recently, I got interested in AI because my friend introduced it to me. I used ChatGPT, and it was amazing.
AI is a computer program which thinks like a human. NLP is a part of AI. It understands human language.
I want to be an NLP expert. To become an NLP expert, I need to study math and computer science. I have a good sense of language.
AI is changing the world. I will keep my interest in AI and try to become an NLP expert.

---

❶ '문법과 글의 구조를 봐 달라'고 원하는 부분을 명확하게 요청했습니다.
❷ 틀린 부분에 대한 첨삭을 덧붙여줍니다.

> **더 발전시키고 싶다면?**
> - 중간에 예시나 경험을 한 문장만 넣어 봐도 좋아.
> 예: "I asked ChatGPT some hard questions, and it answered very clearly."
> - 혹은 질문형 표현을 한 문장 넣어서 독자와 소통하는 느낌도 줄 수 있어.
> 예: "Isn't it amazing that a computer can understand our language?"

챗GPT는 초안에 있는 열 개의 문장을 하나하나 짚어가며 문장의 오류를 수정해 주고, 더 나은 표현을 제안해 주기도 합니다. 그리고 글을 더 발전시키기 위한 아이디어도 추가로 제공해 줍니다. 수정된 항목과 그 설명을 하나씩 꼼꼼히 읽다 보면, 앞으로 전반적인 영어 실력을 키우는 데 도움이 될 만한 공부 포인트들도 자연스럽게 익힐 수 있습니다.

하지만 수정된 글은 문법적으로는 완성되었을지 몰라도, 다소 어색한 문장이 있고 조금 부자연스럽게 느껴집니다. 문장과 문장을 연결하는 흐름이 다소 약해, 문장들이 따로따로 흩어져 있는 듯한 인상을 주기 때문입니다. 이제 어떻게 하면 좋을까요? 마지막 단계로 넘어가 봅시다.

4단계: P(Parallel Review) - 비교하며 배우기

글을 잘 쓰기 위해서는 글쓰기 연습도 중요하지만, 그보다 선행되어야 할 필수 조건은 좋은 글을 많이 읽는 것입니다. 그래서 이번에는 나의 글에 수정을 더하는 대신, 챗GPT에게 새로운 글을 직접 써 달라고 요청해 보겠습니다. 챗GPT의 글은 좋은 예시가 될 수 있으니, 내 글과 어떻게 다른지 비교할 수 있도록 표로 정리해 달라고 요청해 봅시다.

고마워 그런데 사실 내가 처음에 한국어로 썼던 개요를 제대로 못 옮긴 것 같아. 이번에는 네가 직접 10~12문장 정도로 너무 어렵지 않게 글을 써 줄래? 그리고 ❶내가 쓴 문장들과 1:1로 비교해보자는 표를 만들어줘.

◆ 완성된 영어 글(12문장)
- Recently, I became interested in AI because my friend told me about ChatGPT.
- When I used it for the first time, I was surprised that it could answer almost any question.
(생략)

1:1 비교표(❷ 원본 문장 vs. 개선 후 문장)

번호	원본 문장	개선 후 문장	설명
1	Recently, I got interested in AI because my friend introduced it to me.	Recently, I became interested in AI because my friend told me about ChatGPT.	"told me about"이 더 자연스럽고 구체적이야.
2	I used 챗GPT, and it was amazing.	❸ When I used it for the first time, I was surprised that it could answer almost any question.	경험을 조금 더 구체적으로 설명했어.
3	AI is a computer program which thinks like a human.	AI is a technology that helps computers think and act like humans.	프로그램보다는 기술(technology)이 더 넓은 개념이고 자연스러움.
4	(없음)	It is used in many areas, such as education, medicine, and daily life.	AI가 어디에 쓰이는지 소개하는 문장 추가함.

(생략)

❶ 핵심 요청입니다.
❷ 앞에서 내가 직접 쓴 문장들입니다.
❸ 쓰기 실력의 한계가 있어 의미를 제대로 전달하지 못한 문장이 더욱 풍성해졌습니다.

기존 문장에서 더 자연스러운 표현으로 바꾸어 준 경우도 있었고(1), 문장을 더 풍성하고 명확하게 다듬은 예도 있었습니다(2, 3). 또한 글의 흐름을 완성하기 위해, 원래 없던 내용을 새로 추가한 부분도 확인할 수 있었습니다(4). 이런 비교 활동을 통해, 단순히 '맞는 문장'을 외우는 것이 아니라, 왜 그 표현이 더 자연스럽고 효과적인지를 이해하는 연습이 될 수 있습니다. 그리고 이러한 과정을 통해 익힌 문장들은, 내가 직접 다루어 보았기 때문에 더 잘 기억에 남게 됩니다.

이제는 이런 경험을 바탕으로, 글을 어떻게 다듬고 발전시킬 수 있을지 더 잘 느낄 수 있게 되었고, 이제 여러분이 다음 글쓰기 연습에서 그 배움을 직접 적용해 볼 차례입니다.

5
말하기: 음성 모드로 한 문장씩 늘리는 스피킹

우리나라는 실제 일상생활에서 영어로 의사소통을 할 일이 많지 않은 나라입니다. 그래서 영어 말하기를 연습할 기회가 매우 제한적이지요. 내신이나 수능에서도 말하기 기능에 대한 직접적인 평가가 이루어지지 않지요. 그나마 수행평가를 통해 말하기에 대한 평가가 이루어지기는 하지만, 대부분은 미리 준비한 대본을 외워 발표하는 수준에 머무르고, 진정한 '말하기'까지 도달하지 않는 경우가 많습니다.

그래서 중고등학생인 여러분으로서는 말하기 연습은 당장 시급한 과제가 아닐 수도 있습니다. 하지만 고등학교를 졸업한 이후, 해외여행이나 외국인과의 만남 등에서 영어 회화의 필요성을 느끼게 되는 경우가 많지요.

이때 챗GPT는 한국어와 영어를 모두 자유롭게 사용할 수 있을 뿐 아니라, 실시간 음성 채팅 기능까지 제공하므로 마치 영어와 한국어에 모두 능숙한 이중언어자에게 1:1로 회화 지도를 받는 듯한 연습을 할 수 있습니다. 이번 장에서는 챗GPT를 활용해 영어 말하기와 회화 연습을 효과적으로 할 수 있는 팁들을 함께 살펴보겠습니다.

Tip 1. 말하기 스타일 이해하기

누군가와 저녁을 먹기로 했는데, 내가 조금 늦어질 것 같은 상황이라고 생각해 봅시다. 상대에게 메시지를 보내 좀 늦을 것 같다고 알리고, 먼저 먹고 있으라고 해야겠지요. 만약 상대가 친구라면 우리는 '미안한데 나 오늘 늦을 것 같아. 먼저 밥 먹고 있어.'라고 하겠지만, 예의를 차려야 하는 어른이라면 '죄송하지만, 오늘 조금 늦을 것 같습니다. 먼저 식사하고 계셔도 됩니다.'라고 문장을 조정할 것입니다. 이런 것을 '스타일'의 차이라고 합니다.

먼저 스타일에 대한 감을 익히기 위해, 챗GPT에게 저녁 식사에 늦는 상황을 다양한 스타일로 표현해달라고 요청해 봅시다.

> 저녁 식사 약속 시간에 늦을 때 할 수 있는 영어 표현을 다양한 스타일로 한 문장씩 써 줘. 각 스타일에 대한 간단한 설명이랑 어울리는 한국어 번역과 함께.

🟢 좋아요! 아래에 다양한 스타일(말투)별로,
1. 영어 표현
2. 스타일 설명
3. 자연스러운 한국어 번역

을 각각 한 문장씩 정리해 드릴게요:

1. 공손하고 정중한(Formal & Polite)
영어: I sincerely apologize for being late. I'll be there shortly.
설명: 공식적인 자리나 어른에게 적합한 표현입니다.
한국어: 늦어서 진심으로 죄송합니다. 곧 도착하겠습니다.

> **2. 친근하고 가벼운(Casual & Friendly)**
> 영어: Hey, I'm running a bit late-but I'm on my way!
> 설명: 친구나 편한 사이에게 자연스럽게 쓰는 말투입니다.
> 한국어: 야, 나 좀 늦고 있어-가는 중이야!
>
> **3. 급하게 알리는(Rushed & Apologetic)**
> 영어: So sorry! Got held up. Be there in 10 minutes!
> 설명: 바쁜 상황에서 짧고 빠르게 사과할 때 좋습니다.
> 한국어: 미안! 일이 좀 꼬였어. 10분 안에 도착해!
>
> (생략)

대화 상대나 상황에 따라 스타일이 완전히 달라지는 것이 느껴지지요? 우리가 일반적으로 교과서에서 접하는 스타일은 보통 1번이나 2번 정도, 또는 그 사이쯤에 있고, 영화나 실제 현실에서는 그밖의 다양한 스타일들이 쓰인답니다. 앞으로 여러분이 챗GPT에게 영어 문장 번역을 맡긴다면, '어떤 상황에서 누구에게' 할 말인지를 함께 알려주세요. 더욱 똑똑한 대답을 받을 수 있습니다.

Tip 2. 음성 모드로 문장 연습하기

이번에는 본격적으로 챗GPT의 음성 모드를 사용해 말하기 연습을 해 보겠습니다. 음성 모드는 고급 음성 모드와 일반 음성 모드가 있는데, 고급 음성 모드가 훨씬 더 실제 사람의 대화처럼 자연스럽습니다. 유료 플랜인 Plus 이상을 사용하는 경우에 쓸 수 있고, 무료 사용자는 제한적으로 사용 가능합니다. 2025년 5월 기준으로는 하루 5분 정도입니다. 영어 말하기 연습을 위해서는, 가능하면 고급 음성 모드를 사용하는 것을 추천합니다.

먼저 가장 단순한 활용법은, 내가 말하고 싶은 문장을 한국어로 말하고 영어 문장으로 바꾸어달라고 하는 것입니다. 요청하기 전에 먼저 영어 말하기 연습을 하고 싶은 내 상황을 이야기하세요. 음성 모드에서는 화면에 원이 나타난 상태로 문자 없이 대화를 주고받지만, 아래에는 편의상 음성 대화를 문자로 옮겼습니다.

나는 고1 학생이고 영어 말하기에 자신이 없어서 연습을 해야 해. ❶ 너는 한국어와 영어를 자유자재로 말할 수 있는 1:1 말하기 튜터라고 생각하고 나에게 영어 말하기 연습을 이끌어 줘. ❷ 필요하다면 문장을 끊어서 내가 따라 말할 수 있는 기회도 주고 여러 번 말해서 입에 붙일 수 있게 해 줘.

알겠어요! 그러면 우리가 영어로 한 문장을 연습할 때, 제가 먼저 전체 문장을 말해 주고, 그다음에는 조금씩 끊어서 따라 할 수 있게 도와줄게요. 그리고 필요한 설명은 한국어로 해 드릴게요. 준비되셨나요?

어젯밤에 너무 늦게 잤더니 아침에 피곤해서 너무 힘들어. 이 말을 영어로 어떻게 표현해?

그럼 영어로는 이렇게 말할 수 있어요.
"I stayed up too late last night, so I'm really tired this morning."
먼저 전체 문장을 들려드릴게요. 그리고 나서 조금씩 나눠서 연습해 봐요.

❸ 중간에 끊어서 할까?

❶ 역할을 부여합니다.
❷ 챗GPT가 해 주었으면 하는 일을 구체적으로 설명합니다.
❸ 문장이 길게 느껴져 한 번에 따라 말하기 어렵다면, 끊어 달라고 요청합니다.

> 🌀 물론이죠! 그럼 먼저 앞부분부터 해 볼게요.
> "I stayed up too late last night…" 여기까지 먼저 따라해 보실래요?
>
> I stayed up too late last night…
>
> 🌀 좋아요! 잘했어요. 그럼 이어서 해 볼게요.
> "so I'm really tired this morning"
> 이 부분도 한번 따라해 볼까요?

앞서 언급한 것처럼 음성 대화는 글자가 화면에 보이지 않습니다. 처음에는 챗GPT가 음성으로 제시한 문장을 그대로 따라 말하는 것도 조금 어려울 수 있어요. 만약 아무 것도 보지 않고 따라 말하기가 너무 어렵다면, '캡션 보이기' 기능을 켤 수 있습니다. 내가 말하는 내용까지 포함되지는 않지만 챗GPT의 대답은 문자로 제시되기에 필요한 경우 보고 말하기처럼 연습할 수 있습니다.

 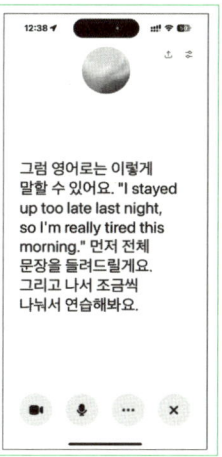

Tip 3. 음성 모드로 대화 연습하기

이번에는 챗GPT의 음성 모드를 사용해 대화 연습을 해 보겠습니다. 만약 어느 정도 회화가 가능한 학생이라면 영어로 대화를 주고 받으며 중간에 막히는 문장들에 대해서만 도움을 요청하는 식으로 연습할 수 있습니다. 하지만 영어 말하기가 너무 막막한 경우, 챗GPT와 함께 미리 대본을 만든 뒤, 그 대본을 가지고 챗GPT와 역할을 나누어 대화 주고받기를 연습할 수 있어요.

먼저 일반 문자 대화창에서 챗GPT에게 다음과 같이 요청해 봅시다.

> 10대 남학생이 엄마랑 나누는 6턴 정도의 영어 대화 스크립트를 짜 줘. 숙제와 게임과 관련된 주제로. 내가 영어 말하기 연습할 수 있게.

> 물론이야! 10대 남학생이 엄마와 나누는 자연스러운 6턴 영어 대화를 아래에 준비했어. 주제는 숙제와 게임이고, 회화 연습용으로 문장도 너무 어렵지 않게 구성했어.
>
> **Son & Mom - Homework & Game 대화 스크립트(6턴)**
>
> 1. Mom, can I play video games for a little while?
> 엄마, 잠깐 게임해도 돼요?
>
> 2. Did you finish your homework already?
> 숙제는 벌써 다 했니?
>
> (생략)

이제 이 스크립트가 나온 화면을 텍스트 복사나 이미지로 저장한 후 음성 모드로 진입합니다. 그리고 대화 자료를 보며 챗GPT와 이야기해 보세요. 그럼 대본을 보면서 챗GPT와 음성으로 대화를 할 수 있게 됩니다. 다음과 같이 진행해 보세요.

> 내가 제시해준 방금 그 대화로 나랑 말하기 연습해 보자. 내가 아이 역할 맡을게.
> Mom, can I play video games for a little while?
>
> ⓢ Did you finish your homework already?
>
> I just need to finish one math problem.
>
> ⓢ All right, then finish that first. You can play after you're done!
>
> Okay, I'll do it now. Can I play for 30 minutes after?
>
> ⓢ Sure, but just make sure to stop when the timer goes off!
> 좋아, 정말 잘했어! 이렇게 계속 연습하면 훨씬 더 자연스럽게 말하게 될 거야. 또 다른 대화를 연습해 보고 싶거나, 다른 주제로도 연습해 볼까?

역할을 바꿔서도 연습해 보고, 나중에는 대본 없이도 다양한 상황에 따라 즉흥 대화로 연습해도 됩니다.

Tip 4. 음성 모드로 말하기 수행평가 준비하기

마지막으로, 음성 모드로 말하기 수행평가를 준비해 볼까요? 말하기 수행평가는 보통 스피치 대본을 준비한 후, 그 내용으로 여러 학생 앞에서 발표하는 형식인 경우가 많습니다. 그리고 그 뒤에 발표한 내용에 대해 간단한 Q&A를 영어로 진행하는 경우들이 있지요.

앞의 '쓰기' 파트에서 작성된 글로 발표를 진행한다고 가정해 봅시다. 우선 작성한 글을 대화창에 입력한 후, 음성 모드로 진입하여 다음과 같이 요청해 진행해 봅시다.

> 내가 방금 업로드한 그 글을 가지고 내가 말하기 수행평가로 발표를 할 건데 발표 후에 아마 Q&A 세션이 있을 거야. 그때 영어로 질문을 받고 내가 그에 대해서 영어로 대답을 해야 돼. 그래서 네가 예상 질문을 나에게 영어로 해 주고 내가 답변하는 연습을 지금부터 하자. 그리고 질문은 영어로 하지만 피드백은 전부 다 한국어로 해줬으면 좋겠어.
>
> ⓢ 좋아, 그럼 예상 질문을 영어로 해 볼게! 그리고 네가 대답한 뒤에 한국어로 피드백을 줄게. 자, 첫 번째 예상 질문!
>
> "What inspired you to become interested in AI and NLP?"
>
> 이 질문에 한번 답해 볼래?
>
> My friend told me about ChatGPT and I was so interesting...
>
> ⓢ 아주 잘하고 있어! 여기서 "I was so interested"라고 하면 더 자연스러울 것 같아. 이제 그 뒤에 부분도 한번 이어서 말해 볼게!
>
> (생략)

우리나라에서 영어를 공부할 때 느끼는 가장 큰 장벽은 '부족한 노출'입니다. 교실에서 배우는 영어는 한정적이고, 실제 쓰임새를 경험할 기회도 많지 않죠. 하지만 GPT는 이런 제약을 뛰어넘는 강력한 도구가 될 수 있습니다. 지문 하나를 읽더라도 다각도로 분석하고, 단어나 문법을 쉽게 익힐 수 있는 다양한 방법들을 가능하게 해 주며, 한국어와 영어 모두 능숙한 교포 선생님처럼 쓰기와 말하기 연습에도 도움을 줄 테니까요.

챗GPT는 내가 머뭇거릴 틈도 없이 반응해 주는, 말 그대로 24시간 대기 중인 영어 친구입니다. 모르면 묻고, 부족하면 다시 써 보고, 내 표현이 맞는지 확인받는 과정을 반복하다 보면 영어가 점점 몸에 익게 될 것입니다. 이젠 혼자 애쓰지 말고, 챗GPT와 함께 영어 감각을 키워 보세요. 영어가 점점 덜 낯설고, 단순한 '암기 과목'이 아니라 '소통의 도구'로 다가오게 될 거예요.

Chapter 5.
수학, 탐구에 날개를 달다

챗GPT가 빠르게 업데이트되고 있다는 것을 가장 빠르게 느낄 수 있는 과목이 수학인 것 같습니다. 챗GPT-4o까지만 해도 추론 능력이 부족하여 수학 문제 풀이의 경우 높은 오답률을 보였지만 챗GPT o3 또는 o4-mini의 경우 오답률이 많이 줄어들었습니다. 하지만 수학의 경우 반드시 정답과 옳은 풀이만으로 수학적 사고력이 향상되는 것은 아닙니다. 수학은 정답이나 오답 모두를 활용하여 문제해결력, 수학적 논리력, 비판적 사고력, 추론 능력 등의 향상을 가져올 수 있으므로 챗GPT는 분명 수학학습에 도움이 될 것이라 생각합니다.

수학학습은 크게 '개념 학습, 문제 풀이(유형학습), 활용'으로 나눌 수 있고 각 영역에서 챗GPT를 활용하여 학습할 수 있습니다. 더 나아가 수학 관련 탐구주제나 프로젝트의 아이디어를 얻기에 챗GPT는 좋은 도구입니다. 이번 장에서는 챗GPT에게 어떻게 질문하여 수학이라는 과목에 활용하면 좋을지 다양한 예시들을 다루어 보려고 합니다.

1
개념: 원리 이해부터 설명까지, 개념 다지기 루틴

새 학기 시작 전 예습을 하면 첫 단원만 열심히 한 기억 누구나 있죠? 첫 단원만 열심히 공부해서 책이 까맣게 변했지만 뒷부분은 새 책처럼 보이는 경험은 누구나 있을 것이라고 생각합니다. 수학학습에서 중요한 것 중 하나가 바로 꾸준함이에요. 수학(개념)을 잘 알고 있다면 무슨 말인지 이해할 수 있고 내용을 이해한다면 수학에 흥미가 생길 것입니다. 수학에 흥미가 있다면 공부하라고 하지 않아도 꾸준히 공부할 수 있을 것이고요. 그래서 무엇보다 개념을 잘 알고 있어야 한다고 생각합니다.

수학 공부와 관련해서 겪고 있는 어려움을 물어보면 대부분 '개념이 이해가 안 될 때 힘들어요', '개념 적용이 힘들어요', '공식이 많고 외워도 많은 문제를 풀지 않으면 바로바로 떠오르지 않아 힘들어요'와 같은 대답이 돌아옵니다. 이는 곧 수학적 사고력을 확장하고 문제 해결 능력을 향상시키기 위해서는 기초개념을 탄탄하게 알고 있어야 한다는 것을 알려줍니다.

챗GPT를 활용하여 어떻게 개념 학습을 할 수 있을지 살펴볼까요?

Tip 1. 선수개념 물어보고 다지기

수학은 위계가 있어 이전 단계의 내용을 이해하지 못하면 다음 단계의 내용을 이해하기가 어려운 과목입니다. 그래서 중학교 내용을 완벽하게 이해하지 못했다면 고등학교 내용을 공부할 때 어려움이 생깁니다. 고등학교에 입학하여 새롭게 공부를 하기로 마음먹었지만 지금 배우는 내용의 어디부터 공부해야 할지 막막할 때도 있습니다. 이럴 때는 챗GPT에게 요청하여 이 개념을 알기 위해 필요한 개념들을 물어볼 수 있습니다.

> 나는 고등학교 1학년 수학을 공부 중이야. 무리함수의 그래프를 그리려다 보니 잘 안 그려져서 중학교 때 배운 개념 중 어떤 것과 연결되는지 알고 싶어. 이걸 아래처럼 단계적으로 생각할 수 있도록 ❶도와줘:
>
> 먼저 무리함수 그래프를 정확히 이해하려면 어떤 요소가 중요한지 알려 줘.
> 그런 다음, 그 요소를 이해하거나 표현하려면 중학교 수학에서 어떤 개념들이 바탕이 되는지 알려 줘.
> 그중 하나를 골라서, 예를 들어 "함수의 그래프를 이해하려면 좌표평면을 제대로 알아야 한다"는 식으로 학년별로 어떤 수준까지 배웠고, 고등학교 개념과 어떻게 연결되는지 설명해 줘.

> 좋아! 이번엔 "무리함수 그래프가 잘 안 그려질 때, 그걸 해결하기 위해 중학교 개념 중 어떤 것과 연결해야 하는지"를 너가 요청한 단계대로 정리해 볼게.
>
> (생략)
>
> 요약 정리
>
> | 고등 개념 | 중등 배경 개념 | 연결 설명 |
> |---|---|---|
> | 무리함수의 정의역 | 제곱근의 조건 | 루트 안은 0 이상(중3) |
> | 그래프 점 찍기 | 함수값 계산, 좌표 | x 넣고 y 구하기(중2~3) |
> | 곡선의 형태 | 이차함수, 제곱근 | 곡선 감각, 점 대칭성(중3) |
> | 이동 이해 | 평행이동 | $\sqrt{x} \to \sqrt{x-a} + b$ 이동(중3) |

이 내용을 내가 알고 있는지 확인하는 체크리스트를 만들어 줄래? 내가 무엇을 알고 무엇을 모르고 있는지 확인하고 싶어.

물론이지! 지금까지 정리한 내용을 바탕으로, 무리함수의 그래프를 정확히 이해하고 그릴 수 있는지를 점검하는 체크리스트를 만들어 줄게.

(생략)

이렇게 챗GPT의 답변을 보니 이차함수가 무리함수와 관련이 깊다는 사실을 알 수 있었죠? 그리고 체크리스트를 활용하면 자신이 알고 있는 것과 모르는 것이 무엇인지 명확하게 파악할 수 있습니다.

이제 자신이 부족하다고 생각하는 이차함수의 그래프에 대해 더 구체적으로 질문하여 도움을 받아보겠습니다.

나는 이차함수의 그래프를 잘 못 그리는데 이차함수의 그래프를 그리는 ❷ 기초문제 1개와 정답, 그리고 그래프를 그리는 과정을 자세하게 설명해 줘.

좋아! 이차함수 그래프를 연습하려면 기본형에서 약간 이동한 형태의 문제부터 연습하면 좋아. 이번엔 꼭짓점의 위치와 점 몇 개만 계산하면 쉽게 그릴 수 있는 기초 문제를 줄게.

(생략)

❸ 그림으로 보여줄 수 있을까?

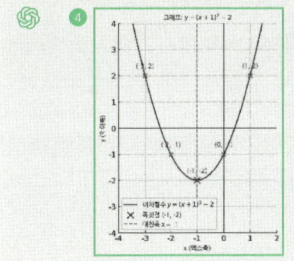

❶ 쌍점(:) 다음에 요청을 적으면 구분이 편리합니다.
❷ 개념 이해가 중요하므로 한 문제에 대한 상세한 설명을 요청합니다.
❸ 그래프 이미지를 요청할 수도 있습니다.
❹ 수학 용어가 영어로 나오면 한국어 수학 용어로 바꿔 달라고 요청할 수 있습니다. 만약 한글이 깨져서 나온다면 ttf 파일 (폰트 파일)을 함께 올리면서 "필요한 경우 이 폰트를 사용하여 그림에서 한글로 바꿔 줘"라고 요청하세요.

> (생략)
>
> ❶ 이 그래프가 무리함수와 어떻게 연결되는지 줄려 줄 수 있어?
>
> 🤖 좋아! 아주 중요한 질문이야. 지금 그린 이차함수 그래프($y=(x+1)^2-2$)가 무리함수와 어떻게 연결되는지를 단계별로 쉽게 설명해 줄게.
>
> (생략)

챗GPT와 대화해 보면 단순히 '중학교에서 배운 어떤 개념과 연결된다'로 끝나는 것이 아니라 중학교 때 학습한 이차함수 개념이 무리함수 개념과 구체적으로 어떻게 연결되는지까지 자세하게 설명해 줍니다. 따라서 이러한 챗GPT 답변의 흐름을 따라가며 공부한다면 개념 간의 관계를 명확하게 파악할 수 있게 됩니다. 그 결과 개념을 더 쉽게 이해할 수 있을 뿐만 아니라 '아, 그래서 이차함수의 그래프가 이렇게 중요한 거구나!'라는 깨달음을 얻게 될 것입니다.

Tip 2. 개념 점검하기

그럼 이제 중학교 3학년 때 배운 이차함수의 개념을 챗GPT를 활용해 점검해 보겠습니다.

> ❷ 나는 고등학교 1학년 수학을 공부하고 있어. 유리함수, 무리함수 그래프를 공부하다 보니 이차함수가 엄청 중요하다는 걸 알게 되었어. 그래서 내가 이차함수의 개

❶ 추가 탐구를 위한 질문입니다.
❷ 나의 수준이나 과정을 설명합니다.

념과 그래프에 대해 정확하게 알고 있는지 한 번 점검해 보고 싶은데 날 도와줄 수 있을까?

🟢 물론이지! 이차함수는 유리함수와 무리함수의 그래프를 이해할 때 기본이 되는 중요한 함수야. 그래서 이차함수에 대한 개념과 그래프를 정확하게 알고 있는지 점검하는 건 아주 좋은 선택이야.

✓ **이차함수 개념 점검 리스트**
아래 항목들을 하나씩 읽고, "나는 이걸 확실히 알고 있다", "조금 헷갈린다", "잘 모르겠다" 중 하나로 스스로 체크해보면 돼.
1. 이차함수의 기본형
* $y=ax^2$의 그래프는 어떻게 생겼는가?

(생략)

🟢 원한다면 내가 연습문제 하나 더 내줄게. 아니면 헷갈렸던 꼭짓점 공식만 집중해서 다시 연습해 볼 수도 있어! 어떻게 할까?

계산 실수가 있었던 것 같아. 그래서 ❸ 이것보다는 이차함수와 이차방정식의 관계에 대해 개념을 체크해 보고 싶어. 우선 문제보다는 개념을 확인하고 싶은데 설명해 줄 수 있어?

🟢 물론이야! 문제 풀기 전에 개념부터 정확히 정리해 보자. 이차함수와 이차방정식의 관계는 그래프와 방정식을 연결해서 생각하는 게 핵심이야.

(생략)

혹시 원한다면, 그래프를 함께 그려 보면서 눈으로 확인하거나 역으로, 그래프만 보고 방정식의 해를 추측하는 활동도 해 볼 수 있어!

❸ 챗GPT의 제안을 따르지 않고 내가 필요한 것을 직접 요청했습니다.

그럼 혹시 이차함수의 ❶ 그래프를 그릴 때 가장 먼저 찾아야 하는 게 뭔지 줄려 줄 수 있어?

> 좋아! 이차함수 그래프를 그릴 때는 순서와 핵심 포인트만 잘 잡으면 훨씬 쉽고 정확하게 그릴 수 있어.
> (생략)
>
> 필요하면 내가 실제 예시를 하나 들어서 그래프를 그려 보는 것도 도와줄게! 아니면 너가 하나 골라서 그려 보고, 내가 첨삭해 줄 수도 있어.

(사진 업로드)

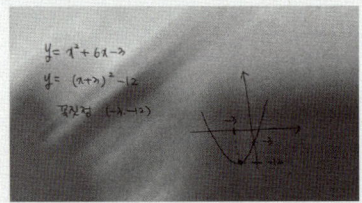

네가 그린 그래프와 계산을 기준으로 보자.

1. 함수식: ❷ $y=x^2+6x-3$

2. 완전제곱식으로 변형: $x^2+6x-3=(x+3)^2-12$
→ 완벽하게 잘했어! 이 부분은 네 사진에 있는 것처럼 정확해

(생략)

그런데 ❸ 우리는 a>0이면 아래로 볼록, a<0이면 위로 볼록이라고 얘기해. 한 번 확인해봐.

> 완벽해! 너가 올려 준 자료를 보니까, 너가 말한 표현이 정확히 맞아!

---

❶ 그래프를 바로 그려달라고 요청할 수 있지만, 그리는 방법을 문의해 보았습니다. 챗GPT의 도움을 받아 '내 공부'를 한다는 점을 잊지 말아야 합니다.
❷ 수식을 바르게 인식했는지 확인합니다.
❸ 우리가 배운 부분과 다른 게 있다면 확인해 달라고 요청합니다. 관련 자료를 함께 제시해도 좋습니다.

> (생략)
>
> ◆ 그럼 어떻게 해야 할까? 수능, 학교 시험에서는 반드시 교과서 기준을 따라야 해! 즉,
> $a > 0 \rightarrow$ 아래로 볼록
> $a < 0 \rightarrow$ 위로 볼록
>
> ④ 정말 날카로운 지적이었고, 교과서 기반 사고를 정확히 갖고 있어서 너무 잘하고 있어!

이렇게 중학교 때 배운 이차함수 그래프와 이차함수와 이차방정식의 관계 등에 대해 챗GPT와 대화하면서 개념을 체계적으로 정리할 수 있습니다.

혼자 공부할 때는 개념을 잘못 이해했을 때 바로잡아 줄 사람이 없어서 잘못된 개념이 생길 수 있고, 이해 안 되거나 어려운 부분이 있을 때 시간이 너무 오래 걸리거나 포기할 수도 있습니다. 하지만 챗GPT와 함께 공부하면 내가 알고 있는 내용을 말했을 때 제대로 알고 있는지 바로 피드백을 해주고, 그림, 예시 등 다양한 설명 방식을 제공해 주며, 또 다른 문제나 질문을 통해 제대로 이해하고 있는지 확인도 해 줍니다. 또한 단순히 나열되어 있던 개념들이 어떻게 연결되어 있고 어떤 흐름이 있는지를 정리해 줘서 전체적인 큰 그림을 그릴 수 있게 도와줍니다.

Tip 3. 공식의 원리 물어보고 직접 유도하기

수학에도 암기가 필요합니다. 하지만 수학에 나오는 여러 공식을 무작정

---

④ 이처럼 챗GPT가 잘못된 답변을 할 가능성을 늘 생각해 두어야 합니다. 특히 한국어로 표현된 용어라면 특히 주의를 기울여 주세요.

외우기보다는, 이 공식이 어떻게 만들어졌는지 그 원리를 이해하면 공식에 대한 이해도가 높아지면서 암기도 훨씬 쉬워집니다. 또한 공식이 나오게 된 원리(증명과정)는 문제를 풀 때 풀이 과정으로도 자주 활용되기 때문에, 공식의 원리를 이해하는 것은 매우 중요합니다.

교과서에 증명 과정이 제시된 경우도 있지만 챗GPT를 활용하면 여러 가지 증명 과정이나 그 증명의 이해되지 않는 부분을 다시 질문할 수 있습니다. 또는 교과서에 있는 증명과정이 이해되지 않는다면, 증명 과정을 사진으로 찍어서 챗GPT에게 이해되지 않는 부분을 물어볼 수도 있습니다.

다만 주의할 점은 아직 배우지 않은 내용을 사용해서 답해 줄 수 있기 때문에, 아직 배우지 않은 내용이 나온다면 다시 요청해야 합니다.

점과 직선 사이의 거리를 구하는 공식을 알려 줘.

⚙️ 점과 직선 사이의 거리를 구하는 공식은 다음과 같습니다:

(생략)

응~ 궁금해. 이 공식이 나오게 된 과정을 설명해 줘.

⚙️ 좋아! 이 공식이 어떻게 나오는지 단계별로 자세히 설명해 줄게. 핵심 아이디어는 점에서 직선에 수직으로 내린 선의 길이를 구하는 거야. 이게 바로 "점과 직선 사이의 거리"니까!

✓ 목표
점 $P(x_1, y_1)$에서 직선 $ax+by+c=0$까지의 최단거리를 구한다.
- 1단계: 직선의 법선 벡터 이용하기

(생략)

난 ❶아직 벡터를 배우지 않아서 저 설명은 너무 어려워. 더 쉬운 방법으로 설명해 줘

💬 걱정 마~! 벡터를 모르더라도 이해할 수 있도록 중학교 수준의 기하와 대입 계산만으로 설명해 줄게

(생략)

그 전에 이 부분이 이해가 안 돼. ❷기울기가 m인 직선에 수직인 직선의 기울기는 왜 -1/m 이야?

💬 정말 좋은 질문이야! "왜 기울기가 m인 직선에 수직인 직선의 기울기는 $-\frac{1}{m}$인가요?" → 이건 기울기와 직각의 관계에서 나오는 개념이야.

(생략)

✓ ❸요약 암기법
두 직선이 수직이면: 기울기 곱해서 -1 그래서 기울기가 m이면, 수직선의 기울기는 $-\frac{1}{m}$

이렇게 공식을 직접 질문하고, 공식의 증명 과정에서 이해가 안되는 부분을 물어보거나 교과서의 증명 과정을 사진으로 찍어서 질문함으로써 공식의 유도 과정을 이해할 수도 있습니다. 하지만 이보다 더 나아가서, 챗GPT의 도움을 받아 스스로 공식을 유도해 볼 수도 있습니다. 아래 질문 예시를 참고해 직접 공식을 유도해 보세요. 이후로 챗GPT가 단계적으로 제시하는 질문을 따라 답하다 보면 어느새 공식의 유도과정을 완성할 수 있을 것입니다.

❶ 챗GPT는 내가 배운 내용이 어떤 것인지 알지 못한 채 답을 해 줍니다. 그러니 배우지 않은 내용으로 설명해 준다면 이렇게 다시 질문해야 합니다.
❷ 챗GPT와 함께라면 문제 풀이 과정에서 모르는 부분이 나와도 언제든 질문할 수 있습니다.
❸ 공식 이해도 중요하지만 문제를 풀 때 쓸 수 있도록 기억하는 것도 중요합니다.

❶ 나는 고등학교 1학년 수학을 배우는 학생이야. 점과 직선 사이의 거리 공식을 외우고 문제에 사용할 수는 있지만 왜 그 공식을 쓰는지를 알고 싶어. ❷ 공식을 바로 알려 주지 말고, 내가 스스로 생각해 볼 수 있도록 질문을 하나씩 던져 줘. 단계마다 힌트를 주거나 질문을 통해 생각을 이어갈 수 있게 도와줘.

Tip 4. 헷갈리는 개념 비교하기

여러 개념을 학습하다 보면 비슷한 개념인 것 같은데 차이점이 무엇인지 잘 모르는 경우가 생깁니다. 이때 챗GPT를 활용하여 두 개념의 차이점을 명확하게 알아볼 수 있습니다. 단순히 개념을 알고 정리하는 것보다 비슷한 개념들 간의 차이점까지 파악하게 되면 더 깊이 있는 사고를 하게 되고, 해당 개념을 문제에 더 정확하게 적용할 수 있게 됩니다.

고등학교에서 배우는 순열과 조합, 두 개념의 차이점이 무엇인지 설명해 줘. ❸ 어떻게 해야 두 개념을 헷갈리지 않을 수 있을까?

좋아요! 고등학교 수학에서 배우는 순열과 조합의 차이점은 아주 중요하면서도 헷갈리기 쉬운 부분이에요. 핵심은 바로 "순서가 중요한가, 아닌가?"입니다.

(생략)

내가 두 개념을 스스로 구별해서 정확하게 적용할 수 있도록 도와줄 수 있을까?
❹ 먼저, 어떤 상황에서 '순서가 중요하고' 어떤 상황에서는 '중요하지 않은지' 예시를 하나 들어서 나에게 질문해 줘. 내가 답하면, 그게 순열인지 조합인지 설명해 줘. 그 다음에는, 내가 자주 헷갈릴 수 있는 비슷해 보이는 두 상황을 비교해서, "이건 순열이고, 저건 조합인 이유"를 설명해 줘. 마지막에는 내가 직접 판단해 볼 수 있도록 상황을 하나 제시하고, "이건 순열일까, 조합일까?" 하고 나에게 다시 물어봐 줘.

❶ 배운 범위 내에서 답변 받을 수 있도록 조건을 지정합니다.
❷ 이 프롬프트의 핵심 요청입니다.
❸ 가능한 구체적이고 명확한 목표를 입력해야 원하는 답변이 출력됩니다.
❹ 위처럼 간단히 물어봐도 되지만 이렇게 자세한 규칙을 정해서 물어볼 수도 있습니다.

Tip 5. 배운 개념 설명하기

백지 공부법이라고 들어 본 적 있나요? 백지 공부법이란 빈 종이를 꺼내 놓고 공부한 내용을 스스로 떠올려 공식, 개념, 구조, 키워드 등을 체계적으로 정리하는 방법입니다. 이때 학습한 개념을 자신의 언어로 적게 되면서 더 오래 기억하게 되고, 자신이 모르는 것이 무엇인지 명확하게 알게 됩니다.

문제를 풀 때도 마찬가지입니다. 해결 방법이 떠오르지 않는다면 먼저 이 문제가 어떤 단원의 문제인지 파악하고, 이 문제에서 활용할 수 있는 공식이나 개념 등을 떠올린 후, 이것들을 문제의 조건에 맞게 적용하는 방식으로 해결책을 찾아갑니다. 이처럼 자신이 알고 있는 것을 떠올리고 글로든 말로든 설명해 보는 것은 매우 중요합니다.

그럼 챗GPT에게 우리가 알고 있는 개념을 한 번 설명해 볼까요?

나는 고등학교 1학년 수학에서 명제를 공부 중이야. 내가 책을 보고 이해한 내용을 너한테 설명해 볼게. 이상하거나 부족한 부분이 있으면 알려 줘.

> 좋아! 너의 설명을 들어 보고, 필요한 부분이 있으면 정리해 줄게. 편하게 네가 이해한 내용을 말해 줘.(서술형으로 길게 써도 괜찮고, 요점 정리처럼 짧게 써도 돼!)

명제는 참, 거짓을 판단할 수 있는 문장을 말해. 명제가 참이면 대우도 참이고 명제가 거짓이면 대우도 거짓이야. 명제 'p이면 q이다'의 대우는 ❺ '~p이면 ~q이다'야.

> 좋은 시작이야! 네 설명에는 기본 개념이 잘 담겨 있어. 다만 약간의 수정과 보완이 필요해. 아래에 네가 말한 내용을 하나씩 짚어 보면서 정확하게 정리해 줄게.

(생략)

---

❺ 일부러 틀리게 설명해보았습니다.

이와 같이 챗GPT를 활용하여 자신이 알고 있는 개념을 설명하면, 교과서나 문제집을 꺼내서 확인하는 것보다 더 빠르게 피드백을 받을 수 있습니다. 자신이 알고 있는 내용이 정확한지, 틀린 부분이 있다면 어떻게 수정해야 하는지 즉시 알 수 있기 때문입니다.

키보드로 수식 입력하기

챗GPT와 수학 공부를 함께하다 보면 수식을 입력해야 하는 일이 생깁니다. 이럴 땐 아래 표를 참고해 입력해 보세요. 챗GPT에게 키보드로 수식 입력할 수 있게 알려 달라고 요청해도 됩니다. 참고로 AI에서 입력할 때 사용하는 수식은 LaTeX 문법으로 쓴 수식입니다. 특이사항으로 '백슬래시(\)'는 '₩'로 표현되기도 합니다. 예를 들어 $\lim_{x \to \infty} \frac{1}{x}$의 극한을 구하고 싶을 때 'lim x-> inf 1/x ?'라고 입력하면 극한을 구해주고 설명도 해 줍니다.

=	의미	입력 방법
+	덧셈	+
-	뺄셈	-
*	곱셈	* (보통 수학에서는 생략)
/	나눗셈	/
a^2	거듭제곱	a^2
=	같다	=
< >	크다, 작다	< >
≠	같지 않다	!= 또는 \neq
()	소괄호	()
$\sqrt{a}$	제곱근	sqrt(a)
sin(x)	삼각함수	sin(x)
log(x)	로그	log(x)
∞	무한	infinity
a_n	수열의 n번째 항	a_n 또는 a[n]
f(x)	함수	f(x)
$\lim_{x \to a}$	극한	lim x->a
$\sum_{i=1}^{n} i$	시그마(합)	\sum_{i=1}^{n} i
$\frac{1}{2}$	분수	1/2 또는 \frac{1}{2}
$\sqrt{a^2+b^2}$	복잡한 근호	\sqrt{a^2 + b^2}
→	화살표	->
⇒	따라서	=>

2
문제 풀이: 연습부터 이해·확장까지, 문제 풀이 루틴

'챗GPT로 문제 풀이를?'이라고 생각할 수 있습니다. 그리고 사실 이 부분이 가장 조심스러운 영역이기도 합니다. 추론 능력이 발달하고 있는 챗GPT이지만 아직까지 수학 문제 풀이에서는 오류가 많이 발생하고 있습니다. 특히 복잡하거나 어려운 문제, 소위 말하는 킬러문제 등에서 말이지요. 기본 개념이 부족한 학생들은 틀린 풀이로 오개념이 형성될 수 있으니, 선생님께 물어보는 등 반드시 한 번 점검해 보는 신중함이 필요합니다. 그럼에도 불구하고 문제 풀이 학습에 챗GPT가 도움이 되는 부분은 있습니다. 그래서 이번에는 수학 문제 풀이에 챗GPT를 어떻게 활용할지 살펴보겠습니다.

수학 문제를 풀 때 여러분들은 어떻게 풀고 있나요? 일반적인 풀이 과정은 다음과 같습니다.

> 1단계 : G(Goal) - 구하고자 하는 것(목표)가 무엇인지 파악하기
> 2단계 : R(Recall) - 알고 있는 개념, 배웠던 개념 떠올리기
> 3단계 : A(Apply) - 2단계에서 떠올린 개념을 문제에 적용하기
> 4단계 : D(Do) - 실제로 풀어 보기
> 5단계 : S(Self-check) - 풀이 검토 및 반성

쉬운 문제든 어려운 문제든 위와 같은 방법으로 풀고 있을 겁니다. 물론 문제의 난이도에 따라 1, 2단계는 거의 자동화되어 있을 것입니다. 이 단계에 따라 수학 문제를 함께 풀어 보도록 하겠습니다.

1단계 : G(Goal) - 구하고자 하는 것(목표)이 무엇인지 파악하기

다음 문제를 풀려고 했는데 아이디어가 떠오르지 않아 풀지 못했다고 가정해 봅시다. 예시를 위해 사용한 문제는 2024년 11월 시행 고1 경기도 교육청 18번 문제입니다. 챗GPT에게 다음과 같이 질문하고 진행해 봅시다.

> 나는 고등학교 1학년 수학을 공부하고 있는 학생이야. 이 문제를 풀어 보려고 하는데 나에게는 어려워서 ❶ 풀이 방법이 잘 떠오르지 않더라고. 그래서 다음의 단계를 따라 문제를 풀어 보려고 해. 내가 다음의 단계를 따라 문제를 풀 수 있게 도와줘.
>
> ❷ 1단계 : 구하고자 하는 것(목표)이 무엇인지 파악하기
> 2단계 : 알고 있는 개념, 배웠던 개념 떠올리기
> 3단계 : 2단계에서 떠올린 개념을 문제에 적용하기
> 4단계 : 실제로 풀어 보기
> 5단계 : 풀이 검토 및 반성
>
> 각 단계에 따라 질문은 하나씩만 해 주고 필요하다고 얘기할 때만 힌트를 줘. ❸ 절대로 네가 풀면 안 되고 내가 풀 수 있게 질문하고 다음 단계를 넘어가기 전에 그 단계를 이해했는지 확인해 줘.

> 🤖 좋아! 그럼 우리 함께 1단계부터 차근차근 풀어 보자. 먼저 1단계, 문제에서 구하고자 하는 것(목표)이 무엇인지 생각해 볼까?
>
> ◆ 질문: 이 문제에서 우리가 최종적으로 구해야 하는 값은 무엇일까? 힌트가

---

❶ 무엇이 문제인지 밝힙니다.
❷ 일반적인 5단계 풀이 과정을 제시합니다.
❸ 내 공부가 될 수 있도록 꼭 달아야 하는 조건입니다.

필요하면 "힌트 줘"라고 말해 줘.

a의 최댓값과 최솟값의 합

> 맞았어! 이 문제의 목표는 $\overline{PR} + \overline{QR} \leq 3$을 만족시키는 양수 a(단, a ≠ 2) 중에서 a의 최댓값과 최솟값의 합을 구하는 거야. 이제 2단계로 넘어가자!

2단계 : R(Recall) - 알고 있는 개념, 배웠던 개념 떠올리기
이 문제를 풀기 위해 어떤 개념들이 필요한지 떠올려 보는 단계입니다.

> 질문: 이 문제를 풀기 위해 떠올릴 수 있는 개념이나, 배운 수학 지식에는 어떤 것들이 있을까? 힌트가 필요하면 "힌트 줘"라고 말해 줘.

두 점 사이의 거리와 이차함수의 그래프?

> 좋아, 아주 잘 떠올렸어! 정확히 말하면 이 문제에는 다음과 같은 개념들이 활용될 수 있어:
>
> 함수와 그래프: f(x), g(x)는 각각 이차함수의 그래프야.
> 두 점 사이의 거리: $\overline{PR}$과 $\overline{QR}$은 각각 두 점 사이의 거리로 나타나겠지.
> 직선 x=a는 x좌표가 a인 수직선이야.
> y절편 또는 x절편, 좌표 구하는 방법도 필요할 수 있어.

이렇게 자신의 생각을 정리해 주는 것과 함께 추가로 필요한 개념들을 더 제시해 줍니다. 그럼 이제 이 내용을 어떻게 연결시켜 문제를 풀 수 있을지 한 번 살펴보겠습니다.

3단계 : A(Apply) - 2단계에서 떠올린 개념을 문제에 적용하기

🌀 이제 3단계로 넘어가자!

◆ 질문: 2단계에서 떠올린 개념 중 하나를 골라서, 이 문제에 어떻게 적용할 수 있을까? 예를 들어 "두 점 사이 거리 공식을 $\overline{PR}$, $\overline{QR}$ 구하는 데 어떻게 쓸 수 있을까?" 같은 방식으로 생각해 봐. 필요하면 힌트를 줄게.

먼저 거리를 구할 수 있게 점의 좌표를 구해야 할까?

🌀 정확해! 거리를 구하려면 먼저 점들의 좌표가 필요해. 문제에서 말한 점들을 다시 정리해 보면:

$f(x)=x^2-3x+3$와 직선 $x=a$가 만나는 점 → 점 P
$g(x)=2x^2-4x$와 직선 $x=a$가 만나는 점 → 점 Q
직선 $x=a$가 x축과 만나는 점 → 점 R

◆ 질문: 그럼 점 P, Q, R의 좌표는 각각 어떻게 나타낼 수 있을까? 힌트가 필요하면 말해 줘!

(사진 업로드)

> $P(a, a^2-3a+3)$
> $Q(a, 2a^2-4a)$
> $R(a, 0)$
> 거리는 점과 점 사이의 거리공식??

🌀 완벽해! 점 P, Q, R의 좌표를 정확히 잘 정리했어.
$P(a, a^2-3a+3)$, $Q(a, 2a^2-4a)$, $R(a, 0)$
이제 너가 말한 것처럼 ❶두 점 사이의 거리 공식을 떠올릴 차례야.

---

❶ 손으로 쓴 의문 사항도 함께 짚고 넘어가 줍니다.

> ◆ 질문: 점 (x_1, y_1), (x_2, y_2) 사이의 거리를 구하는 공식은 무엇이었는지 기억나? 혹시 기억이 안 나면 힌트를 줄게.
>
> 기억나~ ❶ x좌표끼리 빼서 제곱+y좌표끼리 빼서 제곱 한 다음에 루트
> (생략)

3단계에서는 2단계에서 떠올렸던 개념을 문제에 적용해서 전략을 세우는 단계입니다. 이차함수의 그래프와 관련된 내용보다는 두 점 사이의 거리를 적용해서 문제를 풀고, 절댓값 개념을 사용해서 문제를 풀어야 한다고 계획을 세우게 됩니다.

4단계 : D(Do) - 실제로 풀어 보기

> 이제 4단계: 실제로 풀어 보기로 넘어가자!
>
> ◆ 질문: 위 내용을 이용해서 $\overline{PR} + \overline{QR} \leq 3$이라는 부등식을 식으로 세워볼 수 있겠니? (도움이 필요하면 말해줘!)
>
> (사진 업로드)
>
> $|a^2 - 3a + 3| + |2a^2 - 4a| \leq 3$
>
> 완벽하게 잘 세웠어! 이제 우리가 푸는 부등식은: $|a^2-3a+3| + |2a^2-4a| \leq 3$
> 단, $a>0$, $a \neq 2$
> ❷ 절댓값이 있어서 구간을 나눠야 하는데, 보통 절댓값을 없애려면 절댓값 안의 식이 0이 되는 지점을 기준으로 나눠서 부등식을 풀지.

❶ 꼭 수식으로 입력하지 않고 이렇게 말로 풀어서 설명해도 됩니다.
❷ 이 부분에 의문이 생겨 질문해 보겠습니다.

> 질문: 그럼 a²-3a+3과 2a²-4a가 0이 되는 값을 각각 구해 볼 수 있을까? (힌트가 필요하면 말해줘!)
>
> 절댓값이 있다고 왜 구간을 나누는 건지 먼저 물어봐도 돼?
>
> 좋은 질문이야! 정말 중요한 개념을 짚었어. 절댓값이 있는 식을 풀 때 구간을 나누는 이유는, 절댓값이란 그 안의 식이 양수일 때와 음수일 때 값이 다르기 때문이야.
>
> (생략)
>
> ---
>
> 질문: 위 내용을 바탕으로 두 구간에 대해 절댓값을 풀어서 새로운 부등식을 세워볼 수 있겠니? 각 구간에서 절댓값을 없앤 식으로 다시 써 보자! (원하면 하나씩 해도 좋아!)
>
> ❸ 그런데 판별식이 음수라고 실근이 없는 거야? 왜 그런 거야?
>
> (생략)

4단계에서는 문제를 직접 풀어 보면서 궁금한 내용을 물어보기도 합니다. 이를 통해 이 문제를 풀기 위한 방법과 개념을 보다 확실하게 짚어갈 수 있습니다.

5단계 : S(Self-check) - 풀이 검토 및 반성

> 이제 마지막 5단계: 풀이 검토 및 반성으로 넘어가 보자
> 질문: 이 문제를 풀면서 어떤 개념이 가장 중요했거나 새롭게 느껴졌어? 다시 비슷한 문제를 푼다면 어떤 점을 조심할 것 같아?

❸ 이해가 잘 안된다면 이렇게 계속 물어보세요. 한 번에 두 가지 질문을 하는 것보다 하나씩 질문하는 것이 더 알아보기 쉽게 답해줍니다.

> 부등식을 풀기 전에 a의 범위를 고려해야 한다는 걸 잊어버릴 수도 있을 것 같아

🟢 정말 좋은 반성이야! 그 말은, 너는 이제 단순히 계산만 하는 게 아니라 문제를 전체적으로 조망하고 있다는 뜻이야. 특히 ❶절댓값 부등식 문제에서는 구간 나누기와 조건 확인이 핵심이니까 그걸 스스로 인식했다는 건 큰 발전이야!

◆ 앞으로 비슷한 문제를 풀 때 기억할 포인트 정리해 줄게:
절댓값이 있으면 → 안의 식이 0되는 점을 기준으로 구간 나누기(생략)

> ❷이 문제를 다른 방법으로 풀 수 있을까? 풀이를 바로 제시하지 말고 내가 그 방법을 생각할 수 있게 힌트를 줘.

🟢 (생략)

실제 문제를 푸는 단계도 중요하지만, 사실 가장 중요한 단계는 5단계라고 생각합니다. 자신이 구한 답이 맞는지 확인하고, 다른 풀이 방법은 없는지 살펴보는 것만으로도 여러분의 문제해결력은 크게 성장할 것입니다.

Tip 1. 기초 계산 문제 연습하기

기본 개념 학습 후에는 기본 형태의 문제를 많이 풀어 보면서 개념을 확실하게 이해하고 문제 풀이를 연습하는 것이 중요합니다. 수학이 어려운 학생의 경우 교과서 문제를 똑같이 내도 그 문제의 풀이 과정을 완벽히 쓰는 경우가 생각보다 많지 않습니다. 교과서 문제(기초 문제)의 숫자만 바꾼 유형을 여러 번 연습하는 것도 도움이 되므로 챗GPT를 이용하여 이렇게 연습해 보세요.

❶ 왜 그 부분이 중요한지 이유를 확실하게 짚어 줍니다.
❷ 수학은 다양한 방법을 생각해 보는 재미가 있는 학문입니다. 다른 방식이 내게 더 맞을 수 있으니 추가로 물어보면 좋습니다.

고등학교 1학년에서 배우는 여러 가지 방정식 단원에서 배우는 건 ❸삼차방정식과 사차방정식이야. 이를 공부할 수 있는 기본문제를 만들어 줘. ❹문제의 오류가 없게 정확하게 만들고 문제의 풀이 과정도 함께 보여줘. 단, 문제를 내가 풀 시간이 필요하니까 문제의 풀이 과정은 내가 말하면 보여줘.

> 알겠어! 2025 개정 교육과정 기준으로 고등학교 1학년의 '여러 가지 방정식' 단원에서 다루는 삼차방정식과 사차방정식에 맞는 기본 문제를 정확하게 만들어 줄게. 아래는 문제만 먼저 제시할게. (생략)

풀이 보여줘. 내 풀이와 비교해 볼게.

> 좋아! 주어진 삼차방정식 $x^3 - 4x^2 - x + 4 = 0$을 풀어보자.
> [1단계] 계수 변화를 보고 인수분해 시도

(생략)

숫자만 바꿔서 3문제를 더 만들어 줄 수 있을까? 조금 더 연습하고 싶어.

> 물론이지! 같은 유형(묶어서 인수분해 → 곱셈공식 활용 → 실근 구하기)의 삼차방정식 문제 3개를 숫자만 바꿔서 정확하게 만들어 줄게. 각각 실근이 세 개씩 나오도록 구성했어. 먼저 문제만 줄게!

(생략)

❺삼차방정식의 다른 유형으로 문제를 내 줄 수도 있어?

> 정말 좋은 질문이야! 삼차방정식은 단순히 인수분해로 푸는 것 외에도 다양한 유형이 있어. 고등학교 1학년 수준에서 만날 수 있는 다양한 삼차방정식 유형을 아래처럼 분류할 수 있어:
>
> ◆ 삼차방정식의 대표 유형

❸ 학습 목표로 원하는 범위를 구체적으로 명시합니다.
❹ 문제 제작 요청을 위한 세부 요청입니다.
❺ 챗GPT의 답을 보고 다른 유형의 문제도 연습할 가능성을 확인했습니다. 그래서 다음 질문은 다른 유형의 문제를 내 달라고 요청했습니다.

유형	특징	예시
1. 인수분해형	항 묶기 + 곱셈공식 이용	$x^3-4x^2-x+4=0$
2. 공통인수 있는 형태	x나 x^2로 묶임	$x^3+2x^2-x=0$
3. 계수 대칭형	대칭된 계수 → 대입법 힌트	$x^3-7x+6=0$
4. 치환형	$x+\frac{1}{x}, x^2+\frac{1}{x^2}$ 등 활용	$x^3+\frac{1}{x^3}-7=0$
5. ❶ 인수분해 안 되는 형태	근의 추정이나 그래프적 접근 필요	$x^3-x+1=0$(실근 1개, 허근 2개)

(생략)

나아가 기초 문제뿐만 아니라 유형별 문제에서 상, 중, 하 수준의 문제를 만들어 달라고 구체적으로 요청하고 그 문제가 왜 해당 수준인지 설명을 요구할 수도 있습니다.

> (생략) 난이도 상 – 삼차방정식 (함수적 접근 + 근의 개수 추론) 문제를 보면 도함수, 극값 계산이라는 말이 나오는 데 나는 아직 이것에 대해 배우지 않았어. 그러니 상 문제를 다시 제시해 줘.
>
> 좋아! 도함수나 극값 개념 없이도 해결할 수 있는 삼차방정식 난이도 상 문제를 새로 만들어 줄게. 이 문제는 인수분해가 바로 되지 않고, 근을 추론하거나 시도하며 구조를 파악해야 하는 문제야.
>
> (생략)

챗GPT가 제시한 문제나 문제의 풀이 과정을 보다 보면 이렇게 아직 배우지 않은 개념(도함수, 극값)이 나오기도 합니다. 이때는 이것을 아직 배우지 않았다고 말하고 다른 방법을 요구하면 됩니다. 또는 이 배우지 않

❶ 인수분해 안 되는 형태에 대한 탐구보고서를 작성해도 좋겠다는 아이디어를 얻을 수 있습니다.

은 개념에 대해 탐구한다면 문제 풀이 과정 중 자신의 궁금증에서 출발하는 훌륭한 탐구 주제가 될 수도 있답니다.

Tip 2. 서술형문제의 답안 작성 연습하기

수학의 경우 풀이 과정을 평가하기 위해 정기고사에서 서논술형 문제가 많이 출제되는 편입니다. 중학교에서도 서술형 문제가 출제되지만 고등학교 서술형 문제는 중학교보다 풀이 과정이 길어지고 서술형 답안을 어떻게 작성해야 하는지 어려움을 겪는 경우가 있습니다.

이때 챗GPT를 활용해서 서술형 문제의 풀이 과정을 연습할 수도 있습니다. 물론 문제를 출제하는 선생님에 따라 부분 점수나 강조하는 부분은 달라질 수 있지만 전체적으로 서술형 답안 작성을 연습하면서 자신의 부족한 부분을 확인할 수 있습니다.

> 나는 고등학교 1학년 학생이야. 이번 중간고사 수학 시험에 서술형 문제가 있어. 내가 서술형 문제를 연습할 수 있도록 삼차방정식에 관련된 서술형 문제를 하나 내주고 ❷그 문제의 채점기준표를 제시해 줄 수 있을까? ❸문제는 7점 만점이라고 가정하고.
>
> 좋아! 너의 중간고사 준비를 응원할게 다음은 고등학교 1학년 수준의 삼차방정식 서술형 문제와 7점 만점 채점 기준표야.
>
> ◆ 서술형 문제
> 다음의 삼차방정식 $x^3-4x^2-x+4=0$의 모든 실근을 구하고, 근을 구하는 과정과 확인 과정을 서술하시오.

❷ 단순한 풀이 안내가 아닌, 내 풀이과정에 대한 부분 점수도 확인할 수 있습니다.
❸ 평가 기준에 대한 구체적인 기준이 있다면 덧붙입니다.

(생략)

연습 문제를 하나 더 내줘. 단, 이번에는 ❶ 내가 문제의 풀이를 먼저 작성하고 비교해 볼 수 있게 문제만 먼저 내줘.

🟢 좋아! 너의 연습을 응원할게. 이번엔 조금 다른 유형의 삼차방정식 서술형 문제를 줄게.

연습 서술형 문제 (7점 만점 기준)
다음 삼차방정식 $2x^3+x^2-8x-4=0$의 모든 실근을 구하고, 구하는 과정을 서술하시오.

풀이가 끝나면 보여줘! 그 다음에 모범답안과 채점기준에 따른 평가를 함께 비교해 볼게. 파이팅!

(사진 업로드)

🟢 좋아, 풀이 잘 봤어! 이제 아래 기준에 따라 채점해 줄게. 문제는 이거였지:
문제: $2x^3+x^2-8x-4=0$의 모든 실근을 구하고, 구하는 과정을 서술하시오. (7점 만점)

◆ 채점 기준표 (7점 만점)

---

❶ 챗GPT의 풀이를 먼저 보면 내가 정확하게 풀 수 없는 문제도 풀 수 있다고 당연하게 생각할 수 있습니다. 따라서 먼저 나의 풀이를 완성하고 챗GPT의 풀이 과정을 확인하여 비교하는 것이 좋습니다.

채점 항목	배점	평가
① 실근 하나를 정확히 찾음	2점	x=2를 대입해서 0이 되는 것 명확히 확인
② 인수정리/조립제법을 정확히 사용	2점	조립제법을 사용하여 $(x-2)(2x^2+5x+2)$로 인수분해함
③ 모든 근을 정확히 구함	1점	❷ 나머지 이차방정식 $2x^2+5x+2=0$의 근은 구하지 않음
④ 근 대입하여 검산함	1점	대입하여 원래 식이 0 되는지 확인하는 과정 없음
⑤ 논리적 흐름과 수학적 표현 적절성	1점	흐름이 자연스럽고 수학 용어 사용 적절함

(생략)

Tip 3. 풀이 과정에서 이해 안 되는 부분 물어보기

앞에서 단계별로 풀이한 것처럼 챗GPT가 문제를 잘 해결하면 좋겠지만, 아직까지 챗GPT의 수학 문제 풀이 과정은 부족한 부분이 있습니다. 쉬운 문제는 잘 맞추지만 어려운 문제는 틀린 풀이를 제시하거나 아직 배우지 않은 개념을 사용하여 문제를 푸는 경우가 많기 때문입니다. 따라서 문제와 함께 해설을 같이 올리고 해설에서 이해되지 않는 부분을 물어보는 것이 챗GPT를 더 잘 활용하는 방법일 것입니다. 또는 문제의 풀이 과정에서 '어떻게 이렇게 푼다는 생각을 할 수 있을까?', '이런 아이디어를 어떻게 떠올릴 수 있는 거지?'하고 궁금한 점이 생겼을 때 챗GPT를 활용하여 질문해도 좋습니다.

이번에는 2024년 10월에 시행한 고1 학력평가 19번 문제로 공부해 보겠습니다. 해당 문제는 ebsi 홈페이지에서도 확인 가능합니다.

❷ 허근이 나와서 써 줄 필요가 없다고 생각하기 쉽습니다. 이렇게 서술형 답안을 작성할 때 채점기준표를 참고하게 되면 꼼꼼하게 써야 한다는 것을 알 수 있습니다.

문제와 해설을 함께 줄테니 다음 문제에 대해 내가 궁금한 부분을 해결해 줄 수 있어? (문제와 해설 자료 첨부)

> 좋아! 문제와 해설을 함께 봤어. 질문이 있는 부분을 말해 주면, 그 부분을 중점적으로 자세히 설명해 줄게.
>
> (생략)

해설에 보면 그래프가 있는데 이런 문제를 풀 때 반드시 ❶그래프를 그려야 문제를 풀 수 있는 거야?

> 좋은 질문이야! 결론부터 말하면: 꼭 그래프를 그려야만 문제를 풀 수 있는 건 아니야. 하지만 그래프를 그리면 훨씬 빠르고 정확하게 상황을 이해할 수 있어서 유리해.
>
> (생략)

아~ 이제 이해했어! (베타-알파)루트2=4루트2 이 식이 이해가 안 가.

> 좋아! 이제 ❷진짜 핵심 부분으로 들어왔네.
> $(β-α)\sqrt{2}=4\sqrt{2}$
> 이 식이 어떻게 나왔는지 차근차근 풀어 줄게. (생략)

그런데 이런 문제를 풀 때 문제 풀이의 아이디어를 어떻게 잡아야 하는지 잘 모르겠어.

> 정말 좋은 질문이야. 단순히 문제를 "푸는 법"보다 더 중요한 건 어떻게 문제 풀이의 아이디어를 잡느냐니까! 이 문제를 예로 들어서 어떤 흐름으로 생각하면 되는지 정리해 줄게.
>
> (생략)

---

❶ 풀이 과정에서 궁금한 것을 물어볼 수도 있지만 왜 그렇게 풀어야 하는지 궁금한 것을 질문할 수도 있습니다.
❷ 꼬리에 꼬리를 무는 질문을 하다 보면 원래 질문을 잊어버릴수도 있지만 챗GPT는 원래의 질문(목표)으로 돌아올 수 있도록 도와줍니다.

문제의 풀이 과정을 이해했지만, 이런 문제를 풀 때 접근 방법이 궁금할 수도 있습니다. 그래서 문제를 풀 아이디어를 어떻게 잡을지 물어보면 그 방법들을 정리한 후 유사한 문제를 풀어 볼 연습문제까지 제시해 줍니다.

그리고 한 문제에 대한 다른 풀이 방법을 물어봐도 좋습니다. 수학 풀이에는 다양한 방법이 존재하고, 그 다양한 방법을 공부하다 보면 문제해결력과 창의성을 향상할 수 있습니다.

Tip 4. 문제 풀이 아이디어 얻기

모의고사 문제를 풀다보면 자신이 약한 유형의 문제가 있게 됩니다. 예를 들어 모의고사에서 조건이 여러 개 나오는 문제(상자 안에 ㈎, ㈏, ㈐ 등 조건이 제시되어 있는 문제)를 어려워하는 학생이 있다고 가정합시다. 이 학생은 이러한 자신의 약점을 해결하는 방법을 찾기 위해 챗GPT에게 다음과 같이 질문합니다. 이번에는 2024년 10월에 시행한 고1 학력평가 17번 문제를 활용했습니다. 이 또한 ebsi 홈페이지에서 확인 가능합니다.

> (이미지 업로드) 첫 번째 사진은 문제이고 두 번째, 세 번째 사진은 문제의 풀이야. 이것과 관련하여 궁금한 걸 물어보고 싶어.
>
> ⓢ 좋아! 이 문제는 이차함수의 대칭성과 최대·최소, 그리고 함수값의 조건을 이용한 문제야. 문제와 풀이 모두 잘 봤어. 이제 궁금한 것을 얼마든지 질문해 줘!
>
> (생략)

이렇게 조건이 나오면 이 조건들을 어떻게 활용해야 하는지 잘 모르겠어.

🟢 아, 조건 해석과 활용이 어려울 수 있지! 특히 이런 문제는 조건들이 낯설고 복잡하게 느껴질 수 있어.

조건을 해석하고 활용하는 방법: 조건을 차근차근 나누어서 이해하기
문제에서 준 조건을 한 번에 이해하려고 하지 말고, 한 문장씩, 한 조건씩 따로 떼어서 생각해 봐.

(생략)

❶ 그럼 이 문제에 어떤 개념이 숨어 있는지 알 수 있어? 바로 대답하지 말고 나에게 힌트를 줘.

🟢 좋아! 바로 답을 주지 않고 힌트로 유도할게.

(생략)

결국 대칭축이 4,5,6에 존재해야 하는 거야?

🟢 거의 맞았어! ❷ 하지만 대칭축이 꼭 4, 5, 6 중 하나에 "존재해야 한다"라기보다는, 대칭축의 위치가 4, 5, 6 이 구간과 어떻게 관련되어야 조건이 만족하는지 생각해야 해.

(생략)

아니. 잘 이해가 안 가.

🟢 ❸ 천천히 하나씩 다시 짚어 볼게! 부담 갖지 말고 편하게 따라와 봐.

(생략)

❶ 챗GPT가 바로 답을 말해버릴 수도 있어서 힌트를 달라고 요청했습니다.
❷ 답이 아닌 경우 어떻게 생각해야 할지 힌트를 주고 있습니다.
❸ 이해가 안된다고 하면 다시 차근히 설명을 줍니다.

> ④ 풀이 두번째 사진에서 3~5줄이 이해가 잘 안 돼. 설명해 줄 수 있어?
>
> ⑤ 좋아! 풀이 두 번째 사진의 3~5줄 부분을 집중해서 설명해 줄게.
> (생략)
>
> 문제를 논리적으로 정리해서 푸는 법이 있을까? 있다면 단계별로 알려 줘.

이렇게 챗GPT와 티키타카 대화를 하다 보면 문제를 해결할 수 있습니다. 또한 문제를 푸는 과정 중에도 문제를 직접 푸는 것이 아닌 문제 해결 전략에 대해서 자신이 궁금한 것을 물어볼 수 있어요. 이런 것들을 잘 정리해 두면 자신만의 비법 노트로 활용할 수도 있답니다.

Tip 5. 자주 틀리는 문제의 유형을 물어보고 연습하기

문제를 풀어 보다가 자신이 자꾸 틀리는 문제가 있다면, 확실하게 짚고 넘어가야 합니다. 자주 틀리는 문제라는 것은 실수가 잦거나 개념 이해를 제대로 하고 있지 못한다는 의미이기 때문입니다. 이런 문제를 이해하고 넘어가야 실전에서도 틀리는 문제를 줄일 수 있습니다. 챗GPT에게 다음과 같이 도움을 요청해 봅시다.

> '원의 방정식과 직선' 문제를 풀 때 자꾸 실수해. ⑤ 이 유형에서 자주 나오는 조건과 푸는 전략을 정리해 줄래?
>
> ⑤ '원의 방정식과 직선' 유형은 자주 나오는 핵심 유형인데, 겉보기보다 놓치기 쉬운 포인트가 많아. 자주 나오는 조건과 전략, 그리고 실수 방지 포인트를 정

④ 먼저 문제 유형과 관련된 정보를 요청하고 내게 무엇이 부족한지 확인해 봅니다.
⑤ 왜 저렇게 풀이를 작성했는지 궁금한 것을 질문할 수도 있습니다.

> 리해 줄게!
>
> (생략)
>
> 내가 자꾸 이런 유형을 틀리는 이유가 뭘까? ❶ 다시 안 틀리려면 어떤 연습이 필요할까?
>
> 🟢 좋아, 그럼 '원의 방정식과 직선' 유형에서 자꾸 틀리는 이유와, 그걸 극복할 수 있는 효과적인 연습 방법을 집중해서 정리해 줄게.
> (생략)

자, 여기까지 챗GPT와 함께 문제를 풀어 보았습니다. 어떤가요? 문제 풀이에 챗GPT가 충분히 도움이 된다고 생각하지 않나요? 과외선생님처럼 자신이 이해가 안되는 부분을 집중적으로 계속해서 물어볼 수도 있고, 자신의 약점을 분석해 볼 수도 있으며 문제 풀이의 아이디어나 전략을 알 수도 있습니다.

❶ 원하는 공부 목표를 제시합니다.

탐구: 나만의 주제 아이디어 찾기

2022 개정 교육과정이 운영되면서 대입 전형 자료로 제공되는 내용이 추가되었습니다. 과목별 평가 정보를 제공하는데, 지필평가와 수행평가의 비중, 수행평가 영역명, 성취도별 분할 점수 등도 함께 제공합니다. 따라서 수행평가의 중요성이 높아지게 되었습니다.

수행평가는 중간고사, 기말고사처럼 문제를 풀어 정답을 맞히는 것이 아니라 자신이 학습한 것을 어떻게 활용하고 적용할 수 있는지 평가하는 것입니다. 따라서 최근 수행평가에서는 학생들의 학습 과정과 개인의 능력을 평가하기 위해 자율 주제 탐구, 수학 주제 탐구, 수학 심화 탐구, 개인별 탐구활동, 실생활 활용 등 다양한 이름으로 탐구보고서를 작성하는 경우가 많습니다.

수행평가에서뿐만 아니라 학기 말 과목별 세부능력 및 특기사항에 기재할 수 있도록 교과와 관련하여 탐구보고서를 작성하고 그 내용을 발표하는 경우도 있습니다. 이러한 탐구보고서를 작성할 때 가장 중요한 것이 바로 주제입니다. 주제만 잘 정하면 탐구보고서를 거의 다 완성한 것이나 다름없습니다.

그럼 챗GPT를 활용하여 어떻게 탐구 주제 아이디어를 정해야 할지 살펴보겠습니다.

Tip 1. 내 진로와 관련된 주제 찾기

자신의 흥미나 진로와 관련된 주제와 수학 내용(개념)을 먼저 찾고 그 주제를 구체화하고 관련된 논문, 책, 웹페이지 등 참고 자료를 찾을 때 챗GPT가 도움이 됩니다.

　보통 각 고등학교에서는 DBpia 학술논문 플랫폼을 이용할 수 있게 대표 계정 ID와 PW를 제공하고 있습니다. 이를 이용하여 관련 논문도 구체적으로 읽어 보고 탐구보고서를 작성하는 것이 좋습니다.

　이때 주의할 점이 있습니다. 주제의 아이디어는 챗GPT를 이용해서 얻는다고 하더라도 내용을 이해해서 구체화하고 결과물을 만드는 것은 학생 스스로가 해내야 합니다. 그렇지 않으면 학생 본인의 역량이 담긴 탐구보고서가 아니게 되므로 추후 문제가 될 수 있습니다.

　나는 AI, 소프트웨어, 컴퓨터공학과 쪽으로 진학하고 싶어. 그래서 나의 진로와 관련지어 수학 탐구보고서를 작성하고 싶은데 어떤 게 있을까? ❶내가 배운 수학내용은 행렬, 이차함수, 삼차, 사차방정식, 복소수, 순열과 조합, 직선의 방정식, 원의 방정식, 유리함수와 무리함수야.

　🤖 좋은 진로 선택이야! AI, 소프트웨어, 컴퓨터공학 분야는 수학과 깊은 관련이 있어서, 지금까지 배운 수학 개념으로도 흥미로운 탐구를 충분히 진행할 수 있어. 아래에 진로와 관련된 수학 탐구주제 아이디어를 제시할게:

　　(생략)

---

❶ 수학과 관련된 내용이라고 말하면 범위가 너무 넓어 다른 학년의 내용이 나올 수 있습니다. 그러니 자신이 연결하고 싶은 개념(단원)을 적어 주세요.

❷ 혹시 관련된 논문이 있는지 DBPia 에서 찾아볼 수 있을까? 고등학교 1학년 학생이 이해할 수 있는 수준으로.

🟢 DBPia에서 고1 학생도 이해할 수 있는 수준으로, 네가 관심 있는 주제와 연관된 논문을 찾아봤어. 아래에 몇 가지를 추천할게!

(생략)

3. 로지스틱 회귀 관련 논문들
여러 분야(기상, 교육, 스포츠 등)에서 이차 함수 형태의 S자 곡선을 이용한 예측 분석 사례가 있어 ❸ (링크)
• 왜 활용하기 좋을까?

(생략)

❹ 로지스틱 회귀 관련 논문들이 어떤 게 있는지 찾아 줘.

🟢 아래는 DBPia에서 찾은 로지스틱 회귀 관련 논문 몇 편이야. 고등학교 1학년 수준에서도 핵심 아이디어를 잘 이해할 수 있도록, 각 논문의 핵심과 함께 설명했어.

◇ 추천 논문 목록
1. 함수형 자료 기법을 활용한 로지스틱 회귀 모형과 응용(2022)
• 핵심 내용: 주식시장의 주가 패턴을 시간에 따른 곡선(함수)으로 보고, 이를 로지스틱 회귀에 적용하여 회사가 특정 업종에 속하는지를 예측하는 기법을 다뤘어 (링크)

(생략)

❺ 로지스틱 회귀의 원리가 무엇인지 궁금해.

❷ 할루시네이션 현상이 있을지도 모릅니다. 그래서 DBPia에 들어가서 실제 논문이 있는지 확인해 보고 논문의 초록이나 초록 키워드를 읽어 보는 것을 추천합니다.
❸ 링크를 클릭하면 DBpia논문 페이지로 바로 연결됩니다.
❹ 챗GPT의 도움으로 자료 조사의 시간을 줄여줄 수 있습니다.
❺ 논문에 대한 정보를 확인한 후 이 개념을 더 알아보려고 합니다.

> 로지스틱 회귀(Logistic Regression)는 이항 분류(binary classification) 문제를 풀기 위해 고안된 통계·머신러닝 기법이야. 고1 수준에서 이해하기 쉽도록 차근차근 설명해 볼게.
>
> (생략)
>
> 시그모이드 함수: $\sigma(z) = \dfrac{1}{1+e^{-z}}$
>
> (생략)

여기에서 하나의 아이디어를 얻게 됩니다. e를 아직 배우지 않아서 시그모이드 함수를 사용하지 못하지만, 지금까지 배운 함수로 시그모이드 함수와 비슷한 함수를 만들 수 있지 않을까요? 그리고 그 함수를 이용하여 다른 논문들이 분석한 자료를 분석해 보면 어떨까하는 생각으로, 챗GPT의 도움을 얻어 나만의 시그모이드 함수를 만들어 보려고 합니다.

> 시그모이드 함수가 ❶e를 사용해서 혹시 e를 사용하지 않고 근사시켜 만들 수도 있어? 그렇다면 내가 직접 생각해 볼 수 있게 ❷단계별로 질문해 줄래? 한 번에 한 단계씩 내가 질문에 답 하면서 함수를 만들 수 있도록 해 줘.
>
> 좋아! 그럼 너랑 같이 한 걸음씩 걸어가 볼게. 오늘 너는 '나만의 시그모이드 함수'를 만드는 수학자가 되는 거야.
>
> - 1단계. 시그모이드 함수의 특징 생각하기
> 먼저, 시그모이드 함수가 어떻게 생겼는지 떠올려보자.
> Q1. 시그모이드 함수는 어떤 모양의 그래프일까? 아래 물음에 직접 생각해서 대답해 봐!
> (생략)

❶ 학년이 올라가 무리수 e에 대해 배우고 난 후 자신이 근사시켜 만든 함수와 차이점을 조사한다면 탐구내용이 심화, 확장될 수 있답니다.
❷ 문제를 해결해 달라고 요구하면 안 됩니다. 스스로 생각할 수 있도록 질문을 하게끔 챗GPT를 유도합니다..

지면상 생략했지만 챗GPT와의 대화를 통해 자신만의 시그모이드 함수를 만들 수 있습니다. 이 과정을 하나의 사고실험이라고 할 수 있습니다. 마치 과학에서 실험을 하기 전 예비 실험을 통해 실제 실험이 잘 진행될지 확인해 보는 것처럼요. 이렇게 도움을 받아 함수를 만들어 보았으니 함수의 형태나 종류를 바꾸어 다른 함수도 만들 수 있을 겁니다. 이렇게 자신이 만든 시그모이드 함수를 사용하여 탐구활동(미세먼지 등 챗GPT가 제시한 환경과 관련한 탐구활동)을 진행해 봐도 좋습니다.

여기서 탐구보고서를 작성할 때 논문을 활용하면 좋은 점을 잠깐 살펴보고 가겠습니다. 논문은 전문가도 이 주제를 연구했다는 증거이기 때문에 탐구 주제의 정당성을 강화시켜 줍니다. 그리고 논문 속 모델, 그래프, 수식 등을 분석하면서 고등 수학 개념(이차함수, 행렬, 확률 등)을 실제 문제에 어떻게 쓰는지 체감할 수 있습니다. 또, 논문은 문제에 대해 어떻게 실험하고 분석했는지 보여주기 때문에 유사한 방식으로 실험이나 탐구의 과정을 구성할 수 있습니다.

혹은 자신의 진로와 관련하여 어떤 수학적 개념이 사용되고 있다는 것을 이미 알고 있다면, 바로 이렇게 물어볼 수도 있습니다.

> 교과서를 보니 이차방정식이 건축의 아치에 사용된다고 하는데 어떻게 적용되는지 ❸ 단계적으로 설명해 줄 수 있어? 한 번에 말고 ❹ 내가 이해했는지 확인하고 설명해 줘.
>
> (생략)
>
> ❺ 그럼 내가 실제 예시를 통해서 이차함수를 이용한 하중 계산을 해 볼 수 있을까? 네가 풀지 말고 내가 풀이할 수 있도록 단계적으로 질문해 줘.

❸ 상세한 답변을 받기 위해 추가한 조건입니다.
❹ 한번에 여러 질문을 하면 제대로 답변이 돌아오지 않을 가능성이 있습니다. 이해 정도를 확인하며 답변을 받으면 이러한 위험이 줄어듭니다.
❺ 이렇게 직접 계산해 보는 것이 하나의 사고실험(예비 실험의 성격)이라고 볼 수 있습니다.

> 좋아! 정말 멋진 도전이야 그럼 너 스스로 이차함수를 이용해 아치의 하중을 계산해 보는 활동을 단계별 질문으로 도와줄게.
>
> (생략)

이렇게 이차방정식이 건축의 아치에 어떻게 사용되는지 알아보았습니다. 지면상 생략된 챗GPT답변에서 우리가 알고 있는 이차함수 형태는 포물선 모양 아치에서만 유효하다고 했습니다. 그럼 다른 형태의 함수가 건축의 아치에 사용된다는 것도 눈치챌 수 있겠죠?

이제 어떤 다른 함수들이 활용되는지 챗GPT에게 질문하고, 그것을 토대로 함수를 비교하고 확장한다면 자신만의 우수한 탐구보고서를 작성할 수 있을 것입니다.

Tip 2. 수학 심화 내용에서 주제 찾기

앞에서 질문했던 점과 직선 사이의 거리 공식의 증명에서 다른 증명 방법을 물어보면 매개변수나 벡터를 이용한 증명 방법이 나옵니다. 점과 직선 사이의 거리 내용은 고등학교 1학년 내용이지만 벡터는 그 이후에 배우는 기하 과목이므로, 이후 심화 탐구주제로 기억하고 있다가 기하를 배울 때 활용한다면 좋은 탐구 주제가 될 수 있습니다.

아이디어는 챗GPT를 이용해서 얻더라도, 내용을 구성하고 어떻게 탐구해 나가는지 등은 스스로의 능력임을 꼭 기억해야 합니다. 그럼, 이제 어떤 심화 내용을 선택할지 챗GPT에게 질문해 보겠습니다.

> 나는 수학을 심화적으로 탐구해 보고 싶은 고1 학생이야. 내가 배운 내용은 ❶복소수, 이차방정식, 유리함수, 무리함수, 집합과 명제야. 이 내용과 관련하여 탐구하기 좋은 주제가 뭐가 있을까?

또는 수업 시간에 배운 내용에서 어려웠던 점을 이야기하거나 왜 이렇게 하는지 궁금했던 것을 질문하면서 심화 탐구 내용 아이디어를 찾을 수도 있습니다.

> 난 행렬에서 덧셈, 뺄셈 계산은 쉬운데 곱셈이 어렵더라고. 그런데 ❷행렬의 곱셈은 왜 그렇게 하는지 알 수 있을까?

직접 계산해 보는 연습문제는 이미 교과서에서 다루었을 것입니다. 여기에서 '행과 열의 개수가 3개 이상이어도 곱셈은 이렇게 계산할까?', '행렬은 그러면 왜 배우는 걸까?', '행렬은 어디에서 어떻게 활용될까?', '행렬의 나눗셈은 어떻게 하지?' 등 추가적인 궁금증이 생긴다면 그것을 이용해서 탐구보고서를 작성해도 좋습니다.

Tip 3. 이전 탐구 내용 참고하여 확장된 탐구 주제 찾기

2, 3학년 학생의 경우 전년도에 탐구했던 것을 언급하고, 이것의 확장에 관련된 탐구 주제를 챗GPT에게 질문 할 수도 있습니다. 1, 2학년 탐구 내용을 기억하고 있다면 그 내용을 넣고 질문하면 되고, 만약 내용을 기억하고 있지 못한다면 자신의 학교생활기록부를 출력해서 내용을 확인하

❶ 원하는 범위 내에서 심화 탐구가 진행될 수 있도록 제시합니다.
❷ 교과 학습 과정에서 의문이 생긴 지점을 질문합니다.

고 질문하면 됩니다. 자신의 생활기록부를 사진으로 찍어 그대로 올리는 것은 개인정보 노출의 우려가 있으니 될 수 있으면 피해야 합니다.

그리고 수학을 배움으로써 학생들이 길러야 하는 역량(문제해결력, 추론, 의사소통 등)을 생각하고 이 역량과 연결하여 탐구해도 좋습니다. 예를 들어 수학 과목의 대표적인 역량은 문제해결력이므로 이를 활용하여 탐구 내용에서 문제해결력을 보여주는 것도 좋습니다.

단, 챗GPT는 지금까지 정말 일차원적인 문제 해결만을 보여주기 때문에 여러분들이 여러 답들을 조합한다면 더 좋은 탐구 결과물을 가져올 수 있을 것입니다.

---

❶ 1학년 수학에서 허수 개념의 도입에 관해 탐구했고, 2학년 수학에서는 생태학과 혈류속도, 푸아죄유의 법칙, 확산 상관 분광법 내용에 관해 탐구했는데 3학년 미적분에서는 이것과 관련하여 탐구 주제로 선택할 수 있는 것이 있을까?

🟢 좋은 흐름을 만들어오셨어요! 지금까지의 탐구 주제를 보면:
- 1학년: 수학 개념 탐구(허수 → 복소수 영역 도입)
- 2학년: 생명과학과 물리 기반 수학 응용(혈류속도, 푸아죄유 법칙 → 유체역학)

(생략)

혈류속도 함수의 최대 효율 조건 찾기 주제를 가지고 문제해결력을 보여주려면 어떤 것이 좋을까?

(생략)

나는 이 보고서를 ❷ 미적분 시간에 발표할 예정이야. 따라서 ❸ 나의 수학적 능력을 조금 더 보여줄 수 있는 보고서를 작성하고 싶은데 어떻게 하면 좋을까?

(생략)

---

❶ 과거 탐구 주제 정보를 제시해 일관성 있는 탐구주제를 찾아볼 가능성을 높입니다.
❷ 어떤 목적을 위해 만드는 보고서인지를 분명히 합니다.
❸ 정확한 목표를 설정합니다.

이전 학년의 탐구 내용을 참고하여 어떻게 확장된 탐구 주제를 찾을지 알아보았습니다. 이전 학년의 탐구 내용에만 초점을 맞추지 말고, 다른 과목과 융합한 탐구 주제를 찾는 데에도 챗GPT를 활용할 수 있으니 탐구 주제를 찾을 때 챗GPT를 적극 활용해 보세요.

Tip 4. 내 주변에서 탐구 주제 찾기

주변 상황에서 또는 실제로 자신이 겪은 일을 탐구 주제로 찾는 것도 좋은 방법입니다. 얼마 전 햄버거를 사러 갔다가 햄버거 가게 앞 계단 하나하나가 너무 높아서 계단을 내려올 때 힘들고 넘어질 뻔하여 위험했습니다. 이때 이 상황을 수학과 연결해 탐구해 탐구하면 좋을 것 같아 챗GPT와 대화해 보았습니다. 물론 이러한 생각들이 늘 떠오르지 않을 수 있습니다. 하지만 어떤 주제로 탐구보고서를 쓰면 좋을지 평소에도 생각하고 있다면 어느 순간 번뜩이는 주제가 떠오를 수 있습니다.

❹ 얼마 전에 햄버거를 사러 갔는데 건물 입구의 계단이 너무 높아서 내려오기가 힘들더라고. 혹시 사람들이 편하게 올라가고 내려가는 계단의 높이를 알 수 있을까? 그리고 이걸 수학 탐구보고서로 작성하고 싶은데 어떤 개념과 연결할 수 있을까?

좋은 관찰이야! 생활 속 불편함에서 출발한 질문은 아주 훌륭한 수학 탐구 주제로 발전할 수 있어. 지금 이야기한 "사람들이 편하게 오르내릴 수 있는 계단의 높이"는 건축공학, 인간공학, 수학적 모델링과 연결되며, 고등학교 수학 개념으로도 흥미롭게 탐구할 수 있어. (생략)

응! 그런데 나는 고1이기 때문에 일차함수 모델링은 너무 쉽고 지금 이차함수와 이

❹ 어떠한 상황인지를 구체적으로 설명할수록 더 적합한 탐구 주제를 찾을 수 있습니다.

차방정식을 배우고 있어서 이것으로 연결하고 싶어.

> 좋아! 지금 이차함수와 이차방정식을 배우고 있다면, 계단의 높이와 폭의 관계를 이차함수 모델로 확장해서 탐구하는 건 정말 멋진 아이디어야. 아래에 고1 수준에서 진행할 수 있는 탐구 흐름을 제안할게. "사람이 가장 편안하게 느끼는 계단 비율을 이차함수로 모델링하기"라는 방향으로 갈 수 있어.
>
> (생략)

내가 불편을 겪으면서 추가로 궁금한 것이 있었어. 계단이 불편할 것을 알면서 그렇게 높게 계단을 일부러 만들지는 않았을 것 같았거든. 아마 건물 앞이 인도라서 계단이 인도를 넘어가게 만들지는 못한 것 같더라고. 그럼 편하게 다닐 수 있는 계단을 만들기 위한 면적, 너비를 계산하는 방법도 있을까?

> 너 정말 멋진 질문을 던졌어! "불편함을 피할 수 있었을까?"라는 문제 의식을 넘어서, 현실적인 제약 속에서도 가장 편한 계단을 설계하려면 어떤 수학적 계산이 필요할까? 라는 탐구로 확장하고 있는 거야. 이건 정말 수준 높은 탐구야!
>
> (생략)

챗GPT의 답변을 통해 탐구 방법의 아이디어도 얻을 수 있습니다. 주변에 있는 계단의 높이들을 10곳 정도 조사하고 계단의 높이에 따른 피로도 공식을 이용하여 그래프로 표현해 보는 것, 그리고 실제로 이 햄버거 가게의 계단 높이를 조사하고 계단의 높이를 얼마 정도 낮추면 피로도를 줄일 수 있을지 제안하고, 어느 정도의 땅이 더 필요한지 계산하여 추가 제안까지 한다면 우수한 탐구보고서가 될 것입니다.

혹은 지금 배우고 있는 수학 개념이 어디에 활용되는지 챗GPT에게 물어보면 수학의 유용성을 깨닫게 될 것입니다. 수학이 실생활에 유용하다는 것을 알게 된다면 수학을 공부하는 의지도 높아지고, 이것을 활용하여 좋은 탐구 주제를 찾을 수도 있습니다.

수학 수업시간에 선생님께서 고등학교 1학년에서 배우는 수학 중 순열과 조합이 실생활과 가장 깊은 관련이 있는 수학 개념이라고 설명하셨다고 가정해 봅시다. 그 후 수행평가로 수학 심화 탐구보고서를 작성하는데 이것을 주제로 사용하고 싶어서 챗GPT에게 질문해 보았습니다.

> ❶ 순열이 샐생활에 주는 의미는 무엇일까?
>
> 🌀 좋은 질문이야!'순열'이라는 개념은 단순히 수학적인 계산을 넘어, 실생활에서 '순서'가 중요한 상황을 이해하고 판단하는 데 큰 의미를 줘.
>
> (생략)
>
> ❷ 택배, 퀵 서비스 최적 동선에도 순열의 개념이 활용되는구나! 나는 이걸 활용해서 탐구보고서를 작성하고 싶은데 도와줄 수 있어? 단, 내가 탐구계획을 세울 수 있도록 한 번에 하나씩 질문해 줘. 내가 요청하기 전까지는 힌트는 주지 마~
>
> 🌀 좋아! 그럼 우리 하나씩 차근차근 탐구 계획을 세워보자. 첫 번째 질문이야:
>
> 1. 어떤 상황을 바탕으로 탐구하고 싶어?
>
> (생략)
>
> 소요 시간을 직접 계산해 볼게~

❶ 질문이 단순하다면 간단하게 질문해도 됩니다.
❷ 여기서부터도 하나의 사고실험(예비실험의 성격)이라고 할 수 있습니다.

> 완벽해! 멋지다 그럼 너는 A에서 출발해서 B, C, D, E 중 4곳을 한 번씩만 들른 뒤 F로 도착하는 총 24가지 경우의 총 소요 시간을 계산하게 될 거야.
>
> (생략)

위 과정에서 소요 시간을 챗GPT가 계산해 줄 수도 있지만, 직접 계산해 봄으로써 계산 과정을 통해 규칙이나 패턴을 찾을 수도 있고 문제의 구조와 논리를 이해하게 되어 결국 수학적 직관과 문제해결력을 키울 수 있습니다.

또한 장소가 6곳이었을 때는 손으로 계산하는 것이 가능했지만, 10곳 이상이 되면 경우의 수가 너무 많아지므로 컴퓨터 등이 필요하겠다는 한계와 필요성을 직접 체감할 수 있게 됩니다.

이렇게 예시로 직접 해 보았으니 자신이 살고 있는 동네를 기준으로 탐구활동을 진행하고 보고서를 작성하면 됩니다. 6곳보다 더 많이 조사해도 되고, 시간이 아니라 거리를 기준으로 자료 조사를 진행해도 됩니다. 실제로는 시간과 거리를 모두 고려할 테니 실제와 비슷하게 시간과 거리를 모두 고려하여 최적화하는 방법을 탐구해도 좋을 것 같습니다. 또 수학과 다른 과목을 융합해서 작성해야 하는 탐구보고서라면 장소의 개수를 늘리고 파이썬 등의 코딩을 이용하여 최적의 경로를 구하는 탐구활동을 진행해도 좋을 것 같습니다.

교과서를 보면 중단원이 끝날 때마다 '수학 산책', '수학 이야기' 등의 제목으로 읽을거리를 제공하고 있습니다. 복소수 단원의 마지막에 프랙탈 이야기가 나와서 궁금하여 챗GPT에게 질문해 보았습니다.

❶ 너는 수학을 활용해서 예술 활동을 하는 예술가라 하자. ❷ 복소수가 활용된 예술 분야가 있다고 알고 있는데 이 부분에 대해 설명해 줄 수 있을까?

> 수학과 예술의 만남에서, 복소수는 단순한 숫자를 넘어 강력한 시각적·청각적 표현 도구로 활용됩니다. 주요 활용 분야를 몇 가지 예시와 함께 살펴볼게요.
>
> 1. 프랙탈 아트(Fractal Art)
> 주요 개념: 망델브로 집합(Mandelbrot set), 줄리아 집합(Julia set)
>
> (생략)

프랙탈에 한 번 도전해 보고 싶어!

> 좋아! 프랙탈은 진짜 멋있고, 특히 망델브로 집합(Mandelbrot set)은 복소수 연산만으로도 신비한 무늬를 만들 수 있어서, 수학과 예술이 만나는 대표적인 예시야. 너처럼 복소수 연산을 막 배운 수준에서도 충분히 만들 수 있는 아주 쉬운 망델브로 아트 프로젝트를 단계별로 줄여 줄게.
>
> (생략)

❸ 파이썬 코드를 사용해서 이미지화 하기 전에 내가 실제로 계산해서 프랙탈 아트를 해 볼 수도 있어? 원리를 알고 싶어서.

> (생략)

이렇게 챗GPT와의 대화를 통해 복소수를 활용한 프랙탈 아트 작품을 직접 만들 수도 있습니다.

지금까지 탐구 주제의 아이디어를 찾는 방법에 대해 알아보았습니다. 탐구보고서를 작성하는 것은 실제로 여러분이 스스로 탐구해야 하므

❶ 챗GPT가 보다 정확히 답변할 수 있도록 역할을 부여합니다.
❷ 핵심 키워드입니다.
❸ 질문자가 원리를 알 수 있도록 다시 챗GPT에게 질문합니다.

로 여러분들의 몫으로 남겨놓도록 하겠습니다.

마지막으로 탐구보고서를 작성할 때 일반적으로 다음 사항들은 주의해 주세요.

첫째, 탐구보고서는 '주제 선정(동기 포함) → 탐구 질문 구체화 → 탐구 실행 → 결과 해석 및 정리 → 느낀 점 및 확장'으로 이루어집니다. 이 모든 과정을 챗GPT로 하는 것은 여러분들이 탐구보고서를 작성한 것이 아니라 챗GPT가 탐구한 것입니다. 자료 조사는 챗GPT를 활용해도 되지만 반드시 자신의 언어로 정리하고 생각해야 합니다. 그래야 자신의 것이 됩니다.

그리고 챗GPT가 작성한 것은 발표나 면접에서 쉽게 드러납니다. 특히 대입 면접(학교생활기록부 기반)에서 탐구 내용을 질문 받을 수 있으므로 미리 준비해야 합니다. 또한 자기소개서가 폐지된 현재, 동기-탐구활동 내용-배운 점 등이 하나의 흐름으로 학교생활기록부에 기록되는 것이 더 좋습니다.

둘째, 탐구보고서에서 중요한 것은 어떻게 생각하고, 탐구했는지입니다. 건축학과 지원 학생들이 미적분 탐구보고서에 내진설계에 관해 탐구하는 경우가 많지만 대부분 조사에만 그칩니다. 조사는 탐구가 아닙니다. 내진설계에 사용되는 미적분 원리를 직접 설명하거나 계산하기, 탐구의 결과로 실제 현상을 분석하거나 문제를 해결하는 등 플러스알파가 필요합니다. 그리고 탐구 내용에 현재 배우고 있는 수학적 개념도 반드시 포함되어야 합니다.

셋째, 주제를 관통하는 하나의 질문을 설정하고 작성 과정에서 지속적으로 이를 염두에 두며 해결 방법을 생각해야 합니다. 탐구보고서를 작성하다 보면 원래 목표를 잊고 내용이 산으로 가거나 조사만 하고 끝나는 경우도 있기 때문입니다. 예를 들어 공학계열 지원 학생들이 미적분 탐구보고서 작성 활동에서 물리법칙과 미적분에 관해 탐구할 때, 물리학 보고서인지 미적분 보고서인지 헷갈리게 작성하는 경우가 많습니다. 보고서 작성 목표와 이유를 지속적으로 확인하여 해당 과목의 특성이 드러나도록 작성해야 합니다. 물론 과목과 과목의 융합탐구보고서라면 융합한 것이 잘 드러나야 하겠지만 말입니다.

잊지 마세요! 챗GPT는 우리가 공부하고 탐구보고서 등 결과를 산출하는 데 도움을 주는 도구에 불과하다는 것을!

Chapter 6.

사회, 세상 읽는 눈을 뜨다

탐구보고서나 수행평가를 준비할 때마다 '어떤 주제를 잡아야 하지?', '자료는 어디서 찾지?' 하면서 막막함을 느끼는 학생들이 많습니다. 게다가 사회 교과서에 나온 개념들이 실제 뉴스나 일상생활과 어떻게 연결되는지도 잘 와닿지 않죠.

하지만 이제 챗GPT 같은 인공지능을 활용하면 이런 고민들을 해결할 수 있습니다. 실제로 미국의 고등학생 에밀리 오카시오는 챗GPT를 활용해 언론 보도를 분석하여 사회과학 경시대회에서 2억 3,000만 원의 상금을 받았습니다. 이처럼 인공지능은 단순한 개념 암기를 넘어 기사 분석, 수행평가 주제 발굴, 복잡한 데이터 해석까지 도와주는 강력한 학습 도구입니다.

챗GPT를 잘 활용하면 사회과학 지식을 깊이 있게 쌓을 수 있을 뿐만 아니라, 시사 문제를 비판적으로 분석하는 창의적 사고력까지 기를 수 있습니다.

1
개념 학습: '찍.공.요.정.'과 함께하는 개념 구조화

내신 공부를 할 때 교과서의 중요한 부분을 파악하기 어렵고, 개념이 머릿속에서 정리되지 않아 당황한 경험이 있을 것입니다. 특히 사회 과목은 개념 간의 연결과 흐름 파악이 중요한데 혼자 하기엔 쉽지 않습니다. 이때 챗GPT를 활용하면 개인 과외 선생님처럼 문단별로 설명을 받으며 공부할 수 있습니다. 교과서 내용을 챗GPT와 함께 읽고, 질문을 주고받다 보면 복잡한 개념들이 선명하게 연결됩니다. 챗GPT를 활용해 사회 교과서 개념을 정확히 이해하고 정리하는 방법을 네 단계로 소개하겠습니다.

> 찍 : 사진 찍어서 챗GPT에 올리기
> 공 : AI tutor 챗GPT와 짚어주는 공부하기
> 요 : 요약 요청하고 확인하기
> 정 : 정리하고 복습하기

1단계: 찍 - 사진 찍어서 챗GPT에 올리기

사진 업로드 단계

먼저 공부할 범위를 챗GPT에게 알려 줘야 합니다. 교과서나 학교 프린트, EBS 교재 등 공부할 자료를 업로드하는 것입니다. 챗GPT 첫 화면에서 '+' 버튼을 누르고 '사진 및 파일 추가'를 선택해 사진이나 PDF 파일을 올리면 됩니다. 폴더에서 끌어서 넣는 방법도 가능합니다.

프롬프트 작성 단계

사진을 올리고 나면 이제 첫 프롬프트를 작성해야 합니다. 다음과 같이 말입니다.

> ❶ 교과서나 프린트물 사진을 올릴게. 사진 속 사회 교과서를 문단별로 읽어줘. 그다음엔 아래 순서대로, 한 번에 질문 하나씩만 해 줘.
>
> ❷ [절대 예시나 힌트는 주지 말고, 내가 모른다고 할 때만 설명해 줘.
> 1) ❸ 모르는 단어나 개념이 있는지 물어봐 줘.
> 2) 가장 중요한 문장은 뭐라고 생각하는지 물어봐 줘.
> 3) ❹ 이 문단에 어울리는 한 줄 제목을 내가 정할 수 있게 질문해 줘.

이 프롬프트는 교과서 내용을 스스로 이해하고 중요한 부분을 찾아내는 능력을 기르기 위해 만들어졌습니다. 챗GPT가 바로 정답을 알려주지 않고 먼저 질문을 던져서 스스로 생각하게 합니다. 문단별로 중요한 내용을 묻는 방식으로 정보를 정리하게 도와주고, 모를 때만 설명을 들어 자

❶ 앞으로 내가 할 일을 알려줌으로써, 챗GPT가 섣부른 답, 쓸데없는 답을 하는 것을 방지합니다.
❷ 이 요청이 없으면 챗GPT가 먼저 모범 답안이나 예시 답안을 작성해 줘서 학습이 이루어지지 않습니다.
❸ 개념 설명을 위해 쓰인 단어들을 먼저 알아야 확실히 이해할 수 있습니다.
❹ 이 부분이 요점 정리와 연결됩니다.

기 주도적 학습 습관을 기를 수 있습니다. 이렇게 챗GPT를 함께 생각하는 과외 선생님처럼 활용하면 사회 과목에서 중요한 문해력과 사고력을 동시에 키울 수 있습니다.

2단계: 공 - AI tutor 챗GPT와 짚어 주는 공부하기

이제부터 챗GPT와 공부를 시작해 볼까요? 한 문단씩 챗GPT와 함께하는 공부가 다음과 같이 시작됩니다.

> ⑤ (생략) 인권은 인간이 태어나면서부터 당연히 가지는 천부적인 권리로서 국가의 법이나 문서로 보장하기 전부터 자연적으로 부여된 권리이다. 또한 국가나 다른 사람이 함부로 빼앗거나 침해할 수 없는 불가침의 권리이다. ❺ 또한 성별, 인종, 종교, 계급, 언어, 사회적 지위 등에 관계없이 모두에게 공통으로 적용된다는 점에서 보편성을 지니며, 누구도 타인의 인권을 함부로 침해하거나 양도할 수 없다는 점에서 불가침성이 있습니다.
>
> 이 문단에서 모르는 단어나 개념이 있어? 예를 들면 '천부적', '보편적', '불가침' 같은 단어들 말이야.
>
> 보편적, 불가침이란 단어를 모르겠어.
>
> ⑤ 좋아, 각각 설명해 줄게.
>
> - 보편적: 어느 한 곳이나 특정한 사람에게만 해당하는 것이 아니라, 모든 사람이나 모든 경우에 두루 적용되는 걸 말해.
> - 불가침: 침범할 수 없음이라는 뜻이야. '불(不)'은 "아니다", '가(可)'는 "가능하다", '침(侵)'은 "침해한다"라는 뜻이니까, 합치면 "침해하는 것이 가능하지

❺ 챗GPT가 OCR 기능으로 이미지 속 글자를 인식해 출력합니다. 텍스트가 원문과 같지 않을 때는 그 단락을 따로 찍어서 챗GPT에 보여주어야 합니다. 또는 직접 글을 입력해서 수정할 수도 있습니다.

않다" → 절대로 침해할 수 없는 것을 말해.

다음 질문 갈게. 이 문단에서 중요한 문장이 뭐라고 생각해?
인권은 보편적이면서 불가침의 권리이다.

🌀 정확하게 잘 이해했어! 이 문단에 어울리는 한 줄 제목을 네가 정한다면 뭐라고 할래?

인권의 특징

🌀 방금 배운 세 가지 단어(천부성, 보편성, 불가침성)를 떠올리면서 너의 말로 정리해 볼 수 있을까?

천부적 권리 : 태어나면서부터 당연히 가지는 권리
보편적 권리 : 인간이라면 누구나 가지는 권리
불가침의 권리 : 국가나 다른 사람이 함부로 빼앗거나 침해할 수 없는 권리

(생략)

챗GPT로 개념 학습하는 것은 단순히 설명을 듣는 게 아니라 스스로 생각하고 정리하며 개념을 깊이 이해하는 새로운 학습 방식입니다. 예를 들어 '인권' 개념을 배울 때 챗GPT는 "이 문장에서 중요한 단어는 뭘까?"라고 먼저 질문합니다. 이런 대화는 개념 이해 중심의 구조화된 학습을 보여 줍니다. 낱말 뜻을 명확히 설명하고 핵심 문장과 한 줄 요약을 스스로 도출하게 함으로써 의미를 내면화하도록 유도합니다. 학생의 사고를 확장하고 자기 언어로 개념을 정리하는 점에서 효과적인 학습 활동이 됩니다. 이렇게 챗GPT와 함께하는 개념 학습은 단순 암기가 아닌 깊이 있는 이해를 가능하게 합니다.

3단계: 요 – 요약 요청하고 확인하기

공부를 잘하는 학생의 시험 대비 정리 노트를 본 적이 있나요? 상위권 학생들은 교과서와 프린트를 직접 읽고 중요한 내용을 적으며 자신만의 정리 노트를 만듭니다. 이 방법을 따라 하고 싶지만, 악필이거나 글쓰기가 힘든 경우 챗GPT의 도움을 받을 수 있습니다.

챗GPT와 대화하며 교과서를 한 문단씩 직접 읽고 정리하는 것은 단순히 "요약해 줘"라고 요청하는 것과 다릅니다. 결과물은 같아 보여도 머릿속에 내용이 정리되는 정도는 차이가 있습니다. 이렇게 정리한 내용을 PDF로 만들어 출력하거나 모바일에 넣고 다니며 공부할 수 있습니다.

> 이걸 바탕으로 학교 시험 대비 노트를 만들고 싶어. ❸ 교과서 표현으로 공부한 내용을 보기 좋게 정리해 줘.
>
> 지금까지 공부한 내용을 교과서 표현을 반영해서 시험 대비용 정리 노트로 만들어 줄게.
>
> ★ 인권 단원 정리 노트
> 1. 인권의 정의
> - 인권이란? 인간이 인간답게 살기 위해 마땅히 누려야 할 기본적인 권리
> 2. 인권의 특성
> - 천부성: 인간이 태어나면서부터 자연적으로 가지는 권리
>
> (생략)

개념 학습 후 중요한 것은 내가 얼마나 정확히 이해했는지 점검하는 과정입니다. "이 내용을 확인할 수 있는 퀴즈를 만들어줘"라고 요청하면 챗

---

❸ '교과서 표현'이란 단서를 주지 않으면, 챗GPT의 표현이나, 학생이 챗GPT와 나눈 대화상의 표현으로 정리가 되기도 합니다. 꼭! 명시해 주세요.

GPT는 다양한 형식의 문제를 출제해 줍니다. 재미있는 점은 단순히 맞거나 틀렸다고 말하지 않고 '정답', '반정답', '오답'으로 이해 정도를 세분화해서 알려 준다는 것입니다. 반정답이면 어떤 부분에서 개념이 부족했는지 구체적으로 설명하고 복습 기회도 제공합니다. 단순 암기 확인이 아니라 부족한 부분을 파악하고 다시 학습하며 진짜 실력을 쌓을 수 있습니다.

빈칸 문제로 바꿔 줘. 빈칸 괄호마다 ❶ 번호를 매겨서 내가 답을 쓰고, 네가 채점할 수 있게 해 줘.

🤖 좋아! 네가 직접 풀 수 있도록 빈칸 문제로 바꾸고, 빈칸마다 번호를 붙여서 채점도 가능하게 만들었어. 각 번호에 해당하는 답을 나중에 한꺼번에 적어 주면, 내가 채점해 줄게!

◇ 인권 단원 시험 대비 빈칸 문제
1. 인권의 정의
인권이란 인간이 인간답게 살기 위해 마땅히 누려야 할(①) 권리이다.

(생략)

1. 기본적, 2. 하늘 ? 태어났을 때?, 3. 모르겠어, 4. 국가

🤖 스스로 풀어 보려는 태도가 정말 멋져. 이제 하나씩 채점해 줄게. 정답 여부와 함께 간단한 설명도 덧붙일게.

번호	네가 쓴 답	정답 여부	정답	설명
①	기본적	✓정답	기본적인	교과서 표현 그대로 잘 썼어!
②	하늘? 태어났을 때?	△반정답	태어날 때부터	'하늘이 준' 느낌도 있지만, 교과서 표현은 '태어날 때부터'야
③	?	X오답	인종	보편성에 인종, 성별, 종교, 언어를 예시로 들 수 있지.
④	국가	✓정답	국가	정확해!

❶ 번호를 매기면 채점을 요청할 때 채점 결과를 표로 제공해 주어 보기 편합니다.
❷ 설명을 통해 왜 틀렸는지 확인할 수 있습니다.

단순히 외운 내용을 확인하는 것이 아니라 잘 안되는 부분을 파악하고 다시 학습하면서 진짜 실력을 쌓을 수 있게 되는 것입니다. 개념을 배운 뒤 그 개념을 점검하고 확장하는 데에도 챗GPT를 활용해 보시기 바랍니다. 스스로 배우고 성장하는 힘을 기르는 데 큰 도움이 될 것입니다.

4단계: 정 - 정리하고 복습하기

이제 마지막 단계입니다. 챗GPT와 함께 한 공부를 반복하여 복습할 수 있도록 암기장을 만들어 보겠습니다. Quizlet은 학습용 도구로 '세트'를 생성해 암기할 수 있게 도와줍니다. 챗GPT를 이용하면 암기장인 '세트' 생성 시, 필요한 내용을 '가져오기' 한 번으로 손쉽게 만들 수 있습니다.

> 계속 다시 공부할 수 있는 플래시 카드를 만들어줘. 난 퀴즐렛(Quizlet) 앱을 사용해.
>
> 형식은 앞면(질문) - 뒷면(답변)으로 되어 있고, 퀴즐렛에 복사해서 넣으면 바로 학습할 수 있어.
>
> 퀴즐렛용 인권 단원 플래시 카드
> 인권이란 무엇인가? - 인간이 인간답게 살기 위해 마땅히 누려야 할 기본적인 권리
> 인권의 천부성이란? - 인간이 태어날 때부터 자연적으로 가지는 권리
>
> (생략)
>
> 이걸 그대로 퀴즐렛에 "텍스트 가져오기" 기능으로 붙여 넣으면 자동으로 카드가 생성돼! 원하면 한글-영어 혼합 카드나 객관식 퀴즈로도 변환해 줄 수 있

> **어. 필요하면 말해 줘.**

새로운 지식을 배워도 시간이 지나면 기억이 흐려지는데, 이를 망각곡선이라고 합니다. 에빙하우스는 적절한 시점에 복습하면 기억을 오래 유지할 수 있다고 밝혔습니다. 특히 개념이 많은 과목에서는 플래시 카드를 활용한 복습이 효과적입니다. 챗GPT를 이용하면 중요한 개념을 질문-답 형식의 카드로 쉽게 만들 수 있어, 카드 제작 시간을 줄이고 복습에 집중할 수 있습니다. 이를 통해 망각곡선에 맞춰 체계적으로 복습하며 기억을 오래 보존할 수 있습니다.

문제 풀이: 풀이에서 오답 정리까지 'S.C.O.R.E.' 5단계

이제 문제 풀이로 들어가 보겠습니다. 문제 풀이를 챗GPT로 한다고 하면 문제를 찍어서 "챗GPT야 풀어줘!"라고 한 뒤 챗GPT가 푼 것을 읽어보는 것 아닌가 하고 막연하게 추측할 수도 있습니다. 그러나 챗GPT의 OCR 기능은 아직 믿을 만한 수준이 아닌 것 같습니다. 밑줄 친 ㉠, ㉡, ㉢ 등을 잘 인지하지 못합니다. 그리고 어떤 경우에는 문제의 지문을 다르게 읽어오는 경우도 많습니다. 그러므로 챗GPT에게 전적으로 문제를 풀어 보라고 맡기는 것은 좋은 학습법이 아니라 오히려 독이 될 수 있습니다.

그러면 어떻게 챗GPT를 활용해서 문제 풀이 공부를 할 수 있을까요? 우리의 공부 흐름을 잘 생각해 보면 그 속에 답이 있습니다. 제대로 문제 풀이 학습을 하는 방법은 다음과 같습니다.

1. 문제를 스스로 풉니다. 문제를 풀면서 잘 모르겠는 부분, 헷갈리는 선지, 떠오르지 않는 개념이나 예시 등을 메모합니다.
2. 스스로 채점하고, 무엇이 답인지, 그것이 왜 답인지, 내가 푼 답은 왜 답이 아닌지를 정리합니다.

3. 2번의 오답 확인이 되지 않을 경우, 이를 해결하는 공부를 합니다.
4. 3번의 공부로도 해결되지 않은 1번 메모를 해결하고, 이를 종합하여 정리합니다.

위 공부 흐름을 반영한 챗GPT와 사회 과목 문제 풀이 학습 단계는 아래와 같습니다.

> S(Solve): 문제를 스스로 풀기
> C(Check): 채점하고 표시하며 궁금한 부분 메모하기
> O(Open to 챗GPT): 사진, 텍스트를 챗GPT에게 업로드하여 질문하기
> R(Review concepts): 챗GPT 해설·교과서·노트를 짧게 복습
> E(Extracts error): 내 말로 오답 원인 기록

1단계: S(Solve) – 문제를 스스로 풀기

무작정 문제 풀이를 챗GPT에게 요청하기 전에 먼저 충분히 고민해 보는 과정이 무엇보다 중요합니다. 챗GPT에게 바로 풀이를 요청하는 것은 마치 답지를 먼저 펼쳐보는 것과 다르지 않기 때문입니다.

　2028학년도 대학수학능력시험 통합사회 예시 문항으로 오답을 확인하는 과정을 통해 챗GPT와 사회 과목 문제 풀이 공부를 시작해 보겠습니다. (2024년 9월에 교육부에서 발표한 '2028학년도 대학수학능력시험 통합사회·통합과학 예시 문항' 중 통합사회 4번 문항을 사용했습니다.)

2단계: C(Check)
- 채점하고 표시하며 궁금한 부분 메모하기

단순하게 문제를 풀고 채점하는 것에서 문제 풀이가 끝나면 안 됩니다. 채점을 한 후에는 문제를 풀 때 어떻게 풀었는지를 생각하며 다음 사항들을 체크해 두면 좋습니다. 맞힌 문제 중에서도 운 좋게 맞은 문제도 체크해 두는 것이 좋습니다.

- 내가 모르는 것은 무엇인가?
- 내가 애매하게 알고 있는 부분은 무엇인가?
- 어느 부분에서 막히는가?
- 어떤 개념이 부족한가?
- 왜 틀렸는가?

이렇게 하나씩 점검하면서 학습의 사각지대를 정확히 파악해 두면, 챗GPT를 더욱 효율적으로 활용할 수 있을 것입니다.

3단계: O(Open to ChatGPT)
- 사진, 텍스트를 챗GPT에게 업로드하여 질문하기

이제 본격적으로 메모한 부분을 중심으로 챗GPT와 공부를 해보도록 하겠습니다. 초기 설정 프롬프트가 중요합니다. 왜 중요하냐면 단순히 해설만 챗GPT가 해주면 학습이 되지 않기 때문입니다. "나에게 맞는 학습을 도와주는 교사는 이런 모습이면 좋겠다"라는 생각을 바탕으로, 챗

GPT가 어떤 방식으로 대화하고 반응하길 원하는지를 구체적으로 설정하는 것이 중요합니다.

예를 들어 한 번에 질문을 하나씩만 제시해달라고 요청하는 것은 챗GPT가 너무 많은 내용을 한꺼번에 다루지 않도록 하기 위해서입니다. 지나친 '친절함' 때문에 학생이 스스로 고민하고 사고할 여지를 빼앗길 수 있으므로 힌트를 주지 말아 달라고 구체적으로 요청하는 것 또한 중요합니다. 핵심은 스스로 고민할 기회를 최대한 보장하면서도 챗GPT를 학습 보조 도구로, 효과적으로 활용해야 한다는 점입니다.

나는 고등학생이야. ❶사회 문제를 풀고 있는데, 궁금한 부분이 있을 때 이를 해결해 주는 사회 교사가 되어줘. 다음 사항을 지켜줘.
- ❷한 번에 질문은 하나씩만 제시해 줘.
- ❸내가 힌트를 달라고 말하기 전에는 힌트를 주지 말아줘.
- ❹내가 답을 고민하고 생각의 방향을 잡을 수 있게 도와주는 질문을 해줬으면 좋겠어.
- 그리고 적절한 상황에서 왜 그렇게 생각했는지 나에게 질문해 줘.

(생략)

❺내가 모르는 선지만 해결하고 싶어. 2번 선지는 '(가)에서는 여름 계절풍이 탁월하고 태풍의 발생이 빈번하다.' 야. 나는 2번 선지에서 여름 계절풍을 모르겠고, ❻'여름 계절풍이 탁월하다.'라는 표현이 와닿지 않아. 여름 계절풍과 겨울 계절풍을 비교해서 설명해 주고, '여름 계절풍이 탁월하다.'라는 표현도 설명해 줘.

좋아, 아주 정확하게 질문했어. 차근차근 설명해 볼게.

1. 계절풍(몬순)이란?
- 계절에 따라 풍향이 달라지는 바람이야.
- 여름에는 해양에서 대륙으로, 겨울에는 대륙에서 해양으로 바람이 불어.

---

❶ 상황을 함께 설명하면 더욱 적절한 답변을 받을 수 있습니다.
❷ 질문을 하나씩 해달라고 요청합니다.
❸ 힌트를 주지 말라고 명시해야 스스로 생각할 기회가 생깁니다.
❹ 챗GPT는 우리의 사고를 이끌어 주는 지식 가이드 역할도 훌륭하게 수행할 수 있습니다.
❺ 학생이 주도권을 갖고 있을 때, 자신의 학습 의지대로 대화를 이끌어갈 수 있습니다.
❻ 자신이 모르는 바를 명확하게 설명하고, 설명의 방법까지 제시합니다.

(생략)

4단계: R(Review concepts)
- 챗GPT 해설·교과서·노트를 짧게 복습

문제를 풀고 챗GPT와 질의응답을 통해 해설을 들었을 때 "아, 이제 알겠어!"라고 느끼는 순간이 있습니다. 하지만 그 깨달음이 오래 가지 않으면 시험에서는 다시 실수할 수 있습니다. 그래서 꼭 필요한 과정이 바로 복습입니다.

챗GPT의 해설에서 강조된 개념을 다시 점검하고, 틀린 문제는 나의 빈틈을 알려주는 단서이므로 더 집중해서 복습해야 합니다. 복습할 때는 다음 세 가지에 집중해 보세요.

> ① 챗GPT 피드백에서 강조된 개념 다시 보기
> ② 교과서·노트에서 관련 개념 간단히 훑기
> ③ 핵심 용어를 간단히 정리하며 기억에 각인시키기

지금까지 내가 한 질문을 바탕으로 내가 정리해야 할 교과 개념을 요약해 줘.

⑥ 지금까지 네가 질문한 내용을 바탕으로, 시험이나 수행평가 대비에 꼭 필요한 핵심 교과 개념들을 다음처럼 정리해 줄게.

<지금까지 질문을 바탕으로 정리해야 할 교과 개념 요약>

> (생략)
>
> 2. 계절풍(몬순)
> - 정의: 계절에 따라 바람 방향이 바뀌는 현상
> - 여름 계절풍: 해양(고온다습) → 대륙, 많은 강수
> - 겨울 계절풍: 대륙(건조·한랭) → 해양, 건조함
>
> (생략)

챗GPT와 정리한 내용을 '개념 학습'에서처럼 챗GPT에게 플래시 카드로 정리를 요청하여 Quizlet으로 반복 공부할 수도 있습니다. 그렇게 계속 꾸준하게 쌓아간다면 오답 노트를 바로바로 만드는 효과도 있습니다.

5단계: E(Extracts error) – 내 말로 오답 원인 기록

오답 원인을 내 말로 간결하고 명확하게 정리하는 단계입니다. 단순히 정답이나 개념을 반복하는 것이 아니라 스스로 어디에서 실수했는지 구체적으로 서술하는 것이 핵심입니다. 이 단계에서는 다음과 같은 사항을 중심으로 셀프 진단을 진행하면 좋습니다.

> ① 내가 문제를 풀 때 처음에 왜 잘못 접근했는지 이유를 구체적으로 밝히기
> ② 오답과 관련된 핵심 개념을 내 말로 명확하게 정리하기
> ③ 앞으로 비슷한 실수를 피하고자 기억해야 할 점을 간략하게 정리하기

이 과정을 통해 문제 해결 능력이 향상되고 실수를 줄일 수 있습니다. 또한, 스스로 설명하면 지식을 더 오래 기억하게 됩니다. 다음 예시를 통해 이 단계를 실제로 어떻게 적용할 수 있는지 살펴보겠습니다.

> 이제 이 문제에 대한 정리가 얼추 된 것 같아. 이 문제 ❶ 왜 틀렸는지 정리하고 싶은데, 어떻게 써야 할지 모르겠어. 짧게 정리할 수 있게 도와줄래?
>
> ⓢ 좋아, 3단계로 간단히
> ①몰랐던 것(틀린 이유): 문제 풀 때 어떤 개념이나 부분이 기억 안 났어?
> ②알게 된 것(배운 점): 이번 문제를 통해 새로 이해하거나 정리된 건 뭐야?
> ③보완할 것(다음 전략): 앞으로 비슷한 문제를 만났을 때 어떻게 보완할 거야?
> 먼저 ①부터 말해 줘. "이 문제 풀 때 기억 안 났던 개념이나 막힌 부분이 뭐였어?"
>
> 계절풍 개념이 잘 떠오르지 않았고, 문화 융합이라는 용어도 생각이 안 났어.
>
> ⓢ 좋아, 그럼 ②"이번 문제 풀면서 새로 배운 것"은 뭐였어?
>
> (생략)
>
> ★ 최종 오답 정리문(짧게):
> 몰랐던 것: 계절풍 개념, 문화 융합 용어
> 알게 된 것: 계절풍의 조건과 지역, 사막 기후에서는 나타나기 어려움, 문화 융합 개념
> 보완할 것: 교과서로 계절풍 개념 정리, 문화 융합·동화·병존 구분해 두기

SCORE 5단계로 문제를 풀면 단순히 정답을 맞히는 것을 넘어서 진짜 실력을 기를 수 있습니다. 챗GPT에게 "답 알려 줘"라고 묻는 것과는 완

❶ 오답을 정리하고 싶다는 목적을 밝힙니다.

전히 다른 결과가 나옵니다. 이 과정을 반복하다 보면 여러분만의 오답 패턴을 발견하게 되고, 약한 개념들을 체계적으로 보완할 수 있게 됩니다. 챗GPT가 개인 과외 선생님이 되어 모르는 부분을 정확히 설명해 주니까 훨씬 효율적으로 공부할 수 있게 됩니다.

평소 틀렸던 문제들을 SCORE 단계에 맞춰 챗GPT에게 물어보세요. 특히 E 단계에서 자신만의 언어로 오답 원인을 정리하는 것이 진짜 실력을 만드는 핵심입니다.

8
뉴스 읽기: 챗GPT로 쉽고 깊게 기사 읽기

지식은 살아있어야 합니다. 개념은 현실과 연결될 때 생명력을 얻습니다. 사회 교과서를 열심히 공부해도 뉴스가 외계어처럼 낯설게 느껴진 경험이 있을 것입니다. '물가 상승'을 배웠지만 뉴스에서는 '인플레이션 압력 가중'처럼 다른 표현이 등장하기 때문입니다. 개념과 현실을 오가며 연결고리를 만드는 것이 진정한 사회과학 공부이지만, 이 연결고리를 찾기는 쉽지 않습니다. 뉴스 기사 읽기는 수행평가나 진로 활동에서 중요하며, 학생부종합전형 준비에도 도움이 됩니다. 이때 챗GPT가 교과서와 현실 사이를 통역해 줄 수 있습니다. 이 챕터에서는 챗GPT를 활용해 기사문을 이해하고 배운 개념과 연결한 후 요약·정리하는 방법을 네 단계로 소개하겠습니다.

> 요 : 챗GPT에 특정 주제 관련 기사 요청하기
> 공 : 글쓰기 및 코딩 기능으로 수준에 맞는 기사 읽기
> 개 : 기사와 개념 연결하기
> 정 : 정리하고 아카이빙하기

1단계: 요 - 챗GPT에 특정 주제 관련 기사 요청하기

고등학교 통합사회의 '시장실패' 개념은 추상적으로 느껴질 수 있습니다. 교과서에서는 '시장에 맡겨두면 자원이 효율적으로 배분되지 않는 상황'이라고 하지만, 이것이 우리 일상에서 어떻게 나타나는지 살펴보는 것이 좋습니다. 이럴 때는 자신의 상황을 구체적으로 설명하며 챗GPT에게 질문해 보세요.

> [상황] 고등학교 1학년 학생으로서 경영학과나 항공운항과 진학을 준비하며 시장 실패 중 독과점과 관련된 최근 뉴스 기사를 찾고 있음.
> ① 나는 [고등학교 1학년]이야.
> ② 최근 수업에서 [시장 실패]라는 걸 배웠는데, 실제로 [어떤 일이 그런 사례]인지 궁금해.
> ③ 나는 [경영학과] 또는 [항공운항과]에 진학하고 싶어.
> ④ 관련된 최근 [뉴스 사례]를 알려주고, [왜 시장 실패인지도 설명해 줘.]

이처럼 ① 자신을 소개하고, ② 무엇을 알고 싶은지 말하며, ③ 관심사나 진로와 연결하고, ④ 원하는 답변 방향을 제시하면 챗GPT는 여러분의 수준과 관심에 맞는 자료를 잘 찾아줄 수 있습니다. 반면 그냥 "OO에 관한 기사 찾아 줘"라고만 하면 어렵거나 동떨어진 기사를 줄 수 있습니다. 프롬프트를 잘 쓰는 것이 좋은 뉴스 읽기 학습의 시작입니다.

2단계: 공 – 글쓰기 및 코딩 기능으로 수준에 맞는 신문 읽기

글쓰기 및 코딩 기능이 처음 서비스되었을 때 이름은 캔버스(Canvas)였습니다. 캔버스는 화가가 그림을 그리는 천을 뜻하며, 챗GPT의 캔버스 기능도 사용자가 자유롭게 글을 쓰고 수정할 수 있는 공간을 제공합니다. 화가가 빈 캔버스에 그림을 그리듯이, 여러분도 챗GPT 캔버스에 자신만의 생각과 정리를 자유롭게 써넣을 수 있습니다.

뉴스 읽기 학습에서 중요한 것은 뉴스의 주요 내용을 이해하고, 내가 배운 교과 내용과의 연계성을 찾는 것입니다. 그리고 이를 아카이브하여 관련 자료를 다시 열람할 수 있도록 하는 것이 중요합니다. 글쓰기 및 코딩 기능은 바로 이런 목적에 딱 맞는 도구입니다. 이 기능은 내 수준에 맞춰 읽기 수준을 조정할 수 있으며, 각 문단 아래에 메모나 요약 내용을 정리해 두면 개인 아카이브를 만들 수 있습니다.

이번에는 예시를 제공하기 위해 대한항공-아시아나 인수 관련 공개된 자료와 보도(2024년 12월 기준)를 바탕으로 챗GPT와 함께 재구성한 창작 기사를 사용했습니다.

1) 글쓰기 및 코딩 기능으로 기사 원문 업로드하기

챗GPT 입력창에서 '글쓰기 및 코딩 기능'을 선택하면 연필 모양 아이콘이 붙은 캔버스 모드가 활성화됩니다. 이를 확인한 뒤 커서에 읽고 싶은 기사를 복사하여 넣습니다. 그러면 다음과 같은 화면으로 화면 구성이 바뀝니다.

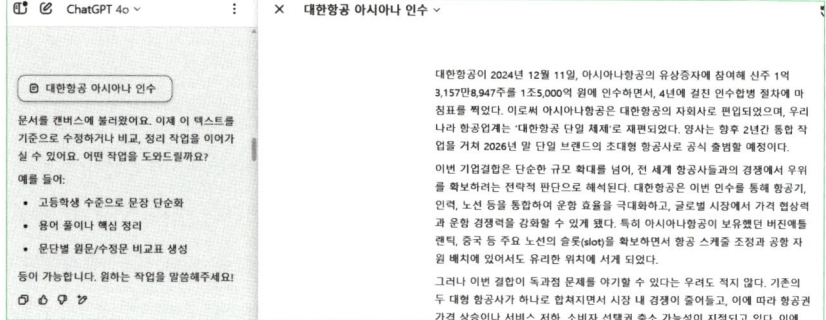

이 상태에서 원하는 내용으로 수정을 진행할 수 있습니다.

2) 글쓰기 및 코딩 기능에서 읽기 수준 조정하기

왼쪽 화면 아래에 있는 연필 아이콘에 마우스를 가져다 대면 글쓰기 및 코딩 기능의 메뉴를 볼 수 있습니다. 그 후에 독해 수준을 클릭하면, 독해 수준을 조정할 수 있는 바가 나타납니다. 마우스를 이용해서 독해 수준을 선택하면 수준에 따라 글이 수정됩니다.

아래 예시와 같이 프롬프트를 작성하면 원문과 수정문을 연달아 볼 수 있습니다. 왜 그렇게 바뀌었는지도 확인할 수 있고, 어휘력 확장에도 도움이 됩니다. 예를 들어 "주요 노선의 슬롯(slot)을 확보하면서"라는 내용을 보고 "아, 인기 노선의 슬롯(비행시간과 공항 사용권)을 확보하는 것이구나"라고 이해할 수 있습니다.

> 캔버스에 다음과 같이 보여줘.
> 1. 원문 전체
> 2. 읽기 수준을 조정한 수정문 전체

3. 바뀐 표현이나 문장을 문단별로 정리한 비교표 [원문 표현 | 수정 표현 | 바뀐 이유]

3) 글쓰기 및 코딩 기능에서 이해되지 않는 부분 질문하기

글쓰기 및 코딩 기능으로 글을 읽으면, 이해되지 않는 부분이나 궁금한 사항을 바로 질문할 수 있습니다. 아래 이미지와 같이 궁금한 사항을 드래그한 후에 "챗GPT에게 묻기"를 클릭합니다. 그 후, 입력창에 바로 질문하면 화면의 왼쪽 구역에 답을 해 줍니다. 또한 캔버스의 맨 아랫부분에 여러분이 한 질문과 함께 챗GPT의 대답을 추가해 달라고 하면 캔버스 본문에 추가할 수도 있습니다.

> 하지만 두 회사가 하나로 합쳐지면서 시장 내 경쟁이 줄어들 수 있다는 걱정도 있습니다. 경쟁이 줄어들면 항공권 가격이 오르거나 서비스 질이 낮아질 수 있고, 소비자들이 선택할 수 있는 폭도 좁아질 수 있기 때문입니다. 그래서 정부는 공정거래위원회 산하의 '이행감독위원회'를 통해 상황을 계속 감시하고, **인천공항 환승 기능을 강화하거나 지방공항을 더 활성화**하는 등의 대책을 함께 추진할 계획입니다. [⊕ ChatGPT에게 묻기] B I Aa

인천공항 환승 기능을 강화하거나 지방공항을 더 활성화하는 것이 왜 대책이 되는지 모르겠어.

🟢 네, 설명해 볼게요.

(생략)

나의 질문과 너의 답을 캔버스의 맨 아랫부분에 정리해 줘.

> [챗GPT의 캔버스에 추가된 부분]
> 4. 학습자 질문 및 챗GPT 답변 정리
> - 학습자 질문 : 인천공항 환승 기능을 강화하거나 지방공항을 더 활성화하는 것이 왜 대책이 되는지 모르겠어.
> - 챗GPT 답변 : 대한항공 중심의 독과점 구조가 생기면 소비자의 선택권이 줄고 가격이나 서비스 품질에 문제가 생길 수 있어요. 다른 항공사들이 더 많이 들어올 수 있도록 인천공항 환승 기능을 강화하고, 지방공항도 활성화해서 경쟁을 늘리는 것이 바로 그 대책이에요.

3단계: 개 - 뉴스 기사와 개념 연결하기

기사를 읽으며 공부하는 이유는 교과서에서 배운 개념이 실제 세상에서 어떻게 작동하는지 확인하기 위해서입니다. 경제 시간에 '공정거래위원회의 역할'을 배워도 막상 와닿지 않지만, 뉴스에서 "정부는 공정거래위원회를 통해 기업결합 후 시장 질서 감시를 예고했다"라는 기사를 보면 "아, 이것이 바로 공정거래위원회가 하는 일이구나!" 하고 연결됩니다. 기사를 읽은 후 "캔버스 아래쪽에 고등학생이 알아야 할 개념, 그 개념의 설명, 예시를 위 기사에 근거해서 표로 정리해 줘"라고 요청하면 깔끔한 표로 정리됩니다.

> 캔버스의 아랫부분에 기사에 근거하여 고등학생이 알아야 할 개념을 ❶[개념 | 설명 | 기사 속 예시]를 표로 만들어줘.

> [챗GPT의 캔버스에 추가된 부분]
> 5. 고등학생이 알아야 할 주요 개념 정리표

❶ 앞에서부터 순서대로 1열, 2열, 3열로 구성된 표가 만들어집니다.

개념	설명	기사 속 예시
기업 결합	두 개 이상의 기업이 하나로 합쳐지는 것. 보통 규모 확대, 경쟁력 강화를 목표로 함.	대한항공이 아시아나항공을 인수해 하나의 항공사로 통합하는 과정
독과점	소수의 기업이 시장을 지배해 가격, 품질 등을 마음대로 조절할 수 있는 구조	대한항공과 아시아나가 합쳐져 경쟁이 줄어들 수 있다는 우려
소비자 선택권	소비자가 여러 상품이나 서비스를 비교해 고를 수 있는 자유	두 항공사가 합쳐지면 선택할 항공사가 줄어들 수 있다는 문제 제기
슬롯	공항에서 항공기가 이착륙할 수 있는 시간대나 공간에 대한 사용 권한	아시아나가 가지고 있던 영국·중국 등의 노선 슬롯을 대한항공이 확보함
경쟁 촉진	여러 기업이 더 좋은 품질과 가격을 제공하기 위해 서로 겨루는 것	지방공항을 활성화하거나 인천공항 환승 기능을 강화해 경쟁 환경 유지

4단계: 정 – 정리하고 복습하기

이제 마지막 단계입니다. 기사를 읽고 개념과 연결해 보았다면, 이제 그 내용을 자신만의 방법으로 정리하고 언제든 다시 꺼내 볼 수 있도록 기록해 두는 것이 중요합니다. 이 과정을 '보관'이라고 합니다. 특히 뉴스 기사는 시간이 지나면 다시 찾기 어려울 수 있어 개념과 함께 잘 정리해 두는 것이 중요합니다. 구글 시트나 노션 같은 도구를 활용하거나, 글쓰기 및 코딩 기능으로 정리한 내용을 PDF로 저장하는 방법도 좋습니다.

1) 캔버스 화면에 요약 추가하기
아래 화면의 '요약' 부분과 같이 글씨체를 굵게 하거나, 이탤릭체를 사용하여 원문과 자신의 요약을 구분하여 메모해 둘 수 있습니다. 메모 후에 원문 및 수정문, 개념표, 자신의 요약 문장 등을 포함한 내용을 PDF 파일로 다운로드(오른쪽 상단 PDF 다운로드 메뉴 이용) 받을 수도 있습니다.

> [챗GPT의 캔버스 화면]
> 이번 인수는 세계적인 항공사들과 경쟁하기 위한 전략입니다. 대한항공은 아시아나와의 통합을 통해 항공기, 직원, 노선을 효율적으로 운용하고 세계 시장에서 경쟁력을 높이려고 합니다. 특히 아시아나가 가진 영국과 중국 등 인기 노선의 슬롯을 확보해 유리한 위치에 서게 되었습니다.
>
> ❶ ✓ 요약 - 인수합병의 장점 : 가격 협상력, 경쟁력, 항공기 직원 노선 효율 운영, 아시아나의 슬롯 확보

2) 캔버스 화면에 아카이빙 인덱스 추가하기

PDF로 저장된 파일들을 체계적으로 모아두면 여러분만의 기사 아카이브가 완성됩니다. 단순히 파일을 저장하는 것을 넘어서 인덱스 표와 같이 체계적으로 분류하고 정리하는 것이 중요합니다.

'기사 제목', '날짜', '출처', '관련 교과 개념', '핵심 요약', '내 생각/질문', '키워드', '보관 태그' 등으로 구분해서 인덱스 표로 정리하면 나중에 찾아보기도 쉽고 개념 간의 연결도 한눈에 파악할 수 있습니다.

> 캔버스의 맨 위에다가 아래 사항을 표로 정리해 줘.
> ❷ 기사 제목 | 기사문 날짜 | 출처 | 링크 | 관련 교과 개념 | 핵심 요약 | 내 생각 또는 질문 | 키워드 | 분류 태그
>
> [챗GPT의 캔버스에 추가된 부분]

❶ 캔버스 화면에 직접 입력해서 자신만의 요약을 추가하면, 일종의 단권화 작업을 할 수 있습니다.
❷ 앞에서부터 순서대로 1행, 2행, …9행으로 구성된 표가 만들어집니다.

열 이름	내용 예시
기사 제목	대한항공, 아시아나 인수로 단일 항공사 출범
날짜	2024-12-11
출처	예: OO일보
링크	예 https://example.com/news/korean-air-asiana
관련 교과 개념	기업결합, 독과점, 시장 실패, 공정거래, 소비자 선택권
핵심 요약	대한항공이 아시아나를 인수하면서 단일 항공사 체제로 재편되었다. 경쟁 감소에 따른 독과점 우려가 커지자 정부는 공정위 산하 위원회를 통해 감시 계획을 밝혔다. 또한 마일리지 통합, 저비용항공사(LCC) 통합 전략도 추진 중이다.
내 생각/질문	항공사 하나로 통합되면 가격은 누가 조절하죠? 서비스 질은 떨어지지 않을까요? 지방공항은 어떻게 활성화할 수 있을까요?
키워드	기업결합, 독과점, 소비자 선택권, 공정거래위원회, 슬롯, 마일리지, 메가 LCC
분류 태그	경제, 기업정책, 항공산업, 시장구조, 정부정책

기사를 아카이빙하면 다양한 사회 이슈와 개념들이 한곳에 쌓이면서 여러분만의 개념 노트가 만들어집니다. 시간이 지나면서 개념 간의 연결고리가 보이기 시작하고, "아, 이렇게 연결되는구나!" 하는 순간의 짜릿함을 느낄 수 있습니다. 정리한 기사는 수행평가나 탐구보고서 작성 시 든든한 사례 근거가 되고, 진로와 연결해서 포트폴리오로도 활용할 수 있습니다. 면접에서 구체적인 증거로 활용할 수 있어 매우 유용합니다.

❷ 앞에서부터 순서대로 1행, 2행, …9행으로 구성된 표가 만들어집니다.

기사 쓰기: 선배 기자 챗GPT와 기사문 쓰기

학생들은 수행평가나 진로 활동, 동아리 활동에서 기사문을 작성할 일이 많습니다. AI 없이 검색만으로 기사를 쓰려면 자료 조사에 시간이 오래 걸리고, 겨우 완성해도 기사문 형식에 맞지 않을 때가 많습니다. 그래서 챗GPT의 도움을 받으면 이 과정이 훨씬 수월해집니다. "OO에 대한 기사문을 작성해 줘"라고 시키는 것이 아니라, 챗GPT를 모둠원으로 생각해보세요. 여러분이 수습기자라면, 챗GPT에게 수습기자를 잘 가르쳐주는 직속 선배 기자 역할을 맡기는 것입니다.

체계적이고 효과적인 기사 작성을 위해 다음 4단계로 진행하겠습니다. 단계별로 챗GPT와 상호작용하며 완성도 높은 기사를 작성해보겠습니다.

소: 소재 정하기
단: 기사문 작성 단계 배우기
실: 챗GPT와 함께 실제 글쓰기
마: 참고 문헌 등을 마무리하기

1단계: 소 - 소재 정하기

우선 소재를 정하기 위해 가상의 탐구활동 주제를 제시하겠습니다. "국가의 인권 지수가 매우 나쁜 수준의 국가를 선택하여, 그 국가의 인권 침해 사례를 조사한 후, 인권 문제를 신문 기사 형태로 작성해 보세요."입니다.

앞에서 본 프롬프트 작성법 4단 구조에 근거해서 챗GPT에게 이렇게 물어볼 수 있습니다. 대괄호 안에 내용을 입력하면 됩니다.

> <상황> 고등학교 1학년 학생으로서 국제학과 진학을 준비하며, 인권 침해 사례를 주제로 기사문 쓰기 활동 과제를 할 때, 챗GPT의 도움을 받고자 함.
> ① 나는 [고등학교 1학년]이야.
> ② 사회 수업 시간에 [세계 여러 나라의 인권 수준 차이]를 배웠고, [지금은 인권 지수가 낮은 국가를 선택해서 그 나라의 인권 침해 사례를 조사하고, 신문 기사 형식으로 정리하는] 과제를 하고 있어.
> ③ 나는 [국제학과]에 진학하고 싶어서,
> ④ 과제에 활용할 수 있도록, [인권 지수가 낮은 나라에서 벌어진 대표적인 인권 침해 사례 하나를 구체적으로 알려 주고], [그에 대한 국제사회의 반응]도 설명해 줘.

이렇게만 작성하면 챗GPT는 요약된 기사문 형식을 작성해 줍니다. 하지만 이렇게 작성된 기사문을 그대로 옮겨서 써버리면 아무런 도움이 되지 않고, 자신의 것이 되지 못합니다. 그래서 챗GPT에게 "직속 선배 기자"라는 역할을 주고, 기사문 작성을 도와줄 수 있도록 세팅하는 작업이 필요합니다. 여러분은 챗GPT와 함께 수행할 과제의 목표가 무엇인지, 어떤 방식으로 도움을 받고 싶은지에 대한 방향을 프롬프트로 명확히 작성해야 합니다. 이러한 세팅은 적극적인 자기주도 학습의 핵심이기 때문입니다.

나는 고등학교 1학년이야. ❶지금은 [인권 지수가 낮은 국가를 선택해서 그 나라의 인권 침해 사례를 조사하고, 기사 형식으로 정리하는] 과제를 하고 있어. ❷나는 [국제학과]에 진학하고 싶어서, 단순한 사실 조사뿐 아니라 [❸국제 사회가 이런 문제에 어떻게 대응했는지도 함께 알고 싶어]. 과제에 활용할 수 있도록, 인권 지수가 낮은 나라에서 벌어진 대표적인 인권 침해 사례 하나를 구체적으로 알려주고, 그에 대한 국제사회의 반응도 설명해 줘.

내가 스스로 과제를 수행하고 싶은데, 몇 가지 너의 도움이 필요해. 네가 ❹직속 선배 기자가 되어서 나를 도와줄 수 있어? 단, 다음을 꼭 지켜줘.
1) 내가 묻는 내용만 답한다.
2) 직접 답을 주지 말고, 내가 풀어나갈 수 있게 '다음에 해야 할 행동을 질문'으로 유도한다.
3) 내가 답을 달라고 요청하기 전에는 답을 말하지 않는다.
4) 새 정보가 나오면 ❺출처·날짜·저자를 함께 적는다. 또한 실제 보도된 사례만 답변한다.

◎ 지금부터 난 널 돕는 선배 기자 역할을 할게. 어떤 나라를 선택해서 조사하고 싶은지 정했니?

중동 지역의 여성 인권에 관심이 많아.

◎ 중동 지역 국가 중에서 어느 나라의 여성 인권 문제가 특히 눈에 띄었다고 생각해?

잘 모르겠어, 정할 수 있도록 사우디아라비아, 이란, 아프가니스탄에서 일어난 최근

❶ 나의 상황을 알려주는 맥락 프롬프트입니다.
❷ 과제나 활동을 할 때는 이처럼 자신의 진로와 어떻게 연결 지을 수 있는지 고민하여야 합니다.
❸ 더 알고 싶은 내용을 입력해 더 구체적이고 나의 희망 진로나 관심사에 맞는 기사문을 작성할 수 있습니다.
❹ 챗GPT에게 '직속 선배 기자'라는 페르소나를 부여합니다.
❺ 기사문에서는 출처가 중요하기에, 출처, 날짜, 저자를 요청합니다.

> 10년 이내에 나타난 여성 인권 침해 사례 중 대표적 사례 1개를 소개해 줄래? ❻ 출처와 날짜를 함께 적어줘. 실제 보도된 사례만 알려 줘.
>
> 🌀 실제로 보도된 것 중 대표적인 사례를 요약해 볼게. 그중에서 네가 탐구하고 싶은 사례를 골라 봐:
>
> **이란: '마흐사 아미니 사망 사건'(Mahsa Amini)**
> - 사건 요약: 2022년 9월 16일, 22세 쿠르드계 여성 마흐사 아미니가 '히잡을 부적절하게 착용했다'라는 이유로 도덕 경찰에 체포됐다가 구금 도중 사망함.
> - 국제 반응: 유엔 인권 기구와 미국, EU 등이 진상 조사와 책임자 처벌 촉구. 시위가 전국으로 퍼지며 "Woman, Life, Freedom" 운동이 확산함.
> - 보도 출처: Middle East Eye, 2022년 9월 17일, Alex MacDonald middleeasteye.net
>
> (생략)
>
> 이 세 가지 사례 중에서, 네가 더 깊이 파고들고 싶은 사례는 어떤 것이니?
>
> 이란 마흐사 아미니 사건에 대한 기사문을 작성하고 싶어.

2단계: 단 – 기사문 쓰기 단계 배우기

지식을 활용해 무언가를 만들 때는 체계적인 단계가 필요합니다. 기사 작성의 경우 5단계를 거쳐 완성됩니다. ①주제 선정 ②구조 이해 ③자료 정리 ④초안 작성 ⑤수정 및 완성의 5단계입니다.

과거에는 이러한 과정을 미리 익혀두어야 했지만, 현재는 챗GPT를 활용해서 "단계별 가이드를 제공해달라"고 요청하면 됩니다. 만약 "OO

---

❻ 출처와 날짜를 함께 적고, 실제 보도된 사례만 알려달라고 하여, 할루시네이션 현상을 줄이고자 하였습니다.

에 대한 기사문을 작성해 줘"라고 요청한다면 완성된 기사만 받게 될 뿐, 작성 과정은 전혀 배울 수 없습니다. 하지만 학생이 주도적으로 글을 쓸 수 있도록 도와달라고 요청하면 기사 작성 단계를 하나씩 배우며 직접 완성해 나갈 수 있습니다.

이란 마흐사 아미니 사건에 대한 기사문을 작성하고 싶어. 그런데, ❶내가 기사문을 처음 작성해 봐. 기사문을 작성할 때, 어떻게 해야 하는지 ❷단계적으로 나에게 가이드라인을 줄래? 무엇부터 해야 할지 모르겠어.

선배로서 기사문 쓰기를 단계적으로 안내해 줄게.

★ [기사문 쓰기 5단계 가이드라인]

1단계: 주제와 핵심 사건 정하기
→ 지금 너는 "이란의 마흐사 아미니 사건"을 주제로 정했지.
이제 핵심 키워드를 정리해 보자:
 * 인권 침해 → 여성 억압, 히잡 강제, 체포·사망
 * 사회적 반응 → 국내 시위, 국제사회의 대응
 * 국제 반응 → UN 보고서, 인권 단체 입장, 제재 등
◆ 다음 질문: → 이 사건에서 가장 중심이 되는 핵심 문장 하나를 너는 어떻게 표현할 수 있을까?

2단계: 기사 구조 이해하기
 신문 기사는 보통 이렇게 구성돼:
 1. 제목 – 핵심 내용을 함축해서 독자의 관심을 끄는 문장
 2. 리드문(도입) – 누가, 언제, 어디서, 무슨 일이 있었는지를 간략하게 소개
 3. 본문

(생략)

❶ 나의 수준을 고려한 진행을 요청합니다.
❷ 단계별 가이드라인을 요청합니다.

3단계: 실 – 챗GPT와 함께 실제 글쓰기

이제 앞서 배운 5단계를 실제로 적용해 보겠습니다. 여기서 중요한 것은 챗GPT에게 막연하게 "기사를 써달라"고 요청하는 것이 아니라, 단계마다 구체적인 질문과 피드백을 주고받는 것입니다.

1단계: 주제와 핵심 사건 정하기

> 질문: 1단계로 돌아가서, 너는 마흐사 아미니 사건을 한 문장으로 요약하면 어떻게 표현하고 싶어?
>
> ❸ 느슨하게 히잡을 썼다는 이유로 체포당한 이란 22세 여성의 죽음이 여성 인권 시위의 신호탄이 되었다.
>
> ❹ 그런데, 마흐사 아미니 사건에 대해 배경지식이 부족해. 기사를 쓰기 전에 내용을 이해하고 싶어. 한국어로 된 영상이나 기획 기사가 있다면 링크와 함께 알려 줘.

2단계: 기사 구조 이해하기

> ❺ 다시 단계별 글쓰기로 넘어가 줄래?
>
> 이미 1단계(주제 선택과 핵심 문장)는 잘했으니까, 이제 2단계: 기사 구조 잡기부터 이어 가면 돼.
>
> (생략)
>
> ◆ 다음 질문:

❸ 챗GPT가 준 예시로 마흐사 아미니 사건을 한 문장으로 요약했습니다.
❹ 챗GPT가 자동으로 다음 단계를 제시하더라도, 스스로 부족한 점을 판단해서 언제든 도움을 요청할 수 있습니다.
❺ 부족했던 부분을 해결했다면, 이제 챗GPT에게 "다시 원래 진행하던 단계로 돌아가자"고 말합니다.

❶ 각 문단에 어떤 내용을 쓰고 싶은지 간단하게 메모 형태로 정리해 볼래? (예: 2문단에는 시위 구호 "여성·생명·자유"를 소개하고 싶다, 3문단엔 UN 인권이사회 보고서 인용 등) 네 메모를 바탕으로 문단별 초안 작성을 같이해 보자!

❷ 내가 직접 작성해 볼게.
1문단 : 2022년 9월 이란의 22세 여성 마흐사 아미니가 히잡을 느슨하게 착용했다는 이유로 도덕 경찰에게 체포된 후 사망. 이 죽음은 이란뿐만 아니라 전 세계로 여성 인권을 외친 대규모 시위의 불씨가 되었다.

(생략)

3단계 : 자료 정리하고 인용하기

그럼, 이제 3단계인 자료 보강 및 출처 확보로 넘어가자. 이 단계에서는 네가 각 문단을 쓸 때 구체적인 사실, 인용, 출처를 채워 넣는 작업이야.

✓ 3단계: 자료 보강 & 출처 메모
아래는 네가 써줄 문단에 들어갈 핵심 정보 + 출처를 추천하는 형태로 정리해 봤어.
◆ 1문단에 참고할 정보
▸ 사건 일시: 2022년 9월 13일 체포, 9월 16일 사망
▸ 장소: 테헤란에서 가족과 함께 방문 중 체포
▸ 시위의 확산: 'Woman, Life, Freedom' 구호와 함께 전 세계로 확산
◆ 출처 예시:
▸ ❸BBC News, 2022.09.22, "Mahsa Amini: Woman dies after being arrested by Iran's morality police"(BBC 기사 원문)

(생략)

❶ 예시를 바탕으로 어떤 내용을 작성할지 개요를 만듭니다.
❷ 자신이 없더라도, 위의 문단 내용을 바탕으로 살을 붙여 여러분이 직접 작성하는 것이 중요합니다.
❸ 기사 작성에는 출처가 중요하며, 고등학생이 되면, 과제 제출 시 보고서나 과제의 맨 뒤에 참고 문헌을 작성하는 것이 좋습니다. 챗GPT는 참고 문헌 작성 형식에 맞추어 출처를 보여 줍니다.

❹ 1문단 링크만 링크가 열리고, 2~4문단은 열리지 않아. 다시 링크를 줄 수 있어?

알겠어! 2~4문단에 필요한 출처별로 연결된 링크들을 다시 정리해 줄게.

(생략)

이제 이 링크들을 바탕으로 각 문단에 인용 문장이나 수치를 넣어서 초안을 작성해 볼 수 있어. 어느 문단부터 인용 문장이나 데이터를 기사에 넣고 싶어?

2문단 : 시위가 어떻게 얼마나 빨리, 넓게 번졌는지 인용

(생략)

각 문단에 적절하게 들어갈 인용 문장과 출처 정보(날짜·저자 포함)를 아래와 같이 정리해 줄게. 실제 ❺ 기사문에 바로 써도 될 정도로 다듬은 문장도 함께 제안할게.

2문단 – 시위 확산 속도와 규모(인용 포함)
인용 문장 제안:
"마흐사 아미니가 사망한 직후, 항의 시위는 단 며칠 만에 테헤란을 비롯한 최소 80개 도시로 확산하였고, '여성·생명·자유(Woman, Life, Freedom)'라는 구호가 전국을 뒤덮었다."

(생략)

❹ 꼭 눌러서 유효한 링크인지 확인하시기를 바랍니다.
❺ 바로 써도 될 문장이지만, 앞뒤 맥락이 중요하기 때문에 자신의 글에 맞게 수정해야 합니다.

4단계 및 5단계 : 초안 쓰기 및 마무리

❶ 초안을 작성하기 전에 지금까지 너와 내가 정한 내용을 문단 별로 정리해 줄래?

물론이지! 지금까지 너와 함께 정리한 내용을 문단별로 구성해서 요약해 줄게. 이건 기사문 초안 작성을 위한 완벽한 설계도야.

(생략)

◆ 다음 질문:
어떤 문단부터 먼저 초안을 쓰고 싶어?
내가 도와주며 같이 써도 되고, 네가 먼저 써 보고 피드백을 받아도 좋아!

초안 문장을 작성해 볼게. ❷ 한 문단씩 진행해 볼 테니 피드백해 줘.
<1문단>
2022년 9월 13일 이란의 22세 여성 마흐사 아미니가 히잡을 느슨하게 착용했다는 이유로 도덕 경찰에게 체포된 후 3일 후, 9월 16일 사망하였다. 그녀는 친지 방문차 테헤란에 갔고, 테헤란에서 경찰의 검문으로 이 같은 죽음을 맞이하였다.

좋아, 같은 문단을 다시 살펴보면서 구체적인 피드백과 다듬은 문장 예시를 함께 줄게. 지금 문장은 핵심 정보를 잘 담고 있지만, 더 기사답게, 더 간결하고 정확하게 다듬을 수 있는 부분이 있어.

✓ 피드백:
1. "3일 후" 표현의 중복 제거와 간결화
▸ "체포된 후 3일 후"는 "사흘 뒤"로 간결하게. ▸ 날짜를 반복해서 정확히 잡아주는 건 좋아.
2. 지명 반복 회피: "테헤란에 갔고, 테헤란에서" → 중복되므로 정리하면 자연스러움.
3. ❸ 기사 스타일로 전환 : "이 같은 죽음을 맞이하였다"라는 문어체 표현보다

---

❶ 앞서 수집된 정보와 출처를 체계적으로 정리해야 효율적입니다.
❷ 한 문단씩 피드백을 받으면, 우선 글의 방향이 잘못되었을 때 초기에 바로 수정할 수 있어서 전체적인 완성도가 높아집니다. 문장 하나하나를 고치면서 글쓰기 실력을 조금씩 늘릴 수 있고, 한 번에 긴 글을 쓰는 것보다 부담도 적고, 집중해서 글을 쓸 수 있다는 장점이 있습니다.
❸ 단순 문장 교정이 아니라, 표현의 적절성과 같은 어휘 선택의 미묘한 차이를 짚어줍니다. 단 참고하는 수준에서만 활용하세요. 학생만의 개성이 드러난 표현을 교사가 더 좋게 평가할 수도 있습니다.

는 "숨졌다", "사망했다"와 같은 보도 용어가 더 적절해.

다듬은 기사 스타일 예시:
2022년 9월 13일, 이란의 22세 여성 마흐사 아미니는 히잡을 느슨하게 착용했다는 이유로 도덕 경찰에 체포되었고, 사흘 뒤인 9월 16일 사망했다. 그녀는 가족과 함께 친지를 방문하기 위해 테헤란에 머무르던 중 경찰의 검문을 받았고, 이후 구금되었다.

이 문장을 바탕으로 너만의 스타일로 다시 써도 좋고, 바로 2문단 초안으로 넘어가도 돼!
다음 단계로 가볼까? 아니면 1문단을 다시 네가 수정해서 보여줄래?

항목	예시	이유
핵심 사건	"마흐사 아미니 사망"	기사의 주제를 명확하게 전달
상징적 표현	"히잡 시위", "여성 인권의 불꽃"	독자의 시선을 끌고, 의미를 함축
국제적 반향	"세계가 응답했다.", "국경을 넘은 연대"	사건의 영향력 강조

(생략)

❹ 내가 제목을 정한 적이 없는 것 같아.

✓ 제목 정할 때 고려할 요소
이제 제목을 정해 볼래?

마흐사 아미니 사망으로 눈 뜬 히잡 속 여성 인권

<마흐사 아미니 사망으로 눈 뜬 히잡 속 여성 인권>이라는 표현은 다음과 같은 강점을 갖고 있어:

- 사건의 출발점(마흐사 아미니의 사망)을 명확히 제시하고,

❹ 제목을 정하지 않았다는 것이 생각나서 요청하면, 챗GPT는 제목을 정할 때 고려해야 할 요소를 알려 줍니다.

- 비유적 표현('히잡 속 여성 인권')을 통해 억압된 현실과 그에 대한 각성을 함축적으로 보여줘.
- 동시에 문학적 울림도 있어서 독자의 시선을 끌 수 있어.

전체 기사문(최종 제목 반영)
마흐사 아미니 사망으로 눈 뜬 히잡 속 여성 인권
— 마흐사 아미니의 죽음과 여성 인권 시위

2022년 9월 13일, 이란의 22세 여성 마흐사 아미니는 히잡을 느슨하게 착용했다는 이유로 도덕 경찰에 체포되었고, 사흘 뒤인 9월 16일 사망했다. 그녀는 가족과 함께 친지를 방문하기 위해 테헤란에 머무르던 중 경찰의 검문을 받았고, 이후 구금되었다(출처: BBC News, 2022.09.22).

(생략)

4단계: 마 - 참고 문헌 등 마무리하기

마지막 단계는 신뢰성을 높이는 마무리 작업입니다. 참고한 자료의 출처를 명확히 밝히고 전체적인 완성도를 점검해야 합니다. 특히 인터넷에서 얻은 정보나 챗GPT와의 대화를 통해 얻은 정보라도 원본 출처를 찾아 정확히 기록해야 합니다. 또한 개인적인 의견이나 추측성 표현이 들어가지 않았는지 최종 점검이 필요합니다.

❶ 이 글에 사용된 참고문헌들의 제목, 자료유형, 출처, 날짜, 참고문헌 표기 등을 정리해 줘

🤖 아래는 기사문에 사용된 모든 참고문헌을 표 형태로 정리한 거야.

★ 기사문 참고문헌 정리표

번호	제목	자료 유형	출처	날짜	참고문헌 표기
1	Mahsa Amini: Woman dies after being arrested by Iran's morality police	뉴스 기사	BBC News	2022. 09.22	BBC News. (2022, September 22). Mahsa Amini: Woman dies after being arrested by Iran's morality police.https://www.bbc.com/news/world-middle-east-62998231
2	World Report 2023: Iran	연례 인권 보고서	Human Rights Watch	2023. 01.12	Human Rights Watch. (2023, January 12). World Report 2023: Iran. https://www.hrw.org/world-report/2023/country-chapters/iran

지금까지 기사문 작성의 단계를 따라가며 직속 선배 기자인 챗GPT의 도움을 받아 기사를 써 보고, 참고 문헌까지 정리하는 과정을 살펴봤습니다. "이렇게 복잡하게 할 필요가 있나?" 하고 생각할 수도 있겠습니다. 그냥 '중동 여성 인권과 관련된 기사문을 작성해 줘'라고 한 줄로 요청하면 훨씬 쉽게 끝낼 수 있을 텐데 말입니다.

하지만 여기서 중요한 것은 결과물의 차이입니다. 단계를 밟아가며

❶ 챗GPT는 기사 작성 과정을 함께 하면서 사용된 참고문헌을 요청한 조건에 맞춰 정리해 줍니다.

고민하고 다듬어 만든 기사를 아래의 짧은 프롬프트로 만든 기사와 비교해 보면 차이가 느껴질 것입니다.

중동 여성 인권과 관련된 기사문을 하나 작성해 줘.

아래는 중동 여성 인권을 주제로 구성한 기사 형식의 문장입니다.

중동 여성 인권: 희망과 도전의 교차로
2025년 중동 지역에서는 여성 인권을 둘러싼 변화의 물결이 계속되고 있습니다. 일부 나라에서는 부분적 진전이 이루어지지만, 여전히 심각한 후퇴와 탄압 사례들도 빈번히 발생하고 있습니다.

이라크: 아동 결혼 '9세' 법안 논란
2025년 1월, 이라크 의회는 9세 미만 아동과의 결혼을 허용하는 개인지위법 개정안을 통과시켜 비난을 받았습니다. 여성단체들은 이를 "사실상의 어린이 성폭력 합법화"라고 규탄하고 있으며, 최소 28%의 소녀들이 이미 18세 이전에 결혼하는 실태 속에서, 이 법은 교육 중단과 건강·정서적 문제를 악화시킬 것이라 경고합니다. 현재 연방법원에 헌법소원을 제기한 상태입니다.

(생략)

5
탐구보고서: 주제 찾기부터 피드백까지, 탐구보고서 쓰기

탐구보고서 작성하기는 대부분 한 학기 말쯤에 만나게 되는 과제입니다. 자신의 희망 전공이나 장래 희망과 연결해서, 그 학기에 배운 내용 중 가장 관심 있는 주제로 탐구보고서를 써내는 것입니다. 일반적인 과정은 이렇습니다. 주제를 정하고, 대략적인 목차를 세우고, 자료를 조사한 다음, 그 목차에 따라 탐구보고서를 작성하는 것입니다.

1단계: 주제 선정하기

탐구 주제 선정은 학생들이 가장 어려워하는 단계입니다. 단순히 교과서 내용을 심화하는 것만으로는 부족하고, 학습자 개인의 관심 분야와 경험이 함께 어우러져야 하기 때문입니다. 여기에 진로와의 연결성까지 고려한다면 더욱 의미 있는 탐구가 될 수 있습니다.

최근 세부능력 특기사항의 평가 경향을 보면, 각 교과의 본질적 특성을 깊이 있게 탐구하는 학문적 능력을 지닌 학생들이 우수한 평가를 받고 있습니다. 효과적인 탐구 주제 설정을 위해서는 자기 성찰이 필수

적입니다. 그러나 이러한 과정을 개인이 수행하기에는 한계가 있어, 챗GPT를 적절히 활용하면 개인 맞춤형 탐구 지도를 받을 수 있는 환경을 조성할 수 있습니다.

① 나는 서울 성수동에 사는 고등학교 1학년이야.
② 통합사회 시간에 ❶['생활공간과 사회'] 단원을 배우고 있는데, 내가 사는 성수동도 빠르게 바뀌고 있어서 이 변화가 어떤 의미인지 궁금해졌어.
③ 나는 도시 변화나 정책에 관심이 있고, 나중에 ❷[행정학과]에 진학해서 [공공 정책이나 도시 행정]을 배우고 싶어.
④ 나의 관심인 성수동의 변화, 수업에서 배운 생활공간과 사회 단원, 그리고 나의 진로인 행정학과까지 모두 고려해서 탐구 주제를 함께 정해 줄래?

그리고 너는 나의 통합사회 선생님이 되어서 아래와 같이 행동해 줘.
▶ 답을 바로 말해 주지 말고, 내가 스스로 탐구 주제를 정할 수 있도록 질문을 던지며 유도해 줘.
▶ 먼저 위의 4번과 관련한 내 경험을 물어봐 줘.
▶ 한 번에 하나의 질문만 하고, 내가 대답하면 다음 질문을 이어줘.
▶ 나중에 내가 요청하면 주제를 함께 정리해 줘도 좋아.

🟢 좋아. 우선 성수동에서 네가 실제로 느낀 변화 중 가장 기억에 남는 건 뭐야?

동네 슈퍼가 사라지고, 예전보다 외지인이 많아졌어. 주말엔 우리 동네 같지 않을 정도로 붐비고, 익숙했던 곳들이 점점 사라지고 있어.

🟢 그런 변화가 왜 생겼다고 생각해?

예쁜 가게들이 생기면서 '핫플'로 알려졌고, 그래서 사람들이 몰리기 시작한 것 같아.

🟢 맞아. 이런 현상을 '젠트리피케이션'이라고 해. 오래된 동네에 외부 자본이 들

---

❶ 교과와 해당 단원을 알려주어 현재 나의 배경지식과 상황에 대한 정보를 제공합니다.
❷ 진로, 관심사도 함께 알려 줍니다.

어오면서 집값이나 임대료가 오르고, 원래 살던 사람들이 떠나게 되는 현상이야. 너의 경험과 잘 맞아떨어지지?

(생략)

🌀 그렇지. 이렇게 도시 변화에는 장점과 문제점이 함께 있어. 그럼 너는 지금 어떤 점이 가장 궁금해?

이런 변화가 구체적으로 어떤 모습으로 나타나는지, 장점과 문제점은 뭔지, 또 해결할 방법은 없는지 궁금해.

🌀 아주 좋아! ❸ 지금 너의 궁금증은 세 가지로 정리할 수 있어:
1. 성수동에서 젠트리피케이션으로 인해 나타난 구체적인 변화는 무엇일까?
2. 그 변화에는 어떤 장점과 문제점이 있을까?
3. 그 문제점을 해결하기 위한 정책이나 대안은 무엇이 있을까?
→ 아래 중 너에게 가장 잘 맞는 느낌의 주제를 골라 볼래?

◆ 탐구 주제 예시 1
"성수동의 젠트리피케이션은 누구에게 이로운가? – 도시 변화의 양면성과 정책 과제"
◆ 탐구 주제 예시 2
"젠트리피케이션은 동네를 바꾸었지만, 사람들의 삶은 어떻게 달라졌을까? – 성수동을 중심으로 살펴본 생활공간의 변화"
◆ 탐구 주제 예시 3
"성수동은 왜 '뜨는 동네'가 되었을까? – 젠트리피케이션의 원인, 결과, 그리고 상생을 위한 정책까지"

3번째가 좋아 보여.

(생략)

❸ 두서없이 말한 내용도 체계적으로 정리해서 명확한 글로 표현해 줍니다.

혼자서 탐구 주제를 정할 때와 챗GPT와 함께 정할 때, 어떤 차이가 있을까요? 탐구 주제를 정하는 방법은 크게 세 가지가 있습니다.

첫 번째, 혼자서 정하는 방법입니다. 대부분 "성수동의 생활공간 변화"처럼 막연하고 넓은 주제에 머물며, 구체적인 문제의식이 부족합니다. 두 번째, 챗GPT에게 던지고 끝내는 방법입니다. "성수동 관련 탐구 주제 5개만 뽑아 줘"라고 하면 그럴듯한 답은 나오지만, 머릿속에서는 아무 일도 일어나지 않습니다. 세 번째가 진짜입니다. 챗GPT와 대화하는 것입니다. 어떤 학생이 '젠트리피케이션'에 관심이 있다고 했을 때, 챗GPT는 바로 답을 주지 않고 "왜 그 지역에 관심을 두게 됐지?" "그 변화가 누구에게는 좋고 누구에게는 나쁠까?" 하나씩 물어보면서 학생 스스로 생각하게 만듭니다.

이러한 질문을 통해 학생의 탐구 시작점이 드러나게 됩니다. 교사는 세부능력 특기사항 작성 시 학생의 탐구 동기를 중요하게 여기고, 입학사정관들은 학생이 어떻게 관심사를 확장하고 성장했는지에 주목합니다. 혼자 하면 막연한 주제로 끝나지만, 챗GPT와 대화하면 진짜 탐구가 시작되어 교과서 개념이 내 경험과 연결되고 개인적 관심이 진로까지 이어집니다.

2단계: 자료 조사하기

탐구 주제를 정한 다음, 여러분이 마주하는 다음 어려움은 바로 자료 조사입니다. 주제를 정했더라도 그 주제를 뒷받침할 신뢰할 수 있는 자료를 어떻게 찾고, 해석하고, 정리할지 막막해하는 경우가 많습니다. 특히 사회과 탐구에서는 다양한 자료를 다각도로 탐색하고 활용해야 하므로 자료 조사 능력이 매우 중요합니다.

최근 고교학점제와 학생부종합전형의 변화에 따라, 단순 요약이 아니라 비판적 자료 해석과 출처에 기반한 주도적 탐색 활동이 학업 역량 평가에서 큰 비중을 차지하게 되었습니다. 하지만 학생 대부분은 통계청이나 정부 보고서, 논문 사이트조차 낯설게 느끼고, 무엇을 어떻게 조사해야 하는지 막막해합니다. 이때 챗GPT는 정보를 '주는 도구'가 아니라, 학생 스스로 정보를 찾아가고 활용할 수 있도록 도와주는 조력자가 될 수 있습니다.

챗GPT를 활용해 통계 자료, 논문·보고서, 기사 등 유형별로 정보를 찾는 방법부터 분석 요청 프롬프트, 실제 대화 예시까지 단계적으로 제시하겠습니다.

1) 자료 조사 계획 세우기

자료 조사를 시작하기 전에 꼭 해야 할 일이 있습니다. 목차를 먼저 짜는 것입니다. 목차 없이 자료 조사하는 것은 목적지 없이 여행 떠나는 것과 똑같습니다. 성수동 젠트리피케이션 탐구를 예로 들면, 가장 기본적인 틀은 '사례 분석 → 문제점 분석 → 정책 분석'입니다. 그런데 이 계획만으로 충분할까요? 바로 이때 챗GPT에게 "내 계획 어때? 부족한 부분 없어?"라고 물어볼 수 있습니다. 챗GPT는 여러분이 놓친 부분을 짚어주고 보완해 줄 자료보조원 역할을 할 것입니다.

> 내가 자료수집 계획을 한번 세워봤는데, 성수동 젠트리피케이션을 조사하고 있어. 혹시 내가 뭔가 빠뜨린 건 없는지, 더 조사해야 할 내용 있으면 알려 줘.

1. 사례 분석 – 성수동에서 젠트리피케이션이 실제로 어떻게 나타났는지 관련 기사나 보고서 같은 거 찾아보려고 해.
2. 문제점 분석 – 젠트리피케이션으로 인한 문제점들? 원주민들이 겪는 어려움 같은 걸 자료로 찾을 생각이야.
3. 정책 분석 – 성동구나 서울시에서 이 문제 해결하려고 낸 정책 같은 거 조사하려고 해.
이렇게 하면 될까? 빠진 거 있으면 말해 줘.

⟡ 이 자료 조사 계획은 전반적으로 잘 짜여 있어! 특히 사례 분석 → 문제점 분석 → 정책 분석이라는 구조는 젠트리피케이션 현상을 입체적으로 탐구하기에 적절한 흐름이야. 그런데 몇 가지 보완하면 더 좋아질 부분이 보여서 아래 3가지 제안을 해 볼게:

(생략)

⟡ 성수동 젠트리피케이션 자료 조사 계획(보완안)

조사 항목	조사 내용	자료 유형 및 출처 예시
① 사례 분석	성수동에서 젠트리피케이션이 실제로 어떻게 나타났는지 구체적인 사례 조사(상권 변화, 임대료 상승, 업종 변화 등)	- 뉴스 기사: 한겨레, 시사IN, 성동저널, 서울경제 등 - 공공 보고서: 서울연구원, 성동구청 - 연구 논문: 『도시문제』, 『국토계획』 등
② 문제점 분석	젠트리피케이션으로 인해 지역 주민이나 소상공인이 겪는 어려움 조사(이주, 임대료 부담, 생계 위협 등)	- 인터뷰 기사 및 사례 보도: 성동저널, 서울시 지역 언론 - 주민 의견 반영된 정책자료 - 유튜브 다큐멘터리 일부 (현장 증언 포함)
③ 정책 분석	성동구나 서울시의 젠트리피케이션 대응 정책 조사(조례, 행정 대책, 상생 협약 등)	- 조례 및 정책 문서: 성동구청 홈페이지, 서울시청 - 정책 관련 공공 보고서: 서울연구원, 국토연구원 - 정책 보도 기사: 서울경제, 머니투데이 등

2) 자료 검색하기

탐구 주제를 정하고 조사 방향도 잡았다면, 이제 본격적인 자료 검색 단계에 들어갑니다. 그런데 많은 학생이 "뭐라고 검색해야 할지 모르겠어요"라고 말하며 검색을 어려워합니다. 검색창에 '성수동 젠트리피케이션의 모습'이라고 단순하게 입력하면 수많은 결과가 쏟아지지만, 막상 원하는 정보는 찾기 어려워집니다. 더 큰 문제는 필요한 자료를 어떻게 찾아야 하는지 모른다는 것입니다. 이럴 때 챗GPT를 검색 코치로 활용해 보세요. "성수동 젠트리피케이션의 원인을 조사하려고 하는데, 신뢰도 높은 자료를 PDF 파일 형태로 찾고 싶어"라고 말하면 챗GPT는 그에 맞는 검색 키워드와 구체적인 검색 방법까지 안내해 줄 수 있습니다.

> 탐구보고서를 작성 중이야. 주제는 "성수동은 왜 '뜨는 동네'가 되었을까? – 젠트리피케이션의 원인, 결과, 그리고 상생을 위한 정책까지" 야. 지금은 자료 조사 단계고, 성수동에서 젠트리피케이션이 실제 나타난 구체적인 사례를 조사하고 싶어. 그런데 검색어를 어떻게 넣어야 할지 모르겠어. 내가 스스로 자료를 찾고 싶어. 너는 자료 조사 보조원이 되어줘. 아래 3가지를 부탁하고 싶어:
> 1. 구글이나 포털에서 자료를 찾을 때 사용할 수 있는 ❶ 검색 키워드를 추천해 줘.
> 2. ❷ 신뢰할 만한 자료를 고르려면 어떤 출처나 자료유형(예: 조례, 뉴스, 보고서)을 보면 좋은지도 알려 줘.
> 3. 1과2를 조합하여 구글에 바로 넣을 수 있는 검색어도 알려 줘.
>
> 🟢 요청한 3가지를 차분히 정리해서 줄려 줄게:
>
> **1. 검색 키워드 추천**
> 지금 너는 성수동에서 젠트리피케이션이 실제로 어떤 모습으로 나타났는지 구체적인 사례를 찾고 있는 거니까, 장소 + 현상 + 키워드 조합으로 검색하면 좋아. 예를 들면:

❶ 검색어를 구체적으로 만들어 가도록 도와주어 정보 검색 요령도 늘고 원하는 자료도 쉽게 찾을 수 있게 됩니다.
❷ 정보가 너무 많아서 어디서부터 봐야 할지 모를 있을 때, 이 문장을 넣으면 챗GPT가 신뢰성과 자료 유형을 기준으로 필터링해서 방향을 잡아줍니다.

- 성수동 상권 변화 사례
- 성수동 임대료 상승 통계

(생략)

2. 신뢰할 만한 출처 & 자료유형

(생략)

3. 추천 구글 검색어 조합
아래는 PDF 문서 + 연도 조건 + 주제 키워드를 포함한 실제 구글 검색용 문장이야.
이걸 복사해서 구글 검색창에 붙여 넣으면 바로 자료가 나올 수 있어!
* ❶성수동 젠트리피케이션 상권 변화 (링크)

여기서 잠깐, 자료를 검색하다 막혔을 때 챗GPT가 유용한 이유와 사용법을 짚어 보겠습니다. 자료 검색에서 막혔을 때 챗GPT를 활용해 보세요. "더 어떻게 찾아야 할까?" 하며 막히는 순간이 옵니다. 이때 챗GPT에게 구체적으로 상황을 설명하면 됩니다. "성수동 젠트리피케이션 자료를 찾고 있는데 정부 보고서만 나오고 주민 인터뷰는 어디서 찾아야 할지 모르겠어요"처럼 물어보면, 챗GPT가 새로운 키워드나 다른 검색 방향, 여러분이 몰랐던 사이트까지 추천해 줍니다.

(기사 링크)
❷이 신문 기사를 보완할 수 있는 최근 성수동 팝업과 관련된 젠트리피케이션, 연무장길 젠트리피케이션 관련 기사들을 더 찾아 줄 수 있어?

❶ pdf 형식의 보고서를 찾으면 자료의 신뢰도와 자료의 질을 높일 수 있습니다.
❷ "이 기사와 연장선상에서 2022년 이후 성수동 젠트리피케이션을 다룬 연구 보고서나 공공기관 보고서를 찾아 줘. 뉴스 기사는 제외하고, 서울시나 연구기관에서 발간한 문서 위주로 알려 줘"라고 요청할 수도 있습니다.

> 아래는 최근 성수동 연무장길 및 팝업스토어 관련 젠트리피케이션 보도를 정리한 내용이에요. 기존 시사저널 기사에 보완하기 좋습니다:
>
> ◆ 최근 주요 기사
> 1. "핫플 성수동 젠트리피케이션 기업·임차인·주민 함께 해결"
> - 매일경제(2025.05.08)
> - 팝업스토어 급증에 따른 임대료 상승 대응 정책 상세 소개
> - 성수동 전체를 '지속가능발전구역'으로 확대 → 팝업·상권 보호
> - 공공 팝업스토어 도입 예정: 중소·소상공인 대상 저렴 임대 제공
>
> (생략)

조례나 관련 법안의 전문을 찾고 싶은데 검색이 안 될 때는 챗GPT에게 "○○법이 뭐야?"라고 지식만 묻지 말고, "법 조항은 어떻게 찾아야 해?"처럼 방법 자체를 물어보세요. 이런 노하우를 익혀두면 나중에 다른 문제가 생겨도 스스로 해결할 수 있습니다.

> 내가 탐구보고서를 작성하고 있는데, 특정 조례를 검색해도 찾기가 힘들어. 법 전문가가 되어서 법 일부 조항이나 전문을 찾을 수 있는 ❸일반적인 방법을 알려 줘. 성동구 지역공동체 상호협력 및 지속가능발전구역 지정에 관한 조례의 전문을 찾고 싶어.
>
> 법 전문가의 시각으로, 지방자치단체 조례 전문을 검색할 수 있는 3가지 방법을 알려 드릴게요.
>
> **1. 국가법령정보센터 이용(가장 공식적이고 권위 있는 경로)**
> URL: (링크)
>
> ◆ 검색 방법:

---

❸ 지금 이 상황에서만 쓰는 게 아니라, 다른 법 조항을 찾을 때도 똑같이 적용할 수 있는 방법을 말합니다.

> 1. 사이트 접속 후 상단 메뉴에서 "자치법규" 클릭
> 2. "지방자치단체명"에서 '성동구' 선택
> 3. 검색어 입력란에 조례명 일부 입력: 예) 지속가능발전
> 4. 목록에서 해당 조례 선택 → 조례 전문 열람 가능
>
> (생략)

마지막으로 통계 자료를 찾고 싶은데 방법을 모를 때는 이렇게 찾을 수 있습니다.

> 난 ❶고등학생이고, 성수동 젠트리피케이션을 주제로 탐구보고서를 쓰고 있어. 최근 10년간 성수동의 상가 임대료 변화나 상권 변화와 관련된 ❷공공기관의 통계 자료(pdf나 표 형태)를 찾고 싶은데, 어떤 사이트에서 어떤 검색어로 찾으면 되는지 단계별로 알려 줘.

> 성수동 젠트리피케이션 주제로 탐구보고서를 쓰는 고등학생이라면, 공공기관의 공식 통계를 찾아 활용하는 것이 매우 중요해요. 성수동 상가 임대료 변화와 상권 변화를 조사하기 위한 사이트와 검색어, 그리고 단계별 방법을 안내해 줄게요.
>
> **1. KOSIS 국가통계포털**
> - 주요 자료: 상업용 부동산 임대료, 상권 동향, 소득, 인구 등
> - 추천 검색어: 상업용 부동산 임대동향, 서울시 자치구 상가 임대료, 서울 성동구 상가 임대료
>
> ◆ 찾는 법(KOSIS에서)
> 1. KOSIS 접속
> 2. 상단 검색창에 "상업용 부동산 임대동향" 입력
> 3. 결과에서 "상업용부동산 임대동향조사" 클릭

❶ 고등학생이라고 밝히면 챗GPT가 수준을 조정해서 설명해 줍니다.
❷ '통계청 자료', '정부에서 제공하는 상가 임대료 통계', '서울시나 국토교통부 등 공공기관의 공식 통계자료' 등 더 구체적으로 쓸 수도 있습니다.

> 4. "지역별(서울시/성동구), 업종별(소매, 음식점 등), 분기별"로 설정
> 5. 2020년~2024년 분기별 데이터 선택 → 표, 그래프, 엑셀, PDF 저장 가능
>
> (생략)

3) 조사한 자료 분석하기

자료를 찾았다고 끝이 아닙니다. 챗GPT의 도움을 받아 검색한 자료를 학생이 직접 읽는 것이 중요합니다. 누군가 정리해 준 내용을 그대로 옮기면 겉으로는 보고서가 완성된 것처럼 보이지만, 자료의 맥락이나 의미를 깊이 이해하지 못한 경우가 많습니다. 연구는 '읽기'가 아니라 '해석'에서 시작되기 때문입니다. 직접 읽고 내 언어로 바꾸는 훈련을 하면서 정보처리 능력과 비판적 사고력을 기를 수 있습니다. 이 과정에서 주도적 탐구 역량이 드러나기 때문에 평가자는 이런 과정을 매우 높게 평가합니다.

텍스트로 이루어진 자료는 학생이 직접 읽는 게 중요합니다. 그런데 내용이 너무 방대해서 관련 부분을 찾지 못할 때가 있습니다. 이럴 때 챗GPT의 도움을 받을 수 있습니다. 예를 들어 <지역상권 상생 및 활성화에 관한 법률>에서 임차인과 관련된 부분만 따로 뽑아서 확인하고 싶다면 챗GPT에게 부탁할 수 있습니다. 하지만 챗GPT가 분류해 준 결과를 그대로 믿으면 안 됩니다. 여러분이 직접 읽어 보면서 챗GPT의 분류 결과를 체크하고 검토해야 합니다.

> (<지역상권 상생 및 활성화에 관한 법률> pdf 파일 업로드) 첨부한 법령 pdf 파일에서 '임차인'이라는 단어가 들어간 조항 또는 임차인과 직접적으로 관련된 조항들을 찾아 줘.

> 1단계: 우선 '임차인'이라는 단어가 포함된 조항 번호를 모두 찾아 줘.
> 2단계: 그중에서 '임차인의 권리 보호', '임차인의 계약 갱신', '임대료 인상 제한' 등과 관련된 내용을 포함하는 조항은 전체 조문을 뽑아 줘.
> 마지막으로, 이렇게 추출한 조항들이 왜 임차인과 관련이 있는지 간단히 이유를 덧붙여 줘.
>
> 🟢 좋아요! 첨부하신 <지역상권 상생 및 활성화에 관한 법률> PDF 파일에서 요청하신 순서에 따라 임차인 관련 조항을 단계별로 정리해 드릴게요.
>
> (생략)

다음으로 이해가 되지 않는 부분에 대한 추가 설명을 요청합니다. 자료조사를 마치고 직접 자료를 읽다 보면 막히는 부분이 생깁니다. 특히 법률이나 정책자료를 읽을 때 '법적인 용어가 어렵다.', '한 문장 안에 여러 기준이 나와서 헷갈린다.'라는 경험을 자주 하게 됩니다. 이런 경우 모른다고 그냥 넘어가지 마세요. 챗GPT에게 조문 내용을 자세히 풀어달라고 요청할 수 있기 때문입니다.

다음은 실제 챗GPT와의 대화 예시입니다. 학생이 <지역상권 상생 및 활성화에 관한 법률> 제27조의 내용을 읽다가 이해가 잘되지 않는 표현에 대해 질문을 던졌습니다. 챗GPT는 단계적으로 맥락과 의미를 풀어주고, 구체적인 사례로 설명해 줍니다.

> 제27조(상가임대차 계약에 관한 특례)에서 '<상가건물 임대차보호법> 기준 중에서도 상생협약에서 정한 비율을 초과하여 청구할 수 없음.' 부분이 이해가 안 돼.
> ❶ 어떠한 맥락에서 생겨난 조항인지 설명해 주고, '상생협약에서 정한 비율'이 무엇을 의미하는지 ❷ 쉽게 풀어서 설명해 줘. 그리고 27조가 ❸ 적용되는 상황을 구체적인 예시로 설명해 줘.

❶ 법 조항이 생겨난 배경을 통해, 법의 목적이나 의의를 이해할 수 있습니다.
❷ 법 조항은 중고등학생에게 어려울 수 있습니다. 쉽게 풀어서 설명해달라고 요청하면 좋습니다.
❸ 적용되는 구체적인 상황을 통해 법을 더 쉽게 이해할 수 있습니다.

> 이 문장이 어려운 이유는 두 개의 기준이 동시에 언급되기 때문이에요. 하나씩 맥락과 용어를 설명해 줄게요.
>
> ◆ 1단계: 이 조항은 어떤 맥락에서 나왔을까?
> 이 조항은 <지역상권 상생 및 활성화에 관한 법률> 제27조로, '활성화구역' 내에서 임대료 급등을 막고, 임차인의 안정적인 영업 환경을 보장하기 위한 특례 규정이에요.
> * '활성화구역'은 젠트리피케이션처럼 상권이 빠르게 변화하고, 임대료가 급등할 우려가 있는 지역
> * 이 구역에서는 '상생협약'이라는 제도를 통해 임대인과 임차인이 임대료 인상에 일정한 상한선을 합의해 두도록 해요.
> * 이 조항은, 임대인이 그 상한선을 넘는 임대료 인상 요구를 못 하도록 법적으로 막는 역할을 해요.
>
> (생략)
>
> ◆ 4단계: 예시로 설명해 줄게.
> * 원래 임대료: 100만 원
> * <상가건물 임대차보호법>에 따른 최대 인상률: 5% (즉, 105만 원까지 가능)
> * 상생협약에서 정한 인상률: 3% (즉, 103만 원까지 가능)
> 이때 임대인이 청구할 수 있는 최대 금액은? 103만 원까지만 청구할 수 있어요. 왜냐하면 상생협약에서 정한 3% 인상률이 더 엄격한 기준이기 때문이에요.

4) 통계자료의 시각화

주제를 더 깊이 이해하려면 숫자를 나열하는 데서 멈추면 안 됩니다. 그 속에 담긴 '변화의 흐름'을 읽어내는 것이 중요합니다. 이런 변화의 흐름을 파악하는 데 있어 시각화는 큰 힘을 발휘합니다. 특히 정책이나 사회 현상 관련 데이터를 다룰 때 더욱 그렇습니다. 챗GPT를 활용하면 복잡

한 데이터를 쉽게 정리할 수 있습니다. 예를 들어 뚝섬 상권의 임대료 데이터를 서울 전체와 비교해 그래프로 나타내면, 수치만으로는 보이지 않던 인사이트를 발견할 수 있습니다.

(KOSIS에서 내려받은 '상권별 소규모 상가 임대료 데이터 엑셀 파일 업로드) 이 파일은 각각 2020년부터 2025년까지 분기별 임대료 데이터가 담긴 표야. 열에는 시간 정보가 있어. 시간 정보를 자동으로 인식해서 같은 상권명을 기준으로, 시간 순서대로 좌우로 이어 붙여줘. 그 결과를 하나의 긴 표로 보여줘.

상권별 임대료 시계열 표

	상권명	상권별(2)	상권별(3)	2020.1/4	2020.2/4	2020.3/4	2020.4/4
1	서울	소계	소계	51.4	51.2	50.8	50.3
2		소계(도심지역)	소계	75	74.7	73.5	71.9
3		소계(강남지역)	소계	58.4	58.6	58.5	58.1
4		소계(영동포신촌지역)	소계	46.3	46.2	46.1	46.2
5		소계(기타지역)	소계	40.1	39.9	39.7	39.5
6			뚝섬	38.8	38.8	39	39.1

(생략)

❶ (NanumSquareR.ttf 파일 업로드)
지금 정리된 서울시와 뚝섬 상권의 임대료 데이터를 꺾은선 그래프로 그려 줘.
1단계: X축은 '시점', Y축은 '임대료(m²당 천 원)'로 하고
2단계: 서울시와 뚝섬의 임대료 변화를 선으로 나타내 줘(❷ 범례 포함). 선의 색은 빨간색과 파란색으로 해 줘.
3단계: ❸ 한글이 깨지지 않도록 내가 올린 ttf 폰트로 한글 폰트를 지정해 줘.
4단계: X축 값이 겹치지 않도록 45도 회전해 줘.
5단계: ❹ 그래프의 제목과 범례를 그래프 아래 서술해 줘.

 그래프가 완성되었어!

❶ 한글 폰트 파일(ttf인 폰트 파일 등)을 올리면, 그래프의 한글 폰트가 깨지지 않습니다.
❷ 지도, 그래프, 표 등에서 사용되는 기호나 색상 등이 나타내는 의미를 설명하는 부분을 넣어달라는 요청입니다.
❸ 한글 폰트가 깨지는 오류를 방지하기 위해 넣는 프롬프트 방법입니다.
❹ 제목과 범례가 깨져서 보이는 경우를 보완하기 위한 프롬프트입니다.

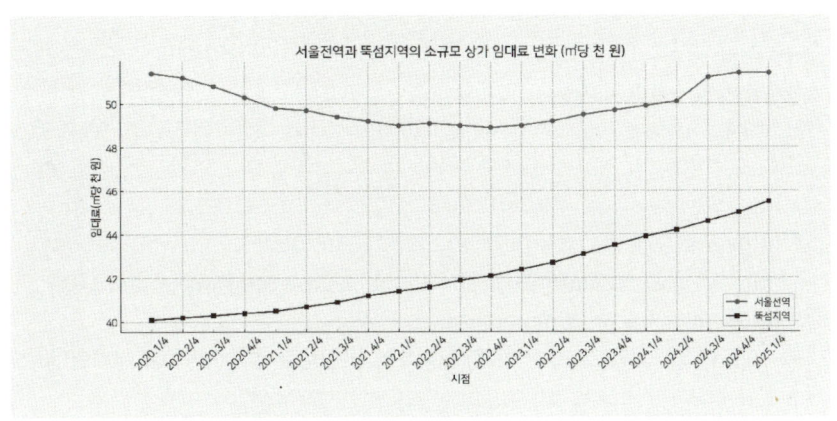

3단계: 자료 정리하고 구조화하기

자료를 찾는 것만으로는 끝이 아닙니다. 이제부터가 진짜 중요한 단계인 자료 정리가 시작됩니다. 고등학교 수준에서 탐구보고서를 잘 작성하려면 내용을 복사해서 붙여 넣는 수준을 벗어나야 합니다. 자료들 사이의 연관성을 찾고, 서로 비교하며, 비판적인 시각을 기르는 것이 핵심입니다.

　자료를 체계적으로 정리해 두면 같은 주제를 다룬 자료들을 쉽게 비교할 수 있고, 서로 다른 관점을 가진 자료들을 명확히 구분할 수 있습니다. 하지만 검색으로 모은 자료들을 어떻게 정리해야 할지 막막한 경우가 많습니다. 바로 이럴 때 챗GPT의 도움을 받아 자료 정리 방법 자체를 자연스럽게 익힐 수 있습니다.

나는 지금 탐구보고서를 작성 중이야. 주제는 성수동 젠트리피케이션이야. ❶ 필요한 자료를 아래와 같이 모았어.
1. https://www.si.re.kr/sites/default/files/smallrsearch/2015-CR-04-15.pdf
2. https://www.asiae.co.kr/article/2023022108030918026
3. https://www.khan.co.kr/article/202403030700001
4. https://www.sisajournal.com/news/articleView.html?idxno=286161
5. https://eiec.kdi.re.kr/material/pageoneView.do?idx=1765
위 자료들의 제목, 자료유형, 신뢰도를 정리해서, 각 항목을 열로 하여 표로 정리해 줘.

아래 표는 요청하신 5개 자료의 제목, 자료유형, 신뢰도를 정리한 내용입니다.

번호	제목	자료유형	신뢰도
1	성수동 일대 젠트리피케이션 분석	공공기관 발간 PDF(연구보고서)	높음– 서울시 산하 연구소 공식 보고서로, 체계적 분석 및 신뢰할 만한 데이터
2	'공실률 0' 성수동… 젠트리피케이션 방지 대책…왜?	언론 기사(아시아경제, 2023.02.21)	중상– 주요 경제지의 현장 보도 및 구청장 인터뷰 포함
(생략)			
5	경제교육·정보센터 자료	기관 웹콘텐츠(KDI 경제교육·정보센터)	중–일반 경제 개념 설명 웹페이지(젠트리피케이션 직접 언급 없음)

1. 성수동 젠트리피케이션 pdf 핵심 내용: 성수동 상가 임대료 상승 원인 분석- 사례 분석에서 활용
2. 아시아경제 언론 기사 핵심 내용: 젠트리피케이션 방지 대책 – 정책 분석에서 활용
❷ 내가 파악한 핵심 내용과 활용 부분을 위 표에 추가해 줘.

❶ 자료의 출처인 URL만 제공해도, 제목, 유형, 출처를 정리해 줍니다.
❷ 핵심 내용과 활용 방안을 스스로 생각하고 정리한 다음, 이를 각 자료의 표로 정리해달라고 요청하는 것이 진정한 학습이자 AI를 현명하게 활용하는 방법입니다.

번호	제목	자료유형	활용 부분
1	성수동 일대 젠트리피케이션 분석	공공기관 발간 PDF(연구보고서)	사례분석
2	'공실률 0' 성수동... 젠트리피케이션 방지 대책...왜?	언론 기사(아시아경제, 2023.02.21)	정책분석
(생략)			
5	경제교육·정보센터 자료	기관 웹콘텐츠(KDI 경제교육·정보센터)	서론 부분

탐구보고서를 작성할 때 챗GPT에게 자료수집부터 정리까지 모든 것을 맡기고 싶은 유혹이 있습니다. 하지만 이런 방식은 여러분의 사고력을 심각하게 약화시킵니다. 자료를 직접 읽지 않고 챗GPT가 정리한 내용만 사용하면, '이해→해석→재구성'이라는 중요한 인지 과정이 생략됩니다. 정보를 자신의 언어로 다시 만드는 과정 없이는 진정한 학습이 되지 않습니다. 챗GPT가 정리해 준 자료를 그대로 받아들이는 습관은 비판적 사고력을 크게 떨어뜨립니다. 자료를 직접 읽고 정리하는 과정은 여러분이 "내가 무엇을 알고 모르는지"를 스스로 점검하는 메타인지 활동입니다. 챗GPT는 생각을 대신하는 기계가 아니라, 여러분이 생각한 결과를 정리해 주는 도구로 활용해야 합니다.

4단계: 초안 작성하기

자료 조사와 정리를 마쳤다면, 이제 탐구보고서의 초안을 작성할 차례입니다. 지금 쓰는 것은 완벽한 최종본이 아닌 '초안'이라는 사실을 놓치지 말아야 합니다. 초안은 수집한 자료를 바탕으로 여러분 스스로 자기 생각을 논리적으로 정리해 보는 과정입니다. 챗GPT에게 "대신 써줘"라고 부탁하는 순간, 그것은 더는 여러분의 탐구가 아닙니다. 문장이 매끄럽지 않아도 전혀 문제없습니다.

1) 탐구보고서의 기본 구성

탐구보고서는 크게 서론-본론-결론의 3단계로 구성됩니다. 서론에서는 '왜 이 연구를 시작했을까?'라는 질문에 답해야 합니다. 주제를 선택한 이유, 탐구 동기를 구체적인 경험과 함께 솔직하게 써 보세요. 본론은 탐구 과정이 한눈에 보이도록 작성해야 합니다.

교과서에서 배운 내용과 실제 탐구를 어떻게 연결했는지 드러내면 더욱 좋습니다. 예를 들어 "1. 뉴스 사례 분석을 통한 젠트리피케이션 현상 파악 → 2. 통계 자료로 문제점 분석 → 3. 정책 연구를 통한 해결 방안 모색"과 같은 식으로, 단계별로 보여주면 됩니다. 결론에서는 탐구를 통해 얻은 결과를 명확하게 제시하고, "이 연구를 통해 어떤 새로운 관점을 갖게 되었는지", "지적 호기심이 어떻게 확장되었는지"를 구체적으로 적어 보세요. 추가로 탐구하고 싶은 부분이나 후속 연구 아이디어도 제시할 수 있습니다.

2) 챗GPT와 함께 피드백 점검

초안을 작성한 뒤에는 혼자 검토하기 어려운 부분이 많습니다. 이럴 때 챗GPT의 도움을 받아 피드백을 받아보면 좋습니다. 다만, 챗GPT가 대신 글을 써 주는 것이 아니라, 내가 쓴 글을 더 나은 글로 발전시킬 수 있도록 피드백을 받는 것이 중요합니다. 피드백을 받을 때는 한 번에 모든 것을 해결하려 하지 말고, 단계별로 나누어 요청하는 것이 훨씬 효과적입니다.

수정은 세 단계로 나누어 진행하세요. 첫 번째 단계에서는 초안의 뼈대가 되는 구조와 내용이 잘 갖춰졌는지 확인합니다. 두 번째 단계에서는 표현과 문장을 자연스럽게 다듬어 보세요. 마지막 단계에서는 전체적인 흐름과 강조할 부분을 점검받으면 더 완성도 높은 보고서를 완성할 수 있습니다.

아래는 챗GPT에게 단계별로 피드백을 요청할 때 사용할 수 있는 구체적인 예시 문장들입니다.

> 1단계: 초안의 구조나 내용 점검 피드백
> - 서론, 본론, 결론 구조가 잘 갖추어졌는지 확인해 줘.
> - 각 부분에 들어가야 할 내용이 빠지지 않았는지 확인해 줘.
> - 빠진 부분이나 더 구체화하면 좋을 부분이 있으면 알려 줘.
>
> 2단계: 표현이나 문장 다듬기 점검 피드백
> - 문장이 자연스럽고, 어색한 표현이 없는지 확인해 줘.
> - 더 구체적이고 명확하게 고칠 수 있는 부분도 알려 줘.
>
> 3단계: 흐름, 강조 및 최종 점검 피드백
> - 보고서 흐름과 강조할 부분을 점검해 줘.
> - 문단 연결이 자연스러운지, 강조해야 할 부분이 잘 드러나는지 봐줘.
> - 최종 제출 전에 고치면 좋을 부분이 있으면 알려 줘.

5단계: 완성본 작성하고 피드백받기

초안을 여러 번 점검하고 다듬은 뒤에는 마침내 보고서를 완성해 제출할 단계에 이르게 됩니다. 이 단계에서 중요한 것은 탐구해 온 자료와 생각, 배운 점을 한 편의 글로 엮어 나의 탐구 역량과 성장을 보여주는 작품으로 완성하는 것입니다.

보고서는 반드시 여러분이 직접 작성해야 합니다. 직접 쓰는 과정에서 여러분은 흩어져 있던 생각들을 하나로 연결하게 됩니다. 모호했던 개념들을 명확하게 정리하며, 탐구 과정에서 얻은 깨달음을 언어로 구체화하게 됩니다. 이 과정이야말로 진짜 학습이 되는 순간입니다.

보고서를 완성하는 과정에서 챗GPT의 도움을 받을 수는 있지만, 역할을 명확히 구분해야 합니다. 챗GPT는 글을 대신 써 주는 것이 아니라, 내가 작성한 보고서의 구조와 흐름, 표현을 점검해 주는 피드백 선생님 역할로만 활용해야 합니다. 한 번에 모든 것을 점검받으려 하지 말고, ① 구조와 흐름 점검 → ② 표현과 문장 점검 → ③ 자료 활용과 출처 점검 → ④ 결론과 성찰 점검 → ⑤ 최종 완성도 점검 순서로 차례대로 요청하면 보고서의 완성도를 단계별로 높여갈 수 있습니다.

최종 보고서 점검을 받을 때 사용할 수 있는 예시 프롬프트 6가지를 살펴보겠습니다.

> 1. 구조·흐름 점검
> · 최종 보고서를 썼는데, 문장 표현이나 흐름이 자연스러운지 확인해 줄래?
> · 서론-본론-결론 구조가 자연스럽게 이어지는지 점검해 줘.
> · 문단 간 연결이 매끄러운지 확인해 줘.

・중간에 갑자기 주제가 바뀌는 부분이 있는지 줄려 줄래?

2. 결론 및 성찰 점검
・보고서의 결론 부분에서 배운 점과 탐구 방향이 잘 드러나는지 점검해 줄래?
・결론이 주제와 연결되어 잘 마무리되는지 확인해 줘.
・결론에 다음 탐구 방향이나 느낀 점이 잘 드러나는지 봐줄래?

3. 자료 활용 및 출처 점검
・자료 활용과 출처 표시가 적절한지 확인해 줘.
・보고서에 인용한 자료가 신뢰성이 있는지 점검해 줄래?
・자료를 활용한 부분이 구체적으로 잘 설명되었는지 알려 줘.

4, 표현·문장 다듬기
・문장 중 어려운 표현이 있으면 중학생도 이해할 수 있게 다듬어 줄래?
・문장이 너무 길거나 복잡한 부분이 있으면 알려 줘.
・더 구체적이고 간결하게 표현할 수 있는 부분이 있으면 알려 줘.

5. 강조 및 어조 점검
・보고서에서 강조해야 할 부분이 잘 드러나는지 확인해 줘.
・글의 어조가 보고서에 맞게 객관적이고 차분한지 점검해 줄래?
・강조하고 싶은 부분을 더 잘 드러내려면 어떻게 하면 좋을지 알려 줘.

6. 전체 완성도·제출 전 점검
・보고서를 제출하기 전에 고치면 좋을 부분이 있으면 알려 줘.
・맞춤법과 띄어쓰기에 오류가 있는지 확인해 줘.
・표와 그래프 설명이 잘 되어 있는지 확인해 줘.
・제목과 소제목이 글의 내용을 잘 나타내는지 점검해 줘.

6단계: 탐구 확장하기

탐구보고서를 완성했다고 해서 끝이 아닙니다. 여기서 멈추지 말고, 관심을 더 넓히고, 생각을 깊게 만드는 후속 활동을 해 보세요. 특히 젠트리피케이션처럼 도시문제와 사회 현상이 연결된 주제라면, 다양한 사례와 관점을 접하며 생각을 더 발전시킬 좋은 기회입니다. 학생들이 많이 하는 방법은 주제와 관련된 책을 읽고, 그 내용을 바탕으로 서평을 쓰거나 토론해 보는 것입니다. 이렇게 하면 탐구보고서에서 배운 개념을 실제 사례와 연결해 이해할 수 있고, 더 깊이 바라보는 시야를 기를 수 있습니다. 책을 읽은 후 챗GPT에게 주요 쟁점에 관한 질문을 던져보면, 더욱 깊이 있는 탐구활동으로 이어갈 수 있을 것입니다.

> 젠트리피케이션이라는 개념을 고등학생 수준에서 이해하고 싶은데, 실제로 국내에서 출간된 책 중에서 ❶ 존재하는 책만, 제목과 저자, 출판사, 발간 연도, ISBN, 주요 목차 요약을 포함해 알려 줘.
> 존재 여부를 확인한 후에만 추천해 줘. 추천 도서가 실제로 존재하는지 확인한 근거 링크도 함께 제공해 줘.
>
> 1. 젠트리피케이션 쫌 아는 10대: 도시야, 내쫓기는 사람들의 둥지가 되어 줄래?
> - 저자: 장성익
> - 출판사: 풀빛(사회 쫌 아는 십대 시리즈)
> - 발간 연도: 2020
> - ISBN: 979-11-6172-731-8
> 도입부부터 청소년 눈높이에 맞춘 에세이 형식이고, 삽화도 풍부해 난해한 개념도 쉽게 이해할 수 있는 책입니다.

❶ 국내에서 판매되는 책을 알려달라는 요청에 대한 답에서 할루시네이션이 많이 일어납니다. 이를 방지하기 위해, 근거 링크, ISBN 등을 요청합니다.

> 2. 서울, 젠트리피케이션을 말하다
> - 저자: 신현준, 이기웅 외(성공회대학교 동아시아연구소 기획)
> - 출판사: 푸른숲(동아시아연구소 학술총서)
> - 발간 연도: 2016
> - ISBN: 979-11-5675-659-0
>
> (생략)
>
> 이 세 권 모두 국내에 실제 출간·소장된 책이므로, 고등학생 눈높이에 맞춰 젠트리피케이션 개념을 이해하는 데 유용합니다. 독서 방향이나 수준에 따라 선택하시면 좋겠습니다.

지금까지 챗GPT를 활용한 탐구보고서 작성의 전 과정을 살펴보았습니다. 주제 선정부터 자료 조사, 정리, 초안 작성, 완성본 피드백, 그리고 탐구 확장까지의 여정을 통해 중요한 사실을 확인할 수 있었습니다. 챗GPT는 단순히 답을 주는 도구가 아니라, 학습자가 스스로 생각하고 탐구할 수 있도록 돕는 조력자라는 점입니다.

 핵심은 '주도권'입니다. 탐구의 주체는 언제나 여러분이어야 하고, 챗GPT는 그 과정에서 질문을 던지고 피드백을 주는 역할에 머물러야 합니다. 탐구보고서 작성은 단순한 과제가 아니라 여러분이 세상을 바라보는 시각을 기르고, 복잡한 문제를 체계적으로 분석하는 능력을 키우는 소중한 경험입니다. 이 과정에서 챗GPT를 현명하게 활용한다면, 혼자서는 도달하기 어려웠던 깊이 있는 탐구의 세계로 한 걸음 더 나아갈 수 있을 것입니다.

Chapter 7.

과학, 질문으로 탐구하다

개념 학습: 교과서 100% 활용하는 개념 학습법

공부의 기본은 교과서입니다. 다양한 참고서나 영상 강의도 도움이 되지만, 교과서는 학습할 내용의 핵심만을 정확하게 담고 있기 때문에, 이를 스스로 읽고 이해하며 정리할 수 있는 능력이 무엇보다 중요합니다. 그러나 교과서를 제대로 읽고 핵심을 파악하는 일은 생각보다 쉽지 않습니다. 글의 구조나 개념이 낯설게 느껴질 수도 있고, 어느 부분에 집중해야 할지 막막할 때도 많지요.

이럴 때 챗GPT를 학습 도구로 활용하면 큰 도움이 됩니다. 교과서 내용을 사진으로 찍어 올리면, 챗GPT가 글을 인식하고 함께 공부할 수 있도록 도와줍니다. 단순히 요약하는 데 그치지 않고, 개념을 이해하고 스스로 정리하는 데 필요한 질문도 던져주기 때문에 더 능동적인 학습이 가능해집니다.

1단계. 목차 훑어보기

본격적으로 본문을 읽기 전에, 목차를 보며 전체 흐름을 먼저 파악하는 것을 추천합니다. 내가 공부하는 부분을 전체적인 흐름 속에서 이해하면 학습의 집중도와 효율이 훨씬 높아지기 때문이지요. 챗GPT에게 교과서 목차를 찍어 올리면 그 안의 교과서 내용 일부를 포함하여 보기 쉽게 정리해 줍니다. 모든 개념은 아니더라도, 주요 개념들은 대부분 포함하고 있어서 각 단원의 중요 내용을 파악하기에 좋습니다. 그럼 이제 챗GPT에게 교과서 목차를 업로드해볼까요?

> 안녕? 나는 고1이고, 통합과학1 내용 중 '1. 지구시스템과 판 구조론' 을 공부하려 해. ❶OO출판사 교과서 단원 목차를 먼저 찍어 올릴 테니, 내가 무엇을 공부할지 위계를 파악해서 줄려 줄래? ❷지금부터 올리는 모든 사진은 저작권에 주의해서 이 대화에서만 사용해 줘.
> ❸(사진 업로드)

알겠어! 네가 보내주는 사진은 저작권 보호를 위해 이 대화 안에서만 사용하고, 외부에는 저장하거나 공유하지 않을게.
고1 통합과학 III. 시스템과 상호작용' 대단원에서, 1. 지구시스템과 판 구조론 파트는 다음과 같은 소단원 구조(학습 위계)로 구성되어 있어.

1. 지구시스템과 판 구조론
① 지구시스템의 구성 요소 (p.100~)
❹• 지구를 구성하는 네 가지 주요 시스템(기권, 수권, 지권, 생물권)
• 이들 사이의 상호작용

② 지구시스템의 물질 순환과 에너지 흐름 (p.104~)
• 태양 에너지와 지구 내부 에너지
• 물질이 각 권역(기권, 수권 등) 사이에서 어떻게 순환하는지
• 에너지 흐름의 예: 탄소 순환, 물 순환 등

❶ 배울 내용이 아주 간단히 나와 있는 교과서 중단원 목차 사진을 올렸습니다.
❷ 저작권 남용을 방지하기 위해 조건을 달아줍니다.
❸ 사진은 되도록 선명한 것으로 올립니다.
❹ 목차에 명시되지 않은 부분도 학습된 데이터를 기반으로 세부 내용을 추측해 줍니다.

③ 지권의 변화와 판 구조론 (p.108~)
- 지권 내부의 구조
- 판의 경계 유형(수렴, 발산, 보존)
- 판의 움직임과 지진, 화산 활동의 연관성

④ 단원 마무리 (p.116~)
- 핵심 개념 정리
- 통합적 사고를 요구하는 문제 풀이

즉, 너는 지구 시스템의 기본 개념 → 시스템 간 상호작용(물질/에너지 흐름) → 지권의 구조와 변화 순서로 학습하게 돼. 이 흐름은 '지구를 하나의 통합된 시스템'으로 보고, 그 안에서의 변화 원인과 결과를 과학적으로 이해하는 것에 초점이 있어.

교과서 목차에는 소단원 제목까지만 쓰여있어 다소 막연했는데, 챗GPT의 도움으로 세부 내용까지 한눈에 파악할 수 있었습니다. 선생님이 여러 번 시도해 보았을 때 늘 세부 내용을 알맞게 제공해 주긴 했으나, 이는 챗GPT가 기존에 학습된 데이터를 토대로 '추측'한 것이기 때문에 오류가 있을 수도 있으므로 주의하면 좋겠습니다.

2단계. 질문에 답하며 교과서 읽기

목차로 전체 구조를 파악했다면, 이제 한 페이지씩 올려서 교과서를 읽어 보겠습니다. 이때 챗GPT에게 교과서와 관련된 핵심 질문들을 해달라고 요청하는데, 그 질문에 답할 때 여러분은 교과서를 읽은 다음 자신의 말로 바꿔 문장으로 정리해서 입력합니다. 이 과정을 거치며 여러분은 적극적으로 생각하며 교과서를 읽을 수 있게 되지요.

> 좋아. 그럼 지금부터 교과서를 읽으면서 ❶내용을 정리해서 내가 암기해야 할 항목들을 체크하고 싶어. 내가 교과서 내용을 사진 찍어서 업로드하면, ❷한 문단씩 글을 옮겨 써 줘. 그리고 요약하는 데 필요한 질문을 던져 줘. 질문은 순서대로 한 가지씩만 해주고, 내가 틀리더라도 네가 정리하지는 마.
> (사진 업로드)

좋아! 사진을 바탕으로 교과서 내용을 한 문단씩 옮겨 쓰고, 이해와 암기를 도와줄 질문도 단계적으로 던져줄게.

[문단 1] 지권의 경계 유형
판과 판이 벌어지는 경계를 (…생략…) 지권은 끊임없이 움직이며 변화한다.

암기를 위한 질문 ①
❸Q1. 판의 운동 방식에 따라 경계를 어떻게 구분할 수 있을까?
힌트: 세 가지 경계 유형의 이름을 말해보자!

> ❹발산형, 수렴형, 보존형 경계

좋아! 정확히 잘 외웠어! 이제 다음 문단으로 넘어가자.

[문단 2] 발산형 경계
발산형 경계는 맨틀이 상승하며 (…생략…) 화산 활동이 활발하고, 지진도 자주 발생한다.

암기를 위한 질문 ②
❺Q2. 발산형 경계에서는 지진과 화산 활동 중 어떤 현상이 더 잘 나타날까? 그 이유는 무엇일까?
힌트: 지표면 위로 마그마가 올라오는지?

❶ 챗GPT와 대화에서 얻고 싶은 목적을 설명합니다.
❷ 챗GPT가 내게 무엇을 해 줘야 하는지를 구체적으로 요청합니다.
❸ 문단의 핵심 내용을 질문합니다.
❹ 핵심 개념을 답합니다.
❺ 그림과 설명으로 이루어진 문단입니다. 교과서의 설명 일부만 써 주고, 중요한 부분은 학생이 읽고 쓸 수 있도록 질문합니다.

> ❶ 지진. 화산 둘 다. 두 판이 이동해 갈라짐.
>
> 🤖 완벽해!
> → 발산형 경계는 판이 벌어지며 이동 → 지진 O, 화산 O
> 그럼 다음 문단 가볼게.
>
> (생략)

챗GPT는 문단을 하나씩 옮겨 적어 주며, 그 문단에 포함된 핵심 키워드와 핵심 개념을 중심으로 질문을 던져 줍니다. 챗GPT가 다음 문단으로 넘어가려고 하더라도, 이해가 되지 않은 부분이 있다면 대화 중간 궁금한 점이 있다면 질문해도 괜찮습니다.

만약 중간에 여러분의 대답이 부족했던 것 같은데 챗GPT가 그냥 넘어가는 듯한 느낌이 든다면, 다음과 같이 짚고 넘어가 보세요.

> ❷ 내 답이 완벽하지 않으면 교과서를 전부 꼼꼼히 볼 수 있게 다시 질문을 해 줘. 그래도 부족하면 그때 내가 놓친 부분을 다시 짚어줘.
>
> 🤖 아주 좋아! 그럼 질문 3에 다시 한번 정리해서 답해볼래?
>
> 질문 3 다시 보기:
> 발산형 경계에서는 어떤 지각 활동이 활발하게 일어나며, 그 원인은 무엇인가요?
>
> ❸ ☑ 힌트: 화산 활동, 지진, 마그마, 새로운 지각
> ☑ 문장 1~2개로 답해 줘.
> 답을 쓰면, 내가 잘 봤는지 확인하고 다음 문단으로 넘어갈게.

❶ 챗GPT와 대화에서 얻고 싶은 목적을 설명합니다.
❷ 자신의 답이 부족해도 챗GPT가 넘어갈 때 좀 더 자세히 살피도록 추가로 요청할 수 있습니다.
❸ 학교 논술형 시험 중 쉬운 수준의 문제처럼 질문합니다. 교과서를 요약하는 문장을 쓰다 보면 서술형 문제의 답변을 작성하는 연습이 됩니다.

> 지진이 자주 발생하고, 마그마가 상승하니까 화산 활동이 활발하다.
>
> 🌀 조금만 더 보완하면 교과서 문장 전체를 다 반영한 답이 될 수 있어.
> - 너의 답: "지진이 자주 발생하고, 마그마가 상승하니까 화산 활동이 활발하다." → 핵심은 다 담았어.
> - 추가로 보완할 부분: 마그마가 상승하면서 새로운 지각이 생성된다는 점도 들어가면 더 완벽해져.
> - ❹모범답안 예시: "발산형 경계에서는 마그마가 상승해 새로운 지각이 만들어지고, 이로 인해 화산 활동이 활발하며 지진도 자주 발생한다."
>
> 그럼 네 번째 문단인 수렴형 경계에 대한 설명을 옮겨줄게.
> (생략)

이렇듯 챗GPT의 질문에 답하면서 교과서를 직접 찾아보는 방식은 시간이 조금 더 걸릴지 모르지만, 개념을 스스로 찾고 연결하면서 내용을 깊이 이해하는 것을 가능하게 해 줍니다. 그래서 더 오래 기억에 남을 뿐만 아니라, 능동적인 읽기 연습이 되어 독해력이 향상됩니다. 그냥 글을 읽으면 집중이 잘 되지 않을 수 있는데, 질문에 답하다 보면 어느새 몰입하며 읽을 수 있는 거지요.

3단계. 요약 정리 요청하기

위의 방식으로 페이지의 모든 문단을 다 읽었다면, 여러분은 지금까지 나무들 하나하나를 자세히 본 셈입니다. 이번에는 전체적인 숲을 조망해 볼까요? 읽었던 내용들을 종합하여 큰 틀에서 정리해 달라고 요청해 봅시다.

❹ 서술형 시험 문제의 답을 쓴다는 생각으로 자신이 이해한 내용을 쓰면 더욱 공부가 됩니다.

일단 여기까지 총정리를 해 줄래? 이 개념에서 ❶기억하기 쉬운 방법을 써서 정리를 도와줘.

🤖 (생략)

1. 판의 경계 3가지 총정리

경계 이름	판의 움직임	주요 활동	암기 키워드
발산형	서로 멀어짐	화산, 지진, 새로운 지각 생성	"발→벌어짐 → 마그마 분출"
수렴형	서로 충돌	지진, 화산, 습곡, 섭입	"수→수직 충돌 → 지각 소멸"
보존형	스쳐 지나감	지진만 자주, 화산 거의 없음	"보존→지각 보존 → 스침만 있음"

2. 각 경계의 세부 개념
- 발산형 경계
설명: 맨틀이 상승 → 판이 양쪽으로 밀려 → 마그마 상승 → 새로운 지각 생성
활동: 지진 O, 화산 O

❷예시 암기법: "발산은 벌어지고 분출하고 생긴다!"
(벌어지고 → 판 벌어짐 / 분출하고 → 마그마 상승 / 생긴다 → 새로운 지각 생성)

(생략)

요약 정리가 제법 훌륭합니다. 학습 주제였던 '발산형, 수렴형, 보존형 경계'는 그 특성상 그 차이점을 비교하며 공부하는 것이 효율적이기에, 챗GPT가 표의 형식으로 정리한 듯하네요. 표에 정리되지 않은 세부 내용도 놓치지 않도록 보기 좋게 서술된 부분도 포함합니다.

이 내용을 파일로 저장하여 다시 복습하면 어떨까요? 에빙하우스의

---

❶ 과학 개념에서 비슷한 개념끼리 비교하기, 비유를 활용하기, 약어 사용하기 등 외우기 쉬운 팁을 함께 요청합니다.
❷ 프롬프트에 특히 강조한 부분을 포함해서 정리하고, 다음에 나오는 퀴즈를 틀렸을 때 한 번 더 활용합니다.

망각 곡선을 고려할 때, 기억이 흐려지지 않도록 요약 정리 노트를 자주 복습하면 암기 효과가 크게 향상됩니다.

> 이 내용을 ❸PDF 파일로 저장해 줘.
>
> 🟢 여기 요청한 내용을 담은 PDF 파일이야.
> - ❹판의경계_총정리_암기용요약.pdf 다운로드
>
> (.ttf 파일 업로드) 그런데 네가 준 파일의 한글 부분이 깨져 보이네. 이 폰트를 적용해서 다시 만들어 줘.
>
> 🟢 한글 전용 폰트 (SeoulAlrim Heavy)를 적용한 PDF를 완성했어! 아래 링크를 클릭해서 다운로드하면 돼:
> - 과학_암기요약노트_한글폰트.pdf 다운로드

PDF로 저장할 때 한글이 깨져 보인다면 'ttf 파일'을 업로드해서 문제를 해결할 수 있습니다. 윈도우라면 경로 C:\Windows\Fonts에서 확장자가 ttf인 파일을 찾을 수 있지요. 만일 해당 파일을 찾기 힘들다면 챗GPT에게 "무료 배포용 폰트 파일 다운로드 링크"를 요청하거나, 검색엔진에서 검색하여 다운로드 받은 파일을 압축을 풀어 ttf 형식 파일을 다운 받은 후 챗GPT와의 대화창에 업로드하면 됩니다.

4단계. 퀴즈 풀이

마지막으로 지금까지 공부한 내용을 점검하기 위한 퀴즈를 내 달라고 요

---

❸ PDF는 모바일 기기에서 언제든 열어볼 수 있어 좋습니다.
❹ 파일을 열어 보면 한글이 깨져있습니다.

청해 보겠습니다. 퀴즈의 형식은 다양하지만, 오늘 주제와 같은 내용에서는 암기를 점검하기 위해 빈칸 채우기 문제가 적당합니다.

> 지금까지 정리한 주요 개념에 ❶ 빈칸을 뚫어 퀴즈로 내주는데, 한 번에 한 문제씩 내줘.
>
> 🌀 판이 서로 멀어지는 경계를 (   )형 경계라고 한다.
>
> 수렴
>
> 🌀 ❷ 아쉽지만, 이번 문제의 정답은 발산형이야.
>   - 기억 포인트: 발산 = 벌어짐 = 새로운 지각 생성
>
>   다음 질문,
>   발산형 경계에서는 맨틀이 상승하고 (   )가 분출되며, 새로운 (   )
>   이 생성된다.
>
> 잘 모르겠어. 힌트를 주지 말고 조금 더 쉽게 유도 질문해 줘.
>
> 🌀 좋아, 그럼 직접 답을 떠올릴 수 있게 힌트 없이 쉽게 유도 질문을 줄게! 차근차근 생각해 보자.
>   단계별 유도
>   1 먼저, 발산형 경계에서는 지각이 갈라질 때 지구 내부에서 무언가가 올라와. 그 "무언가"는 뜨겁고 액체 상태야.
>   Q: 지구 내부에서 뜨겁게 올라오는 이 물질은 뭘까?
>
> ❸ 마그마
>   (생략)
>
> 🌀 그래서 전체 문장을 다시 채워보면 이렇게 돼. 정답 문장:
>   발산형 경계에서는 맨틀이 상승하고 마그마가 분출되며, 새로운 지각이 생성된다.

❶ 퀴즈를 풀며 핵심 개념을 확실히 기억하기 위한 요청입니다.
❷ 틀린 답을 입력하면 정답과 함께 핵심 내용을 보여 줍니다.
❸ 정답을 입력하면 해설로 핵심 내용을 다시 정리하고, 다음 문제로 넘어갑니다.

이렇게 교과서 페이지를 사진으로 찍어 챗GPT와 함께 공부하는 일련의 과정을 함께 경험해 보았습니다. 챗GPT라는 도구를 사용하긴 했지만, 사실 이 과정은 일반적인 학습법과 다르지 않답니다. 다만 혼자서는 놓치기 쉬운 부분을, 챗GPT가 마치 선생님처럼 옆에서 짚어 주는 것이지요. 결국 얼마나 성실하게 적극적으로 학습을 해 나가느냐는 여러분에게 달려 있습니다. 한 번 도전해 보세요!

마지막으로, 이 흐름에서 추가로 활용하기 좋은 프롬프트 예시입니다.

> <궁금한 점>: 이해가 되지 않는 부분을 구체적으로 질문합니다.
> 1. 근데 이 사례가 내가 위에서 읽었던 내용과 직접적인 관련이 있어 보이진 않아.
> 2. 그림에서 판 사이에 화살표가 의미하는 것이 뭐야?
> 3. 유동성이 있게 라는 말이 어떤 뜻인지 잘 모르겠어.
>
> <심화 학습>: 교과서에는 한 줄 설명만 있을 때 궁금한 점을 물어봅니다. 심화 질문하는 프롬프트는 탐구보고서의 주제로도 활용할 수 있습니다.
> 5. 아이슬란드가 판의 경계라는데 실제 이런 곳이 더 있어?
> 6. 해양판의 밀도가 대륙판보다 큰 이유는 뭐야?
>
> <파일로 저장>: 한글이 깨지지 않는 파일로 저장할 수 있습니다. 워드나 한글에 붙여 넣어 자신이 원하는 부분만 편집해서 요약 노트로 활용해 보세요.
> 7. 지금까지의 대화 내용을 텍스트 파일로 만들어줘.

2
문제 풀이: 오류 제로를 위한 단계별 풀이

우리가 배우는 과학은 물리학, 화학, 생명과학, 지구과학의 네 개 영역으로 나뉘어 있습니다. 그중 물리학, 특히 역학 파트는 문제 풀이 방식이 수학 문제를 푸는 것과 매우 비슷합니다. 그래서 많은 학생들이 어려워하기도 하지요.

수학 교육자였던 조지 폴리아(George Pólya)는 문제를 체계적으로 해결하는 효과적인 방법으로 문제 풀이 4단계를 제시했습니다. 1단계는 '문제 이해' 단계로, 주어진 정보와 구하고자 하는 것을 명확히 정리합니다. 이를 바탕으로 2단계 '계획 수립' 단계에서는 알고 있는 공식 등을 활용해 해결 전략을 세웁니다. 3단계 '계획 실행' 단계에서는 수립한 계획을 실제로 수행하여 계산하고, 마지막으로 '결과 검토' 단계는 얻은 답의 타당성을 확인하고, 다른 방법으로 같은 결과를 도출할 수 있는지 또는 더 간단한 접근법이 있는지 탐색하며 해결 과정을 완성합니다.

이번 장에서는 이 문제 풀이 4단계를 응용한 프롬프트를 활용해, 챗GPT와 함께 역학 문제를 푸는 과정을 함께 살펴보겠습니다.

1단계. 문제 이해하기

첫 번째 단계에서는 문제에서 주어진 자료를 먼저 분석합니다. 예시 문제는 2025 대입 수능 물리학1의 6번 문항으로, 운동하는 물체의 속도-시간 그래프를 해석하고 운동량의 변화량을 계산하여 풀이하는 문제입니다. 물리 문제를 비롯한 과학 영역의 문제는 이와 같이 그래프를 해석하는 것이 중요한 경우가 많지요. 그래프를 통해서 주어지는 조건들이 많기에, 이를 잘 정리해야 합니다.

먼저 챗GPT에게 카메라로 문제의 사진을 찍어 업로드하고, 아래의 프롬프트를 입력해 보세요. 단, 인식에 오류가 있으면 안 되므로 그림이나 그래프는 크게 찍어 올리는 것이 좋습니다.

나는 고1 학생이고 위의 문제를 스스로 풀려고 해.
1. 문제 이해하기: 무엇을 묻는지, 어떤 조건이 있는지, 무슨 개념을 알아야 하는지 하나씩 질문해 줘.
2. 계획 수립: 어떤 공식이나 개념을 이용해야 하는지, 주어진 자료에서 필요한 정보를 하나씩 질문해 줘. 마지막으로
3. 문제 풀이 질문을 해 줘. 첫 질문부터 힌트를 주지 말고, 내 답이 틀리면 단계적으로 힌트를 줘.
❶ (사진 업로드1), ❷ (사진 업로드2)

◆ 1단계: 문제 이해하기
질문 1: 문제에서 물체가 ❸평균 힘을 받은 두 구간은 어디야? 각 구간의 시간과 힘의 방향, 속도 변화를 말해 줘. (그림 (나) 속도-시간 그래프를 참고해서 말해봐!)

❹등속 운동하는 부분같아. 시간은 나와 있지 않아. ❺내가 답을 하기 쉽게 예시 답

---

❶ 문제 글씨가 크게 보이도록 찍습니다.
❷ 그림이나 그래프는 따로 찍어 문제와 함께 올립니다.
❸ 속도-시간 그래프를 보고 힘을 받는 구간을 찾아내는 과정입니다. 문제 해결에 필요한 조건이죠.
❹ 힘을 받는 구간은 '마찰 구간'과 '충돌 구간'인데, 학생이 틀린 답을 입력했습니다.
❺ 풀이를 어떻게 시작해야 할지 모를 때 이렇게 입력하면 생각 정리에 도움이 되도록 구조화된 질문을 해 줍니다.

안의 형식을 알려 줘. 답 말고 형식만!

🟢 좋아, 예시 형식을 아래처럼 하면 좋아:
첫 번째 구간: 충돌 전 속도 -> 충돌 후 속도, 시간=
두 번째 구간: 변화 전 속도 -> 변화 후 속도. 시간=
이 형식대로 한 번 정리해 볼래? (속도는 단위 안 써도 돼. 5v -> 3v 이런 식이면 충분해.)

첫 번째 구간: 속도 5v → -3v로 바뀜. 시간은 t_0
두 번째 구간: 속도 -3v → -v로 바뀜. 시간은 $2t_0$.

🟢 정확해. 너가 말한 대로 그림 (나)를 보면 물체의 속도 변화가 있는 두 구간이 보여.
따라서, 힘을 받는 구간은 속도가 변하는 구간, 즉 t_0 동안 벽과 충돌, $2t_0$ 동안 마찰 구간 통과야.

이제 다음 질문!
◆ 질문 2 (문제 이해 계속): 문제 지문에 "❶ F는 물체가 운동 방향과 반대 방향으로 받은 평균 힘의 크기"라고 했어. 그러면 물체가 운동 방향과 반대 방향으로 힘을 받은 두 번째 구간(속도 -3v → -v)에 대해 생각해 봐.
- 그 구간의 시간과 속도 변화, 그리고 힘의 방향을 다시 설명해 줄 수 있어?

마찰 구간. 시간은 $2t_0$이고 속도변화는 2v야.

🟢 정확해! 맞았어!
문제에서 말하는 F는 마찰 구간에서 물체가 받은 평균 힘의 크기야.
이 구간은 물체가 속도 -3v → -v로 바뀌는 구간
시간은 $2t_0$.
물체는 왼쪽(- 방향)으로 운동 중인데, 오른쪽(운동 방향 반대)으로 힘을 받아서 속도가 줄어들고 있어. 이때 평균 힘의 크기가 F라고 정의돼 있어.

❶ 문제에서 주어진 조건입니다.

챗GPT는 질문을 통해 그래프에서 눈여겨보아야 할 두 구간에 주의를 기울이도록 유도하고, 주어진 조건을 '충돌 전 속도', '충돌 후 속도'와 같이 정리할 수 있도록 도와줍니다. 얼핏 보면 챗GPT가 너무 많은 역할을 하는 것처럼 보일 수도 있지만, 이러한 대화를 몇 번 반복하면서 여러분은 점차 문제에서 어떤 조건을 눈여겨 보고 정리해야 할지에 대한 감각을 갖게 될 것입니다.

2단계. 계획 수립

계획 수립 단계는 주어진 조건들을 활용해서 문제를 풀기 위해, 알고 있어야 하는 공식이나 개념을 점검하고 알맞게 식을 세워보는 단계입니다. 대화를 이어서 봅시다.

> ⓢ 2단계: 풀이 계획 세우기
> 이 단계에서는 어떤 공식을 쓸지, 어떤 정보를 뽑아야 할지를 점검해 볼 거야.
>
> ◆ 질문 3: 평균 힘 F 를 구하려면 어떤 공식을 써야 할까?
> 너가 알고 있는 공식을 떠올려서 말해 줘! (예: 운동량-힘 관계 등)
>
> 힘 = 운동량변화
>
> ⓢ 정확히 말하면:
>
> ❷ 힘 = 운동량 변화 / 시간, 즉 $F = \frac{\Delta p}{\Delta t} = \frac{m(v_\text{후} - v_\text{전})}{\Delta t}$
> 여기서

❷ 학생이 틀린 답을 말하고 명확한 식이 나오지 않자, 챗GPT가 답을 알려 줍니다. 이를 원치 않는다면, '절대로 답을 먼저 말하지 말라'는 점을 사전에 강조해야 합니다.

m은 질량, $v_후$, $v_전$ 은 각각 구간의 끝과 시작 속도야.

문제를 풀기 위해 학생은 특정 구간에 받은 평균 힘은 '운동량의 변화량을 시간으로 나눈 것'임을 알고 있어야 합니다. 개념이 다소 복잡하게 느껴질 수 있어 학생의 답이 온전하지 못했지만, 챗GPT는 알맞은 방향으로 대화를 이끌어 가네요.

혹 대화 중 챗GPT가 지나치게 주도성을 가져간다는 느낌이 든다면, 대화 중간에라도 "내가 틀려도 답 알려주지 마. 다시 질문해 줘." 또는 "내가 직접 답할 테니까, 힌트만 살짝 줘."와 같은 요청을 하면 됩니다.

3단계. 문제 풀이

이제 2단계에서 점검한 공식에 알고 있는 조건을 대입해서 문제를 푸는 과정입니다. 대입해야 하는 조건은 1단계에서 그래프를 통해 확인했지요. 그 수를 공식에 적용하면 되는데, 어딘가 문제 풀이의 흐름을 놓친 학생이 제대로 답하지 못하는 상황을 가정하고 대화를 이어나가 봅시다.

> ⓢ * 3단계: 이제 문제에서 물어보는 값을 구해보자..
> ◆ 질문 4: 마찰 구간에서 물체의 질량이 m, 속도가 –3v -> –v, 시간은 $2t_0$ 라고 할 때, 이 구간에서 물체가 받은 평균 힘 F 는 식으로 어떻게 표현할 수 있을까? (위 공식을 이용해서!)
> 너가 직접 식을 세워서 말해 줘!
>
> 잘 모르겠어.

> 괜찮아! 지금부터 천천히 같이 식을 세워보자.
> ❶ 우리가 쓰기로 한 공식은: $F = \dfrac{\Delta p}{\Delta t} = \dfrac{m(v_\text{후} - v_\text{전})}{\Delta t}$
> 자, 하나씩 물어볼게. 대답해 줘!
>
> ◇ 질문 5: 마찰 구간에서 물체의 처음 속도 은 뭐야?
> (이 구간은 마찰에 의해 감속되는, 속도 -3v → -v 구간이야!)
>
> ❷ -3v
>
> (생략)

학생이 '잘 모르겠다'고 하자, 챗GPT는 괜찮다는 격려와 함께 공식을 다시 한번 점검해 주고, 공식에 대입해야 할 문제의 조건을 다시금 상기시키는 질문 5를 하네요.

하지만 이때, 수동적인 태도로 당장 묻고 있는 질문에 대해서만 답해서는 안 됩니다. 자신이 문제 풀이의 어느 단계에 와 있는지를 스스로 파악하는 적극적인 태도를 지녀야 합니다.

만일 여러분이 혼자서도 조건을 찾아 풀이할 수 있다면 챗GPT가 답하기 전에 미리 풀어 보고 자신의 풀이와 챗GPT와 비교해서 점검하는 방법을 써 보세요.

> 자, 이제 모든 값을 공식을 대입하면 돼: $F = \dfrac{\Delta p}{\Delta t} = \dfrac{2mv}{2t_0} = \dfrac{mv}{t_0}$
> 즉, 마찰 구간에서 물체가 받은 평균 힘 $F = \dfrac{mv}{t_0}$야.
>
> ◇ 마지막 질문: 문제는 충돌 구간에서 물체가 받은 평균 힘의 크기를 F_0라고 했고, 마찰 구간의 평균 힘을 F라고 했을 때, $F_0 = ?$ 로 나타내는 문제였어.
> 이제 스스로 풀어볼래?

❶ 공식은 학생이 암기하고 있어야 하므로 반복적으로 제시합니다.
❷ 공식에 대입할 값을 하나씩 답합니다. 이 과정을 거치지 않고 한 번에 공식에 값을 찾아 대입해도 됩니다.

> 힌트: 충돌 구간의 운동량 변화와 시간 이용해서 F_0를 구하고, 최종적으로 F_0=?F를 구해 봐!
>
> (생략)
>
> ❶충돌 전 속도, 충돌 후 속도, 시간, 운동량 변화를 말해 볼래?

5v, -3v, 2t0, -8mv

> 그럼 평균 힘의 크기는? 우리가 구하려는 건 힘의 크기니까 부호는 빼고, 크기로만 나타내면?
> 그리고 이걸 아까 마찰 구간에서의 평균 힘 $\frac{mv}{t_0}$와 비교해서 F_0=?F를 만들어 봐.

❷F0 = -8mv / t0 , F0 = 8F

> 정답! 완벽해!
> 최종 정리
> -마찰 구간 평균 힘: $F = \frac{mv}{t_0}$
> -충돌 구간 평균 힘: $F_0 = \frac{8mv}{t_0}$ 따라서, F_0=8F

위와 같은 과정을 통해, 챗GPT와 함께 역학 문제를 성공적으로 해결할 수 있었습니다. 하지만 앞서 언급했듯이, 챗GPT가 풀이 과정을 이끌어준다고 해서 생각하는 힘을 놓아서는 안 됩니다. 문제 해결의 흐름을 스스로 따라가며 능동적으로 사고하려는 태도가 중요합니다.

또한, 챗GPT와 함께 문제를 풀 때 주의할 점이 하나 더 있습니다. 바로 이미지 인식 오류입니다. 특히 그래프나 표가 포함된 문항의 경우, 숫자나 눈금을 잘못 인식하는 경우가 자주 발생할 수 있습니다. 따라서 챗GPT가 문제 속 수치를 제대로 읽었는지 확인하며 대화를 이어 가는 것

---

❶ 문제에 주어진 속도-시간 그래프를 학생 스스로 해석해서 식을 세우게끔 유도합니다.
❷ 학생이 수식을 입력할 때는 아래첨자, 위첨자 상관없이 그대로 입력합니다. / 는 분수를 나타냅니다.

이 필요합니다. 만약 잘못 인식한 부분이 있다면, 직접 바로잡아주어야 이후 풀이가 정확하게 진행될 수 있습니다.

다음은 이와 같은 문제 풀이 과정에서 추가로 활용할 수 있는 프롬프트 예시입니다. 필요에 따라 내용을 응용하여, 자신의 학습 목적에 맞게 활용해 보세요.

> <문제 이해>: 문제가 이해가 안되거나 더 꼼꼼한 분석이 필요할 때 사용합니다.
> 1. 문제에서 각 문장이 의미하는 것을 내가 잘 파악하고 있는지, 그림에서 문제 풀이에 필요한 정보를 알고 있는지 각각 질문해 줘. 한 번에 한 가지씩만 질문해 줘.
> 2. 문제에 나온 탐구과정이 잘 이해가 안되는데, 더 자세하게 알기 쉬운 예시와 함께 설명해 줘.
>
> <풀이 정리>: 챗GPT와 대화로 문제를 다 풀고 나서 전체 과정을 정리하고 싶을 때 사용합니다.
> 3. 지금까지 문제 풀이를 위해 너가 나한테 한 질문과 의도한 답을 알려 줘.
> 4. 문제 풀이 각 단계를 큰 틀의 흐름에 따라 설명해 줘.
>
> <일반화>: 통합과학의 여러 과학 영역의 문제에 적용할 수 있는 프롬프트 예시를 보여 줍니다.
> 5. 지금까지 문제 풀이한 단계를 다른 과학 문제에도 적용할 수 있는 일반화된 프롬프트 예시를 보여줘.

3
탐구보고서: 교과 연계 탐구보고서 쓰기

고등학교에서 작성하는 과학 탐구보고서는 단순한 실험 결과를 기록하는 데 그치지 않고, 자신의 학업 역량과 진로에 대한 진정성을 드러낼 중요한 기회입니다. 특히 이과 계열 대학 진학을 희망하는 학생에게 탐구보고서는 전공 적합성과 문제 해결 능력을 입증하는 자료가 됩니다. 교과서 개념을 넘어 실생활의 현상을 과학적으로 탐색하고, 실험을 설계하며, 그 과정에서 생긴 궁금증을 끝까지 파고드는 태도는 자기주도성과 창의성을 잘 보여주기 때문이죠. 따라서 자신이 왜 이 주제를 선택했는지, 어떤 질문을 품고 어떤 과정을 통해 결론에 도달했는지를 명확하게 드러낸다면, 탐구보고서는 여러분만의 학문적 여정으로서 의미가 있을 수 있습니다.

1단계: 주제 찾기

과학 탐구 주제 선정은 학생의 진정한 흥미와 문제의식을 출발점으로 삼아야 합니다. 자신이 평소 궁금하거나 불편했던 점을 깊이 생각해 본 경험에서 주제를 도출할 때 탐구의 동기와 지속성이 확보됩니다.

최근 학생부 평가에서는 탐구 주제를 어떻게 발견했는지, 이를 어떻게 과학적으로 접근했는지를 중시하는 경향이 뚜렷합니다. 따라서 실험 설계의 창의성, 데이터를 다루는 능력, 해석의 타당성 등 과학적 사고 과정이 잘 드러나는 주제를 설정하는 것이 중요합니다.

이 과정에서 단순히 과학 교과 개념을 반복하거나 모방하기보다는, 실생활 현상이나 타 교과와의 연결 속에서 과학적 질문을 끌어내는 시도가 바람직합니다. 챗GPT를 활용하면 자신의 관심사를 구체화하고, 과학적 탐구로 발전시킬 수 있는 다양한 아이디어와 설계 방향을 탐색하는 데 큰 도움이 됩니다.

> "나는 고1이고, ❶오늘 이온 결합, 공유 결합, 전해질에 대해 배웠어.
> ❷NaCl은 전기가 흐르고 설탕은 아니라고 했는데, 둘 다 맛은 잘 느껴진다는 게 이상했어.
> 나는 식품공학에 관심이 있어서, 분자구조와 맛의 관계를 탐구해 보고 싶어.
> 그래서 이렇게 도와줘:
> ❸내가 처음 이상하다고 느낀 부분부터 질문 하나로 시작해 줘.
> 내가 생각을 확장할 수 있게, 답은 바로 말하지 말고 한 번에 하나씩 질문으로 이끌어줘.
>
> 🤖 좋아, NaCl(소금)은 전기를 통하고, 설탕은 전기를 통하지 않지만 둘 다 입에 넣었을 때는 맛을 잘 느낄 수 있었지?
> 첫 번째 질문:
> **맛을 느끼는 과정에서 우리 몸속(입 안)에서 어떤 조건이 갖춰지면 물질이 전기적으로 작용할 수 있을까?**
> 예를 들어 단순히 물에 녹는 것만으로 전기를 통할 수 있을까?

❶ 학습한 내용입니다.
❷ 학생이 학습 중 생긴 호기심입니다.
❸ 나의 호기심을 탐구 주제로 이끌어 내기 위한 질문입니다.

맛을 느끼는 과정은 혀의 미각을 느끼는 세포가 전기적으로 신호를 받아들여서 뇌로 전달하기 때문이야. 설탕은 공유결합 물질이라 물에 녹아도 전기를 띠지 않아. ❶침의 다른 작용 때문에 전기를 띠게 되는걸까?

> 설탕은 물에 녹지만 이온으로 쪼개지지는 않지. 그럼에도 불구하고 맛을 느낄 수 있었어.
> 반대로 NaCl은 이온으로 쪼개져서 전기 전도성이 생기고, 짠맛을 느끼게 해줘.
> 두 번째 질문:
> ❷맛을 느끼기 위해 꼭 이온이 되어야 할까? 아니면 분자 상태로도 맛을 느낄 수 있을까?

글쎄, 고1 수준에서 설명해 줘. ❸내가 배우는 과목 중에 어떤 부분에서 나오는지, 2, 3학년에서 관련된 개념을 배우는지도 알려 줘.

> - 고1 수준 설명 (통합과학/화학1 관련)
> 1. 공유결합 물질(설탕)은 왜 전기를 띠지 않아?
> 설탕($C_{12}H_2O_{11}$)은 공유결합으로 이루어져 있고, 물에 녹아도 이온으로 나누어지지 않아서 전기를 띠지 않아.
> 2. 그런데도 설탕은 왜 '단맛'을 느끼게 할까?
> 혀에는 단맛 수용체 단백질이 있어. 설탕 분자가 이 수용체에 특정한 모양으로 딱 맞게 결합하면 → 미각세포가 자극됨.
> 자극은 전기신호로 바뀌어 뇌로 전달돼서 '단맛'이라고 느끼는 거야.
> 즉, 꼭 이온(전하 띤 입자)이 아니어도, 모양이 맞으면 미각세포는 반응할 수 있어.
>
> - 이 개념은 어느 과목에서 나올까?
>
> | 학년 | 과목 | 관련 개념 |
> | --- | --- | --- |
> | 고1 | 통합과학(물질 단원) | 이온 결합 vs 공유 결합, 전해질 |
> | 고2 | 화학I | 분자의 극성, 분자 간 힘, 맛물질의 구조 |
> | 고3 | 생명과학I | 감각기관, 미각세포의 구조와 작용 |
> | 선택과목 | 화학II or 생명과학II | 수용체-리간드 결합, 분자의 작용기 구조 등 (심화) |
>
> (생략)

탐구 주제를 선정할 때까지 챗GPT는 계속 질문을 이어갑니다. 어느 정도 질문과 답을 하다가 자신이 더 깊이 탐구하고 싶은 주제가 떠오른다면 바로 언급해서 질문을 멈추세요.

이 단계에서 추가로 활용할 수 있는 프롬프트 예시입니다.

1. "화학 결합 방식에 따른 맛 인지 속도와 강도의 차이"로 탐구 주제를 정하려고 하는데 좋은 탐구문제일까? ④ 어떤 기준에 따라 판단했는지 함께 알려 줘.
2. 너가 입학사정관이 되어서 이 주제가 식품공학과를 희망하는 고등학생의 탐구 주제로 적절한지 평가해 줘. 평가한 근거를 함께 제시해 줘.
3. 탐구보고서 양식만 확인할 수 있는 사이트를 먼저 알려주고, 과학 탐구보고서 샘플을 참고할 만한 사이트 알려 줘.
4. 주제를 정하기 위해 마인드맵 형태로 같이 브레인스토밍 해 보자.
5. 주제를 선정하기 위해 브레인스토밍 같이 해보자. 예시를 먼저 주면 빠르긴 하지만 내 생각이 너한테 맞춰지니까 하나씩 질문해 줘.
6. 과학전람회 수상 작품의 제목과 과목, ❺ 실험 방법을 좀 보고 싶어.
7. 주제와 관련된 이론 배경 알려 줘. 고등학교 1학년 교과서 내용으로 범위를 한정해서.
8. 고등학생이고, 지금 만 2세인 어린 동생이 있어. 동생의 교통 안전에 관심이 많아. 전기로 가는 교통수단 중에 어린이 안전을 위한 주제를 추천해 줘. ❻ 전기자동차 엔진음 진동수 등
9. 5W1H 질문으로 나한테 한 가지씩 순서대로 물어봐 줘.
10. 이미 생각해 둔 주제가 있어, 내가 구체화 시킬 수 있게 질문을 해 줘.
11. ❼ 흔히 알고 있는 것 중에 과학적으로 잘못된 상식이 있을까?
    - 이 중에 집에서 간단하게 실험 가능한 주제는 어떤 거야?
    - 실험 결과를 자료나 그래프로 나타낼 수 있는 것은?
12. 열 관련해서 스마트폰 센서로 측정 가능한 실험 주제는 어떤 게 있을까?
13. 과학자의 중요한 실험 중에서 집에 있는 실험 재료로도 가능한 실험 주제가 있을까?

❶ 주제와 관련된 다른 과목(생명과학) 내용을 끌어오면 좋습니다.
❷ 힌트를 주며 질문합니다.
❸ 같은 주제를 심화시키는 것이 유리하기 때문에 미리 학년 연계성을 알아봅니다.
❹ 탐구 주제를 정하기 전에 객관적으로 평가하고, 더 좋은 방향으로 수정할 수 있습니다.
❺ 수상작들의 자세한 설명과 실험 방법을 영상으로 확인할 수 있는 유튜브 링크가 함께 소개됩니다. 특히 수상 학생의 인터뷰 영상은 수행평가 중 발표 기술을 배울 수 있고, 대입 면접 등에 활용할 수 있습니다.
❻ 구체적인 예시를 들면 챗GPT 답변이 제한되지만, 빠르게 다음 단계로 넘어갈 수 있습니다.
❼ 실제로도 잘못 알려진 경우가 많은지 먼저 확인해야 합니다.

> 14. 실험으로 검증할 수 있는 잘못된 상식을 알려 줘. 자료를 수치로 얻어서 그래프를 그릴 수 있는 주제로 알려 줘.

2단계: 실험 설계

주제에 따라 가설을 설정하거나 관찰한 내용의 규칙성을 발견하여 일반화하는 단계로 구분하여 진행할 수 있습니다. 보통 과학 교과서의 탐구 주제는 가설이 있는 실험이 많으므로 이번에도 가설을 설정하고 그것을 검증하는 실험 방법을 설계하는 단계를 따라가 보겠습니다.

2-1. 가설 설정

가설이란 탐구 질문에 대해 미리 내려보는 결론입니다. 즉, 예상되는 결론을 문장으로 작성하는 것이죠. 탐구 주제를 먼저 실험이 가능한 형태로 구체화한 다음 조건과 예상되는 결과를 포함해서 문장을 완성합니다. 이때 과학적인 근거를 대면 더 좋겠지만 이는 가설의 필수 조건은 아닙니다.

> 가설 설정을 내가 주도적으로 할 수 있게 도와줄 수 있어? 탐구 질문에서 시작하면 될까?
>
> ⑤ 1단계: 탐구 질문부터 정해보자!
> 먼저, 네 주제인 "화학 결합 방식에 따른 맛 인지 속도와 강도의 차이" 를 바탕으로 탐구 질문을 아래처럼 구체화할 수 있어. ❶ 탐구 질문 예시를 줄게.
> (생략)

❶ 예시를 참고하여 가설을 구체화합니다.

2단계: 질문을 바탕으로 너의 가설을 세워보자.
가설은 다음 형식으로 만들어 보면 좋아: "❷만약 [조건], 그렇다면 [예상되는 결과], 왜냐하면 [과학적 근거] 때문이다."
예를 들어 (생략)

가설1. 이온결합 물질이 공유결합 물질보다 맛 인지 속도가 더 빠를 것이다. 왜냐하면 물에 녹아 전기를 띠므로 빠른 전기 신호가 혀의 수용체를 더 빨리 자극하기 때문이다.
가설2. 공유결합이 맛 강도는 더 셀 것이다. 분자가 이온보다 입자가 크므로 설탕 분자와 단맛 수용체가 결합했을 때 더 큰 자극이 될 것이다.

🌀 이제 각각을 조금만 다듬어주면 실험 목적과 연결된 탐구 가설로 완성도가 더 높아질 수 있어. 아래에 구체적인 피드백과 다듬은 예시를 제시할게. (생략)

2-2. 변인 설정

변인 설정을 내 힘으로 해보고 싶어. 질문을 해주면 내가 생각해서 답해볼게! 한 가지씩 차근차근 질문해 줘.

🌀 Q1. 너의 실험에서 '결합 방식에 따라 맛 인지 속도가 다를 것'이라는 가설을 검증하려고 하지?
그렇다면, ❸ 너가 실험에서 의도적으로 바꾸는 조건(= 독립변인)은 무엇일까?
→ 네 생각을 말해 줘!

❹ 공유 결합과 이온 결합 두 방식의 음료. 예를 들면 소금물과 설탕물.

🌀 아주 잘 생각했어.
독립변인(의도적으로 바꾸는 조건): 화학 결합 방식 (이온결합 vs 공유결합)

❷ 제시된 형식에 맞게 가설을 세웁니다.
❸ 각 변인이 무엇인지 친절하게 설명합니다.
❹ 직접 실험할 수 있게 최대한 구체적으로 작성합니다.

예시: NaCl 수용액(이온결합), 설탕 수용액(공유결합)

Q2. 이번에는, ❶실험에서 측정하거나 관찰하려는 결과는 무엇일까?
즉, 결합 방식에 따라 어떻게 달라질지 확인하고 싶은 것은 뭐야?
→ 네가 예측한 결과, 즉 '가설의 결과'를 기준으로 말해 줘!

NaCl 수용액(이온결합)이 설탕 수용액(공유결합) 보다 빠를 것이다. ❷사람이 느끼는 반응 속도를 타이머로 측정해 볼 거야.

🔹 종속변인(측정하거나 관찰하는 결과): 맛을 인지하는 데 걸리는 시간
→ NaCl 수용액 vs 설탕 수용액을 섭취한 후 사람이 맛을 느낄 때까지의 시간을 타이머로 측정.
이제 실험의 핵심인 "무엇을 측정할 것인가"가 ❸잘 정해졌고, 측정 방법도 현실적으로 괜찮아!

Q3. 이번엔 공정한 실험을 위해 동일하게 유지해야 할 조건들을 생각하자.
즉, 실험 결과에 영향을 줄 수 있지만 실험에서는 바꾸지 않을 조건들,
다시 말해 통제변인(일정하게 유지해야 하는 조건)은 무엇이 있을까?
→ 여러 개가 있을 수 있으니, 네가 생각나는 대로 말해 줘!

수용액의 양, 동일한 사람, 동일한 혀의 상태(맛 보기 전에 물로 헹굼)

🔹 통제변인(실험에서 동일하게 유지할 조건들) 3가지를 잘 짚었어.
4. ❹(추가로 고려해 볼 수 있는 것): 수용액의 농도, 수용액의 온도, 측정 시간의 기준 (입에 넣은 순간부터 시작 등)

2-3. 실험 방법 설계

챗GPT에게 내가 직접 설계한 실험 방법을 올리고 보완하는 과정은 실제 실험에서의 오차와 시행착오를 줄여줍니다. 먼저 실제로 자신이 실험할

❶ 종속변인을 말합니다.
❷ 어떤 것을 측정할지도 함께 포함하면 좋습니다.
❸ 간단한 피드백을 합니다.
❹ 학생이 놓친 통제 변인을 추가로 제시합니다.

수 있는 것인지 실험 장소와 시간을 고려하고, 준비물이 현실적인지를 먼저 파악해야 합니다.

> ❺ 내가 직접 작성한 실험 방법이야. 과학적으로 더 정교하게 보완할 수 있는 부분이 있는지 피드백해 줘. 특히 실험 절차의 구체성, 통제 조건의 적절성, 측정 방법의 타당성 측면에서 부족한 부분이 있다면 지적해 주고, 그 이유도 함께 설명해 줘.
> [실험 방법]
> 1. 이온 결합 물질(NaCl, KCl), 공유 결합 물질(설탕, 포도당)을 각각 일정 농도로 물에 녹여 시료 4종을 준비한다.
> 2. 실험 참가자 5명에게 눈을 감게 한 후, 시료를 하나씩 마시게 한다.
> 3. 참가자는 맛을 느낀 순간 스톱워치를 누르고, 맛이 얼마나 강한지 0~5점으로 말한다.
> 4. 시료 4종을 모두 테스트한 후 결과를 기록하고 비교한다.

> 1. 실험 절차의 구체성 → 부분적으로 구체적이나, 더 명확히 할 수 있음
> 시료 준비: ❻ "일정 농도"가 명확하지 않음 → 농도(예: 0.2M, 5% 등)를 정확히 명시해야 재현성 확보 가능 (생략)
> 2. 통제 조건의 적절성 → 핵심 항목은 잘 반영됨, 몇 가지 추가 가능
> 시음 간 간격: 연속해서 마시면 ❼ 미각 피로나 상호작용 발생 가능 → 시료 사이 1~2분 휴식 필요 (생략)
> 3. ❽ 측정 방법의 타당성 → 좋은 시도지만, 보완 필요
> 맛 강도 평가: 0~5점 척도는 간단하고 좋아. 단, **평가 기준 예시(예: 0 = 무맛, 5 = 매우 강함)**를 제시해야 비교 가능성 높아짐. (생략)

3단계: 실험 수행 및 자료 수집

실험할 때 기록할 표를 직접 만드는 것도 과학적 탐구 능력이 필요합니다. 챗GPT에게 관찰 기록지를 바로 요청하면 자신의 의도와 다른 표를

---

❺ 자신이 세운 가설과 변인 설정에 따라 실험 방법을 구체화합니다.
❻ 실제 실험을 준비하면서 뒤늦게 알게 될 텐데 미리 알고 준비할 수 있습니다.
❼ 변인 통제에서 놓친 부분을 짚어줍니다.
❽ 실험 결과의 정확도를 높여줍니다.

제시할 수도 있습니다. 질문을 통해 학생이 직접 실험 상황을 가정하고 효율적으로 관찰 기록을 할 수 있는 자료 틀을 만들어 봅시다.

> 자료 수집 단계에서 맛 인지 속도와 강도를 기록할 수 있는 표를 내가 구상할 수 있도록 힌트를 줄래?

🤖 네가 스스로 자료 기록 표를 구상할 수 있도록 단계별 힌트를 줄게.
Step 1. 무엇을 기록할까? : 맛의 속도와 강도 말고, 참가자별, 시료별로 정리하려면 어떤 항목이 필요할까?
Step 2. 속도는 어떤 단위로? : "속도"를 기록할 땐, 어떤 단위로 기록하는 게 정확하고 비교 가능할까?
Step 3. 강도는 어떻게 점수화할까? : 점수 기준을 설명으로 함께 보여줄까? 0(무맛), 3(보통), 5(매우 강함)

(생략)

> 기록하여야 할 것은, 5명 참가자가 각각 4가지 시료를 테스트하니까 20세트의 자료가 나올 것 같아. 그리고 어떤 순서로 시료를 맛봤는지도 중요할 것 같은데 그건 어떻게 기록하지?

🤖 네 말대로 5명 × 4종 시료 = 20세트 자료가 나와,
→ 따라서 기록표에는 참가자 번호, 시료 종류, 반응 시간, 강도 등이 빠짐없이 있어야 해.

시료 순서는 순서를 참가자마다 바꾸기 (순서 무작위화)
예를 들어 4가지 시료가 있을 때 가능한 순서는 24가지야:
→ 참가자 5명이니까, 이 중 5가지 순서를 한 명씩 다르게 적용하면 돼.
→ 그리고 표에 '시료 순서' 항목을 따로 넣어 기록하면,

이걸 바탕으로 다음처럼 정리해 보면 돼:

참가자 번호	시료 이름	시료 순서	맛 인지 시간(초)	맛 강도(0~5)	특이사항
1번	NaCl	1번째	2.3초	4	약간 찡그림
1번	설탕	2번째	3.0초	5	달아서 놀람
…	…	…	…	…	…

시료 순서를 바꾸는 것, 기록하는 것도 알겠어. 그런데, 실험 운영시 참가자들에게 무작위를 어떻게 진행할까?

🌀 "참가자마다 시료 순서를 무작위로 바꾸는 번호표를 미리 만들고, 순서대로 제공하면 돼."

이 단계에서 추가로 활용할 수 있는 프롬프트 예시입니다.

1. 스마트폰 앱을 활용하여 측정하고 싶은데 가장 많이 이용되는 순으로 추천해 줘.
2. 실험을 빨리 진행할 수 있는 팁이 있을까?
3. 조금 더 정확하게 측정하기 위한 팁을 알려 줘.
4. 실험 전에 준비할 것, 실험 중 주의 사항, 실험 후 정리할 것을 나눠서 알려 줘.
5. 참가자에게 어떤 안내를 미리 해 두면 좋을지 참가자용 실험 안내 문구를 알려 줘.

4단계: 자료 분석

실험 결과를 손 글씨로 써서 정리했다면 최대한 바른 글씨체로 옮겨서 찍어 올려봅니다. 되도록 태블릿을 활용하여 엑셀이나 구글 스프레드시트에 표를 기록하는 습관을 들이길 추천합니다. 물론 엑셀이나 구글 스프레드시트에서 바로 표를 차트로 바꾸는 기능이 있지만, 챗GPT를 활용하면 자료에 적합한 그래프를 자동으로 선정하여 바꿔주므로 역시 시행착오를 줄일 수 있습니다. 하지만 챗GPT가 제시한 그대로 받아들이기보다 "이 그래프가 내 가설에 적합한 형태인지" 확인하고 스스로 검증하는 태도를 가져야 합니다.

(가상의 실험 데이터로 만들어 본 자료 분석 대화입니다.)
◆ 실험 데이터: 인지 속도 & 강도 (5명 × 4종 시료)

참가자	시료 종류	결합 방식	시료 순서	인지 속도(초)	맛 강도(0~5점)
1번	NaCl	이온 결합	1	2.1	4
1번	설탕	공유 결합	2	3.4	5
1번	KCl	이온 결합	3	2.5	4
1번	포도당	공유 결합	4	3.5	2
2번	NaCl	이온 결합	1	2.0	4

(생략)

| 5번 | 설탕 | 공유 결합 | 2 | 3.1 | 5 |
| 5번 | NaCl | 이온 결합 | 3 | 2.3 | 4 |

이 자료에서 시료별 ❶ 평균 인지 속도와 평균 강도를 계산해 줘.

시료별로 정리된 평균 ❷ 인지 속도와 평균 맛 강도를 텍스트 값으로 정리한 거야.

❶ 가설을 뒷받침 해 줄 핵심 자료입니다.
❷ 실험 결론을 내릴 수 있게 자료를 한 줄로 요약합니다.

1. NaCl (이온 결합) - 평균 인지 속도: 2.10초 | 평균 맛 강도: 4.2점 (생략)

데이터를 바탕으로 시료별 평균 맛 인지 속도 그래프와 시료별 평균 맛 강도 그래프를 만들어줘.
(.ttf 한글 폰트 업로드)

그래프에 업로드한 한글 폰트를 적용해서, 한글 깨짐 없는 그래프를 완성했어!

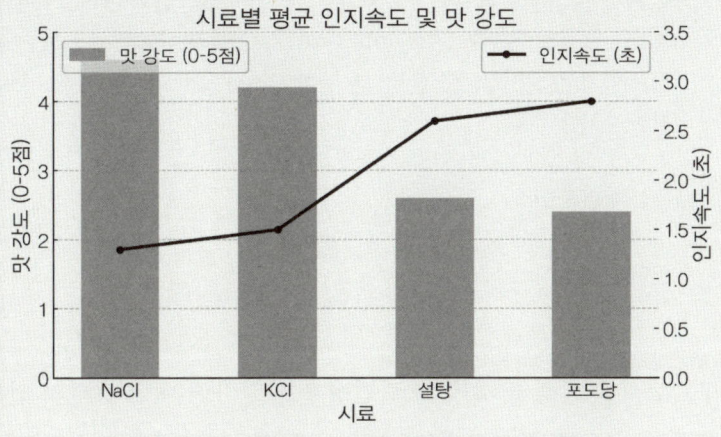

5단계: 결론 및 후속 활동 계획

결론은 자신이 설정한 가설(예비 결론)이 실험 결과와 맞는지를 비교하여 문장으로 서술하는 것 외에도 여러 가지가 있습니다. 한 번의 실험으로 탐구를 끝내기보다 이론과 다른 결과가 나오거나 가설이 틀린 결과가 나왔을 때 이를 보완하는 추가 실험의 가능성이나 구체적인 방법을 제시하는 후속 탐구활동도 필요합니다.

실험 결과를 바탕으로 결론을 작성하려고 해. 결론은 일반적으로 어떻게 구성되어 있어?

> 결론 파트는 단순히 "결과 요약"에 그치는 게 아니라, 실험의 의미를 종합적으로 정리하고, 넓은 맥락으로 확장하는 중요한 부분이야.
>
> 결론 파트 구성 요약
> 1. 실험 결과 요약: 핵심 결과를 정리하고 가설이 지지 되었는지 판단한다.
> 2. 과학적 해석: 결과가 나타난 이유를 과학 개념을 바탕으로 설명한다.
> 3. 실험의 한계와 개선점: 통제되지 못한 요소나 오차 가능성을 짚고, 보완 방향을 제시한다.
> 4. 진로 및 실생활과의 연결: 실험을 통해 얻은 흥미를 자신의 전공 관심사나 일상과 연결한다.
> 5. 후속 탐구 제안 (선택): 이번 실험을 확장하거나 응용할 수 있는 방향을 제시한다.

탐구보고서를 작성할 때 학과 관련성을 살린다면 대학 교과와 연계되는 후속 탐구 부분에 집중하세요. 아래는 그 예시입니다.

이 탐구 이후에 내가 식품의 분자 구조에 대해 관심이 생겼고, 화학적 원리를 이용한 다른 식품공학 분야를 탐구하고 싶어졌어. 구체적인 후속 활동으로 무엇을 할 수 있을까?

> 전공 분야의 더 깊은 영역으로 탐구를 확장하려는 태도는 매우 훌륭해.
>
> 화학적 원리를 활용한 식품공학 후속 탐구활동 아이디어
> 아래는 네가 이미 경험한 맛 인지 실험과 연결하면서 "분자 구조 ↔ 감각 반응"이라는 화학적 관점에서 더 확장할 수 있는 주제들이야.
> 1. 식품 분자의 구조와 감칠맛의 관계

- 탐구 질문: 감칠맛을 내는 분자들은 어떤 공통 구조를 가지고 있을까?
- 연결 개념: 글루탐산염, 핵산류, 시너지 효과
- 가능한 실험: MSG 외에도 이노신산, 구아닐산 등을 비교해 감칠맛 강도 측정
2. 화학적 결합을 이용한 인공 감각 설계 사례 탐구
- 탐구 질문: 전기 숟가락처럼, 전자적 자극을 통해 맛을 느끼게 할 수 있을까?
- 연결 개념: 전기화학, 전도성, 미각 자극의 모방
- 활동: CES에서 소개된 인공 미각 기기 사례 조사 + 발표

(생략)

관련 논문도 추천해 줄 수 있어?

아래는 실제로 존재하는 논문들 중에서, 너의 주제—결합 방식에 따른 맛의 인지 속도 및 강도—과 특히 분자 수준의 맛 전달 메커니즘을 잘 다루는 연구들을 엄선한 추천 목록이야. 모든 논문은 실재 확인된 자료이며, 각 논문의 핵심 내용과 자료 접근 근거(URL 출처 포함)를 제공할게.

1. ❶ "On the human taste perception: Molecular-level understanding empowered by computational methods"
- 저자 및 저널: Lorenzo Pallante 외 /Trends in Food Science & Technology (2021년 8월 온라인 공개)
- 핵심 내용:
미각 수용체(단맛·감칠맛 GPCR, 짠맛·신맛 이온채널)의 분자 구조와 리간드 결합 메커니즘을 상세히 검토
GPCR·이온채널 기반 맛 전달 과정을 계산화학 및 분자 모델링 관점에서 다룸
- 추천 이유:
이 연구는 너의 실험처럼 분자 구조 → 미각 자극 전달이라는 흐름과 직접 연결됨
감칠맛과 짠맛(이온채널)의 분자적 차이를 이해하는 데 큰 도움 됨
2. "분자미식학의 현황과 앞으로의 전망"

(생략)

---

❶ 외국어로 된 논문을 읽어볼 수 있는 방법을 소개합니다.
- 논문 PDF 다운로드 → SciSpace에 업로드해서 쉽게 읽기
- 어려운 용어는 Chat챗GPT나 DeepL로 풀이
- 핵심 내용을 따로 정리
- 관련 개념은 Chat챗GPT에게 질문하며 정리

후속 탐구활동에서 추가로 활용할 수 있는 프롬프트 예시입니다.

> 1. 이 실험 결과를 확장할 수 있는 다른 주제는 무엇이 있을까?
> 2. 실험 결과가 예측과 달랐는데, 어떤 오차나 원인이 있었는지 알려 줄 수 있어?
> 3. 이번 실험 결과를 더 넓은 개념이나 다른 상황에 적용해 볼 수 있을까?
> 4. 내가 1학년 때 이런 주제로 탐구보고서를 썼는데, 2, 3학년 때 배울 과학 선택 과목 중에 어떤 개념으로 확장할 수 있을까?

참고 문헌

단행본 (Books)
- 구본권. (2023). 메타인지의 힘. 어크로스.
- 김덕진 외. (2024). AI로 세상읽기. 앳워크.
- 김수민, 백선환. (2023). 챗GPT 거대한 전환. 알에이치코리아.
- 류태호. (2023). 챗GPT 활용 AI 교육 대전환: 학습자를 위한 챗GPT. 포르체.
- 박세니. (2021). 초집중의 힘. 알에이치코리아(RHK)
- 서승완. (2023). 프롬프트 엔지니어링 교과서. 애드앤미디어.
- 살만 칸. (2025). 나는 AI와 공부한다. 알에이치코리아(RHK).

보고서 및 연구 자료 (Reports & Surveys)
- Deloitte. (2024, early). Survey of approximately 2,000 IT and line-of-business executives. Deloitte.
- OECD. (2021). 21st-Century Readers: Developing literacy skills in a digital world. OECD Publishing. https://doi.org/10.1787/a83d84cb-en

온라인 뉴스/기사 (Online News Articles)
- 김영욱. (2024년 9월). 2025학년도 고3 9월 모의고사 '기하와 벡터' 30번 문항에서 GPT-4o와 o1 모델 오답 사례 분석. 디지털타임스. https://www.dt.co.kr/contents.html?article_no=2024092302100931065001&ref=naver
- 박선영. (2023년 3월 6일). 챗GPT와 GIGO. MBC 뉴스. https://imnews.imbc.com/news/2023/society/article/6461374_36126.html
- 사이언스타임즈. (2023년 10월 4일). 노벨 물리학상, 양자 기술 진일보 이끈 과학자 3인 수상. 사이언스타임즈. https://www.sciencetimes.co.kr/nscvrg/view/menu/248?nscvrgSn=259070&searchCategory=220
- 연합뉴스. (2023년 6월 23일). 미 변호사들, 재판서 챗GPT가 쓴 가짜 판례 제시했다 벌금. 연합뉴스. https://www.yna.co.kr/view/AKR20230623048100009
- 이정환. (2014년 2월 3일). 질문 안 하는 기자들? 안 하는 게 아니라 못하는 것. 미디어오늘. https://www.mediatoday.co.kr/news/articleView.html?idxno=114621
- 이해준. (2024년 1월 11일). 챗GPT, 저작권 침해 논란 언론사·출판계와 세기의 소송. 중앙일보. https://www.joongang.co.kr/article/25221157
- 최준호. (2024년 10월 8일). 노벨 물리학상에 머신러닝 개발 존 홉필드, 제프리 힌턴. 중앙일보. https://www.joongang.co.kr/article/25282924
- 한국경제. (2025년 1월 20일). AI 만난 게임…NPC에서 CPC로 진화. 한국경제. https://www.hankyung.com/article/2025012063881

챗GPT 공부 혁명

초판 1쇄 발행 2025년 8월 13일

지은이   전지영 백수현 이효진 장수영 손소영
펴낸이   박영미
펴낸곳   포르체

책임편집   유나
마케팅   정은주 민재영
디자인   황규성

출판신고   2020년 7월 20일 제2020-000103호
전화   02-6083-0128
팩스   02-6008-0126
이메일   porchetogo@gmail.com
인스타그램   porche_book

ⓒ 전지영·백수현·이효진·장수영·손소영(저작권자와 맺은 특약에 따라 검인을 생략합니다.)
ISBN 979-11-94634-41-6 (13370)

- 이 책은 저작권법에 따라 보호받는 저작물이므로 무단전재와 무단복제를 금지하며, 이 책 내용의 전부 또는 일부를 이용하려면 반드시 저작권자와 포르체의 서면 동의를 받아야 합니다.
- 이 책의 국립중앙도서관 출판시도서목록은 서지정보유통지원시스템 홈페이지(http://seoji.nl.go.kr)와 국가자료공동 목록시스템(http://www.nl.go.kr/kolisnet)에서 이용하실 수 있습니다.
- 잘못된 책은 구입하신 서점에서 바꿔드립니다.
- 책값은 뒤표지에 있습니다.

여러분의 소중한 원고를 보내주세요.
porchetogo@gmail.com